우리 동네
유행가들

일러두기

- ≪KOMCA 승인필≫ 노래 가사의 저작권은 한국음악저작권협회를 통해 구매했고, 대부분의 수록 사진은 직접 촬영했거나 저작권 구매 또는 사용 허락을 받았습니다. 그럼에도 불구하고 일부는 원저작권자를 확인하지 못한 상태로 출판되었습니다. 저작권자가 확인될 시 원저작권자와 협의하겠습니다.

- 인용한 노래 제목과 가사의 맞춤법과 띄어쓰기는 원칙적으로 현대 맞춤법 기준으로 고쳐서 표기했지만, 일부 고유명사 성격이 강한 경우는 그대로 두거나 병기했습니다. 따라서 현재의 규범 표기와 일부 다를 수 있습니다. 노래 가사가 첫 음반 발매 후 세월이 지나면서 일부 수정된 경우가 있는데, 가급적 원가사를 수록했지만 해당 노래의 작사가나 가수에 의해 의도적으로 바꾼 경우는 바뀐 가사를 수록했습니다.

- 옛 책과 신문 기사 내용의 인용은 현대 어법 기준으로 고쳐서 표기했습니다.

노래가 머문 그곳

우리 동네 유행가들

이영훈 지음

방방곡곡 숨겨진 시간의 플레이리스트

휴엔스토리

그때 그곳 그때 그 노래들
유행가, 지역을 노래하다

'유행가 노래 가사는 사랑과 이별 눈물이구나.'

송대관의 '유행가'에 나오는 노랫말이다. 맞다. 대중가요, 이른바 유행가는 주로 사랑과 이별을 다룬다. 거의 모든 사람들이 경험하는 보편적인 감정이기 때문이다.

그러나 사랑과 이별 못지않게 지역을 다룬 노래들도 많다. 물론 대다수가 지역만을 다룬 것이 아니라 지역을 배경으로 사랑과 이별, 인생이 결합된 노래들이다. 그러면 이런 지역을 다룬 노래들에 가장 많이 등장하는 도시는 어디일까?

한성우 인하대 교수가 쓴 《노래의 언어: 유행가에서 길어 올린 우리말의 인문학》에 따르면 우리나라 대중가요 2만 6,000여 곡의 제목과 가사에 많이 등장하는 도시는 서울, 부산, 대구, 인천, 여수, 목포 등의 순이다. 대체로 도시의 규모와 비례하지만 그렇지 않은 경우도 있다. 광역시인 대전이나 광주, 울산보다 훨씬 작은 도시인 여수나 목포가 노래 제목이나 가사에 더 많이 등장한다.

노래 제목이나 가사에 서울이나 명동, 광화문, 여의도 등 서울 지역 내의 지명이 나오는 노래는 다른 지역에 비해 압도적으로 많다. 서울은 대한민국의 수도이고 가장 큰 도시이기 때문에 당연한 일일 것이다. 패티김의 '서울의 찬가', 현인의 '서울야곡', 이문세의 '광화문 연가', 은방울자매의 '마포종점', 배호의 '돌아가는 삼각지', 혜은이의 '제3한강교', 동물원의 '혜화동', 김흥국의 '59년 왕십리' 등 명곡들이 수두룩하다.

서울 외의 도시나 지역을 대표하는 노래도 만만찮다. 서울은 대한민국의 수도이고 가장 큰 도시이기 때문에 노래가 미치는 영향이 상대적으로 작을 수 있지만, 지방 도시의 경우 그 지역을 배경으로 한 노래가 가지는 의미는 엄청나게 크다.

그 도시를 대표하는 노래 한 곡은 어쩌면 그 지역 박물관에 있는 어느 국보 유물보다 더 가치 있는 최고의 문화유산일지도 모른다. 한 번 생각해 보자. '돌아와요 부산항에', '목포의 눈물', '대전 부르스', '신라의 달밤'(경주), '연안부두'(인천), '소양강 처녀'(춘천) 등은 해당 지자체가 수백억 원을 들여 홍보해도 얻을 수 없는 지역 홍보 효과를 주고 있지 않은가.

휴가철 '제주도의 푸른 밤' 노래의 영향으로 제주도 여행을 결정할 수도 있고, 문득 삶이 힘들고 지칠 때 '여수 밤바다'를 듣고 여수 바다를 보기 위해 남행열차를 타거나, '한계령' 노래에 감정 이입이 되어 인제와 양양으로 차를 모는 사람들도 있을 것이다. MT나 야유회 장소를 결정할 때 '춘천 가는 기차' 타고 강원도를 찾는 대학생들도 많지 않을까 싶다.

경북 안동 하면 안동찜닭, 하회마을, 도산서원 등이 유명하지만, 지금은 안동 하면 가장 먼저 진성의 '안동역에서' 노래를 떠올리는 사람들이 더 많을 듯하다. 송창식의 '선운사'나 송춘희의 '수덕사의 여승'은 이 절들을 삼보사찰(통도사, 해인사, 송광사) 이상의 인지도를 얻게 해준 노래들이다.

이런 연유로 지자체들은 자기 지역을 홍보하는 노래를 인위적으로 만들어 유행시키려고 하는 경우도 많았다. 대표적인 노래가 '서울의 찬가'와 '수원처녀'다.

'서울의 찬가'는 1966년 당시 '불도저 시장'이라는 별명을 가졌던 김현옥 서울시장이 "서울시에서 후원할 테니 서울에 대한 희망적 메시지를 담은 노래를 만들어 달라"라고 요청해 길옥윤이 작사·작곡하고 당시 길옥윤과 결혼을 앞두고 있던 패티김이 불렀던 노래다.

'수원처녀'는 춘천시장으로 재직하다 1971년 수원시장으로 부임한 원병의가 전임지인 춘천의 '소양강 처녀' 같은 노래를 수원에도 만들고 싶어서 이듬해 수원을 대표하는 노랫말을 뽑는 공모전을 개최해서 선정한 작품이다. 원병의 시장은 '수원처녀' 작곡을 백영호에게 맡겼고 당대 최고 가수인 이미자에게 취입을 의뢰했다.

서울시는 '서울의 찬가'를 알리기 위해 시청에서 매일 새벽마다 확성기로 이 노래를 틀어댔고, 수원시는 '수원처녀'를 홍보하기 위해 거액을 들여 뮤직비디오를 찍고 공보실 직원까지 동원해 다방과 요정 등 유흥업소에 무료로 이 노래의 음반을 뿌렸다. 그러나 결과는 완전히 달랐다. '서울의 찬가'는 빅히트해서 서울을 대표하는 노래로 자리매김했지만, '수원처녀'는 기대에 미치지 못했다.

노래의 지역 홍보 효과를 체감한 지자체들은 노래 홍보뿐 아니라 노래비 건립에도 공을 들인다. 일부 민간단체에서 노래비를 세우는 경우도 있지만, 대부분 지자체에서 건립하는 경우가 많다. 노래 제목이나 가사에 그 도시나 지역명이 나오는 경우는 말할 것도 없고, 해당 노래 탄생의 배경이 되었다는 스토리가 있으면 그곳에 노래비를 세운다.

노래 제목이나 가사에 지역명이 나오지 않지만 노래 탄생의 배경이 된 지역에 건립된 노래비는 황정자의 '처녀 뱃사공'(함안 악양나루터), 나훈아의 '물레방아 도는데'(하동 배다리공원)와 '고향역'(익산 황등역), 조미미의 '바다가 육지라면'(경주 나정리 해변) 등이다.

또 가수의 출생지뿐 아니라 작곡가와 작사가의 고향에도 해당 대중가요의 노래비가 선다. 가수의 출생지에 세워진 노래비로는 백년설의 '나그네 설움'(성주 경산리), 현인의 '굳세어라 금순아'(부산 영도다리), 백난아의 '찔레꽃'(제주 한림읍), 송대관의 '해뜰날'(정읍 내장산문화광장) 등이다. 작곡가 고향에 세워진 노래비는 박시춘의 '애수의 소야곡'(밀양 내일동), 이재호의 '남강의 추억'(진주 진양호공원), 이호섭의 '짝사랑·다함께 차차차'(의령 두곡리) 등이며, 작사가 고향에 세워진 노래비는 반야월의 '내 고향 마산항'(창원 가포동), 정두수의 '시오리 솔밭길'(하동 성평리), 이일윤의 '황포돛대'(창원 진해구) 등이다.

심지어 영화 주제가의 경우 이미자의 '섬마을 선생님'(인천 대이작도)처럼 영화 촬영지에 노래비가 건립된 경우도 있다.

이 책은 전작인 《유행가는 역사다: 노래로 읽는 한국현대사》와 《그 노래는 왜 금지곡이 되었을까》에 이은 대중가요 3부작 시리즈의 마지막 책이다. 맨 처음은 역사적 사건을 배경으로 한 대중가요 이야기, 두 번째는 금지곡에 얽힌 다양한 스토리, 마지막으로 지역을 배경으로 만들어진 노래 이야기로 일단 '대중가요 시리즈'를 마무리하게 된 것이다.

이 책에서는 서울, 인천·경기, 부산·울산·경남, 대구·경북, 광주·전남·전북, 대전·충남·충북, 강원, 제주 등 8개 지역으로 나눠 총 66곡의 지역을 배경으로 한 노래 이야기를 실었다.

특히 그동안 대중들에게 그리 알려지지 않은 새롭고 재미있는 내용들도 많이 담았다. '목포의 눈물' 가사의 '삼학도 파도 깊이 스며드는데~' 중 '스며드는데'가 원곡에서는 '숨어드는데'였다는 사실, '울고 넘는 박달재'의 배경이 됐다고 알려진 전설이 노래보다 먼저 존재한 것이 아니라 노래가 나온 이후에 인위적으로 만들어졌다는 사실, 그동안 구전가요로 알려졌던 '인천의 성냥공장 아가씨' 노래의 멜로디 원곡이 일본 군가라는 사실, '한계령'이라는 고개 이름이 1970년대 초반에 김재규 군단장이 주도한 도로 확장공사 이후 정착되었다는 사실, '삼다도 소식' 노래가 처음에는 군인들을 위한 진중가요로 발표되었다는 사실, '논개'를 부른 가수 이동기가 가수 데뷔 전 복싱 선수였다는 사실 등이 그것이다.

지금까지 이 책 이전에 모두 5권의 책을 출간했는데, 초반 두 권은 정치파벌로 분석한 정당사, 역대 야당 당수 10인의 평전을 묶은 책이고 세 번째는 미디어 관련 책이었다. 그러다 우연한 기회에 대중가요와 관련한 책을 두 권 출간하게 되면서 팔자에도 없는 '가요연구가', '대중가요 평론가' 활동을 시작하게 되었다. 책 출간 후 대중가요 관련 강연을 하고 라디오 방송에도 출연했으며 인터넷 매체 더칼럼니스트에 '노래가 품은 역사' 시리즈를 연재하고 있다.

이 책을 쓰면서 많은 사람들의 도움을 받았다. 이 책이 나오기까지 많은 관심을 가지고 조언과 격려를 해준 동아일보·채널A 선후배 여러분에게 고마운 마음을 전한다. 그리고 매주 토요일 산행과 걷기를 같이하며 삶의 동반자로 지내는 고교 동기 등산 모임인 '팔걷고' 친구들, 고향 함안의 출향인 모임인 '학클럽' 선후배들, 대중가요 연구 모임인 '낙화유수' 회원들, 초등학교 동기 모임인 '아라회' 친구들, 역사 유적지 답사 모임인 '역발상' 회원들, 재령 이씨 종친 모임인 '자미회' 종인들, 고교 동문 언론인 모임인 '중언회' 선후배들에게도 감사의 말씀을 드린다.

이전에 낸 두 권의 대중가요 책과 이번 책을 쓰면서 이영미 대중예술 평론가, 이준희 대중가요 연구가, 장유정 단국대 교수, 이동순 영남대 명예교수, 왕성상 가요연구가 등 선행 연구자들의 연구 성과 덕을 많이 봤다. 내가 뒤늦게 대중가요 연구가로 활동하면서 조금의 성과라도 낼 수 있게 된 것은 오로지 그들 '거인의 어깨' 위에 서 있었기 때문이다.

사랑하는 우리 가족들, 아내 신은화와 딸 예진과 아들 선우에게는 늘 고맙고 미안한 마음이다. 또한 늘 한결같이 내 삶의 든든한 울타리가 되어주신 고향의 부모님과 장모님께는 마음 한켠에 늘 죄송스러운 마음을 가지고 있다.

끝으로 전작인 《유행가는 역사다》와 《그 노래는 왜 금지곡이 되었을까》에 이어 이번에도 흔쾌히 출판을 맡아주신 휴앤스토리에도 감사를 드린다.

2025년 11월
초은재(艸隱齋)에서

이명훈

PART 2   연안부두 🎵 인천·경기

PART 3   돌아와요 부산항에 🎵 부산·울산·경남

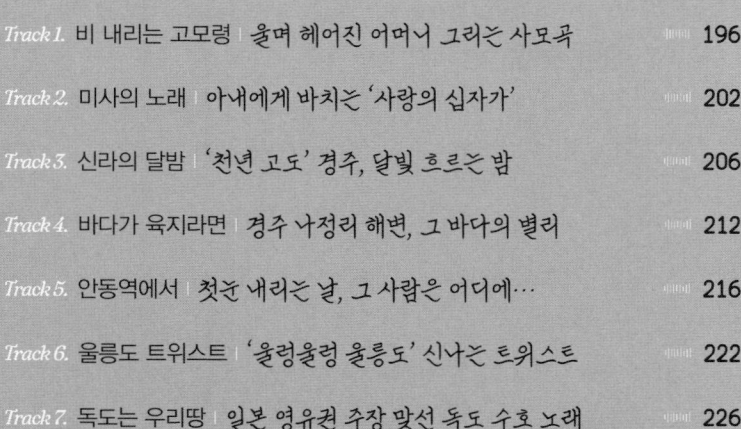

PART 4 신라의 달밤 ♬ 대구·경북

서울을 노래한 대중가요는 몇 곡이나 될까? 대중문화평론가 최규성의 '대중가요에 녹여낸 서울 100년' 자료에 따르면 710명의 가수가 1,141곡의 서울 노래를 불렀다. 이 중 제목에 서울이 포함된 노래만 544곡이다. 다음으로 명동 85곡, 한강 70곡, 서울역 55곡, 남산 40곡, 종로 39곡, 청계천과 여의도 각각 24곡, 이태원 21곡, 영등포 17곡 등의 순이었다. 가수별로는 각각 14곡을 부른 나훈아와 이미자가 공동 1위를 차지했다.

PART 1

서울

광화문 연가

정동길, 그 겨울의 노스탤지어

2009년 2월 14일.

잔뜩 흐린 하늘 위로 하얀색 풍선들이 날아올랐다. 한해 전 대장 암으로 세상을 떠난 작곡가 이영훈을 추모하는 자리였다. '옛사랑'의 나직한 선율이 정동길을 오가는 시민들의 발걸음을 멈춰 세웠다. 나와는 한자까지 똑같은 동명이인 작곡가 이영훈(李永勳)을 기리는 그날, 나도 정동길 그 자리에 있었다.

방송인 김승현의 진행으로 열린 이날 행사는 노래비 제막식과 함께 미니콘서트를 겸한 추모 행사로 진행됐다. 유족인 아내 김은옥 씨와 당시 고교생이던 외아들 이정환 군을 비롯해 가수 이문세, 배우박상원, 가수협회 송대관 회장과 정훈희 부회장, 배우 안성기, 배우윤석화, 오세훈 서울시장 등이 참석해 고인을 추억했다.

노래비 제막식 경과보고에 이어 정훈희가 '사랑이 지나가면', 이문세가 '옛사랑'을 불렀으며, 전제덕이 '광화문 연가'를 하모니카로 연주하는 등 기념 공연이 펼쳐졌다. '옛사랑'을 부르던 중 목이 멘 이문세는 "타계 후 1년 만에 만들어진 '광화문 연가' 노래비는 마치 훈장과도 같다. 세상을 떠나고 빛을 보는, 영원히 함께하는 영훈 씨가 너무 부럽다"라며 감격스러운 심경을 드러냈다. 이문세는 이영훈보다 한 살 위다.

서울시 중구 정동교회 맞은편에 위치한 작곡·작사가 이영훈의 '광화문 연가' 노래비

이영훈은 이문세가 부른 대부분의 히트곡을 작곡·작사했다. '광화문 연가', '옛사랑', '가로수 그늘 아래 서면', '사랑이 지나가면', '깊은 밤을 날아서', '가을이 오면', '이별이야기', '휘파람', '소녀', '그녀의 웃음소리뿐', '붉은 노을', '난 아직 모르잖아요' 등이다.

이 노래들 중 1988년 발매된 이문세 5집에 수록된 '광화문 연가'는 광화문 일대의 추억을 오롯이 소환하는 불후의 명곡이다. 이 노래는 이후 정동하, 성시경, 이수영 등이 리메이크해서 불러 다시 한번 주목을 받게 됐고, 동명의 뮤지컬로도 제작되었다.

이제 모두 세월 따라 흔적도 없이 변해갔지만
덕수궁 돌담길엔 아직 남아있어요
다정히 걸어가는 연인들
언젠가는 우리 모두 세월을 따라 떠나가지만

언덕 밑 정동길엔 아직 남아있어요
눈 덮인 조그만 교회당
향긋한 오월의 꽃향기가
가슴 깊이 그리워지면
눈 내린 광화문 네거리 이곳에
이렇게 다시 찾아와요

이영훈은 한국 가요계에서 '팝 발라드'라는 장르를 개척했으며, 팝송을 주로 듣던 젊은이들까지 가요로 눈을 돌리게 만드는 등 대중음악사에서 중요한 의미를 지닌 음악인이다.

그는 2011년 무크지 '대중음악 사운드' 제3호에서 대중음악 연구자와 평론가 24명을 대상으로 한 '명예의 전당에 추천하는 최고의 작곡가' 설문조사에서 박시춘, 박춘석, 이봉조, 신중현, 김수철, 김창훈, 윤상, 이정선, 유희열과 함께 TOP10에 오르기도 했다.

대중음악평론가 임진모는 이영훈에 대해 "가요가 팝송 못지않게 우수하다는 의식의 전환과 함께 긍지를 심어주면서 가요를 새로운 지평으로 끌어올린 사람이다"라고 말한다. 임진모의 말을 들어보자.

"이영훈이 발라드를 발명한 건 아니다. 그는 없는 것을 창안해 낸 게 아니라 있어 온 것을, 있어야 할 것을 비로소 있게 한 것이라고 할 수 있다. 그렇지 않다면 '난 아직 모르잖아요', '사랑이 지나가면', '그녀의 웃음소리뿐', '광화문 연가' 등과 같은 낯선 패턴의 선율이 어

우리 동네 유행가들

찌 그토록 통렬한 전파대첩을 일궈냈겠는가. 1980년대 말에 와서는 급기야 가요와 팝의 위대한 역전이 이뤄졌다. 이영훈의 업적 중의 업적은 서러움과 멸시의 굴레에서 허덕이던 가요가 당당하게 대중음악의 주체로 상승하게 된 밑거름을 제공했다는 데 있다. 만약 새로운 패턴의 발라드곡 쓰기가 그의 개인적 성공이라면 팝과 가요의 우선순위 바꿈은 그가 개척해 낸 사회적 성공일 것이다."

'광화문 연가'는 기성세대들에게는 지나간 자신의 청춘을 추억하는 노래다. 특히 광화문 일대에서 고교를 다닌 사람들에게는 더욱 또렷한 기억일 것이다. 광화문을 중심으로 자리 잡고 있던 과거의 명문고들이 강남이나 목동으로 옮겨가기 전 이곳은 그 시절 청춘들의 놀이터였다.

북촌 인근의 경기고와 경희궁 자리의 서울고, 지금의 헌법재판소 자리에 있던 창덕여고, 창성동의 진명여고, 수송동의 숙명여고, 정동의 이화여고·배재고·경기여고 등이 광화문 네거리를 빙 둘러싼 모양새였다.

무슨 다툼이 있을 때 "광화문 네거리를 막고 서서 지나가는 사람들에게 물어보라"는 말이 있을 정도로 한국의 대표적 장소인 광화문 네거리. 한때 서울의 심장이었던 이곳은 역사적으로 보면 4·19의거와 6월항쟁 등 혁명의 피 냄새가 배어있는 곳이기도 하고, 헐벗고 굶주린 백성에게 보릿고개 하나 해결해 주지 못한 옛 왕조의 남루한 민낯을 볼 수 있는 곳이기도 하다.

이 노래에 나오는 덕수궁 돌담길과 언덕 밑 정동길, 눈 내린 광화문 네거리는 헤어진 연인들의 추억만 깃든 곳이 아니다. 나에게도 많은 추억이 있는 공간이다. 광화문에 소재한 회사에서 30년 가까이 밥벌이를 하면서, 늘 이곳을 걷고 이곳에서 먹고 놀았다.

지금은 청계천에 자리를 내줬지만, 이곳은 오랫동안 나의 점심시간 산책 코스 1순위이기도 했다. 덕수궁 돌담길을 돌아 정동길을 지나 경향신문사에서 신문로 쪽으로 길을 틀어 광화문 회사로 돌아오는 코스다.

눈이 펑펑 쏟아지던 어느 날, 정동길 작은 찻집에서 마시던 향긋한 재스민차의 감미로운 맛은 아직도 입안에 맴돈다.

서울 지명이 많이 들어간 유행가들

유쾌한 봄소식
노래 김정구, 작사 조명암, 작곡 채월탄

1940년 오케레코드에서 발매한 노래. 남산, 북악산, 경복궁, 종로통, 남대문통, 본정통(명동·충무로 일대), 창경원, 구리개, 광화문통, 악박골(서대문구 현저동), 한강, 왕십리, 다방골(중구 다동), 서대문통, 자문밖(종로구 부암동·구기동·평창동 일대) 등 15곳의 서울 지명이 가사에 나온다. 이 노래의 작곡가 채월탄은 가수 김정구의 형 김용환의 예명으로 추정된다.

지하철
노래 김종모, 작사 김종모, 작곡 김명곤

1993년 발표된 '김종모 1집'에 수록된 노래로 강변, 구의, 건대입구, 성수, 뚝섬, 삼각지, 숙대입구, 회현, 명동, 충무로, 아현. 이대. 신촌. 홍대입구. 동대입구, 약수, 금호, 옥수, 압구정 등 19곳의 서울 지명이 노랫말에 등장한다. 19곳 모두 지하철역 이름이다.

술서울
노래 일리닛, 작사 최재연, 작곡 홍지상

2011년 발표된 일리닛 1집 'Triple l'에 수록된 노래로 강남station 6번출구, 신림 순대타운, 홍대, 이태원, 역삼동, 신사, 청담, 논현, 압구, 상수, 노원, 수유, 미아리, 대학로, 종로, 동대문, 천호, 잠실, 신천, 서초, 반포, 방배, 사당, 이수, 연신내, 영등포 등 26곳의 서울 지명이 가사에 나온다. 현재로서는 이 곡이 서울 지명이 가장 많이 들어간 노래로 확인된다.

충무로… 명동… 탱고 선율의 낭만

대한민국 수도 서울을 배경으로 한 대중가요는 어느 도시보다 압도적으로 많다.

현인의 '서울야곡' '럭키서울', 패티김의 '서울의 찬가', 조용필의 '서울 서울 서울', 은방울자매의 '마포종점', 배호의 '돌아가는 삼각지' '안개 낀 장충단공원' '비 내리는 명동', 혜은이의 '제3한강교', 주현미의 '비 내리는 영동교' '신사동 그 사람', 이문세의 '광화문 연가', 김흥국의 '59년 왕십리', 동물원의 '혜화동' 등이 대표적인 노래들이다.

그중에서 현인의 '서울야곡'은 서울 도심의 풍경과 시대 감성을 이국적인 느낌으로 그려낸 당시로서는 매우 파격적인 곡이다. 이 노래는 방송작가로 유명한 유호가 작사하고 가수인 현인이 직접 작곡했다. 작곡가 이름이 '현동주'로 되어있는데, 이는 현인의 본명이다. 현인은 유호의 경성제2고보(현재의 경복고) 1년 선배다.

어느 날 경향신문 문화부 기자로 일하고 있던 유호에게 현인이 방문한다. 현인은 기사 작성에 여념이 없던 유호에게 악보 하나를 툭

던져준다. 현인 본인이 작곡한 곡에
노랫말을 붙여 달라는 부탁이었다. 이
악보에 실린 멜로디는 현인이 해방 직
후 중국에서 귀국 수속을 밟던 중 팔
로군 소속 텐진경비대에 체포되어 베
이징 육군비밀형무소에 갇히는 신세가
됐을 때, 창살 너머 풍경을 보며 구상
했다고 한다.

1950년 무렵 '서울야곡'을 발매한 럭
키레코드사 앞에서 포즈를 취한 가
수 현인(오른쪽)과 작사가 유호

　　현인으로부터 악보를 건네받은 지
며칠이 지난 어느 봄날, 유호는 충무로 밤거리를 거닐고 있었다. 충
무로 쇼윈도에 흐르는 빗물이 왠지 애잔하게 느껴졌다. 봄이었지만
날씨도 제법 쌀쌀해서, 레인코트의 옷깃을 잡아 올렸다. 그러다 현인
이 건네준 멜로디를 떠올렸다. 가락에 맞춰 재빨리 머릿속에 노랫말
을 메모했다. 이렇게 해서 탄생한 곡이 '서울야곡'이다.

　봄비를 맞으면서 충무로 걸어갈 때
　쇼윈도 그라스엔 눈물이 흘렀다
　이슬처럼 꺼진 꿈속에는 잊지 못할 그대 눈동자
　샛별같이 십자성같이 가슴에 어린다

　보신각 골목길을 돌아서 나올 때엔

찢어버린 편지에는 한숨이 흘렀다
마로니에 잎이 나부끼는 네거리에 버린 담배는
내 맘같이 그대 맘같이 꺼지지 않더라

'서울야곡'은 1950년 6월 작곡가 박시춘이 대표로 있던 럭키레코드에서 발매한 음반 A면에 실렸고, B면에는 공미선의 '눈물의 세뇨리타'가 실렸다. 그 시절 SP음반은 LP판과는 달리 양면에 1곡씩만 수록할 수 있었다. '서울야곡'은 1950년에 발표된 노래라고는 믿기 어려울 정도로 완성도가 높고 세련된 곡이다. 1930년대에 탱고 노래가 발표된 적이 있었지만, 대중적으로 탱고를 널리 알리게 된 첫 번째 곡이라고 볼 수도 있다.

탱고 리듬의 멜로디는 경쾌했던 반면에 노랫말은 '눈물이 흘렀다', '찢어버린 편지', '흩어진 꽃다발' 등 쓸쓸하고 우울한 정서가 짙게 느껴진다. 그리고 '쇼윈도 그라스', '마로니에', '레인코트', '배가본드' 등 외래어를 사용해 서구적 촉감을 담아냈다.

3절까지의 가사를 보면 당시 서울의 중심가인 충무로, 보신각(종로), 명동이 차례로 등장한다. 지금은 서울의 중심이 강남으로 이동한 측면이 있지만 충무로와 종로, 명동 일대는 지금도 서울 강북 도심의 낭만과 정취를 그대로 간직하고 있다.

이후 이 노래를 작사한 유호에 의해 동명의 드라마 '서울야곡'이 집필되어 TBC에서 1977년에 방송됐다. 그러나 드라마 주제가는 현인의 '서울야곡' 노래가 아닌 이은하의 '무교동 이야기'가 사용되었

다. '서울야곡'은 1978년 가수 전영이 리메이크해서 불렀는데 다시
크게 히트했다.

　나는 '서울야곡' 하면 영화 〈와이키키 브라더스〉가 문득 떠오른다.
이 영화는 볼 때마다 느끼는 삶의 비애와 처연한 서글픔에 가슴이 먹
먹하다. 그리고 귀에 맴도는 것은 '서울야곡' 노래다. 주인공 성우(이
얼 분)의 고교 시절 음악학원 원장(김영수 분)은 여러 장면에서 '봄비를
맞으면서 충무로 걸어갈 때 쇼윈도 그라스엔 눈물이 흘렀다'를 낮게
읊조린다.

　전쟁통에 월남해 혈혈단신 살아오다 몸도 마음도 다 망가져 버린
노악사. 인생의 막다른 골목에서 부르는 '서울야곡' 노래는 어린 시
절 음악이 좋아서 음악을 시작했고, 음악에 인생을 걸었지만 아직도
밤무대를 전전하는 음악제자 성우의 모습과 오버랩되면서 끝없는 적
막감과 쓸쓸함을 연출해 낸다.

　봄비가 내리는 날. 우산을 받쳐 들고 회사 근처의 종로 일대를 자
주 걷는다. 그럴 때면 나도 모르게 '서울야곡' 노래가 저절로 흥얼거
려진다.

사라진 전차 종점의 아련한 추억

마용성.

2010년대 중반부터 부동산업계에서 새롭게 통용되는 말로써 서울 마포구, 용산구, 성동구의 첫 글자를 각각 따왔다. 아파트값이 서울 강남3구(강남구, 서초구, 송파구) 다음인 신흥 부촌의 대명사가 된 지역이다.

마포는 처음에 '삼개'라고도 불렸다. 과거 한강에 있었던 서호, 마호, 용호 3개의 포구를 통틀어 삼개포구라고 했기 때문이다. 그러다 한자로 지명을 표기하기 위하여 삼베와는 아무런 관련도 없는 '삼 마(麻)' 자를 따서 삼개를 마포(麻浦)라고 쓰게 되면서 '마포'라는 한자식 지명이 생기게 됐다고 한다. 또 강변의 갯벌 모양이 삼베를 덮어 놓은 듯해서 마포라고 했다는 설도 있다.

마포의 경우 지금은 신흥 부촌이 됐지만 과거엔 부자 동네가 아니었다. 1960년대만 해도 강가에 갈대숲이 우거지고 황량한 비행장이 있는 여의도로 나룻배가 건너다니며 새우젓을 파는 시골 느낌이 많이 나는 곳이었다. 한강이 꽁꽁 얼어붙는 겨울을 빼곤 마포나루엔 장어 굽는 냄새도 물씬 풍겼다. 당시 마포는 '땡! 땡! 땡!'을 출발음과 도착음으로 하는 전차(電車)의 종점으로 유명했다.

'마포종점'의 노랫말은 애절한 젊은 부부의 사연을 담아 만든 것이라고 한다. 이 노래 가사를 쓴 정두수는 당시 마포종점 부근에 살고 있었다. 그 무렵 마포종점 부근에 그가 자주 가는 단골 설렁탕집이 있었다. 바로 '마포옥'이다. 이 설렁탕집은 예술인들 사이에서 꽤 유명했다. 어느 날 정두수가 작곡가 박춘석과 함께 이 집을 찾았을 때 주인이 마포종점 부근에 살던 부부의 가슴 아픈 사연을 들려줬다.

"부부는 마포종점 부근에 허름한 사글셋방을 얻어 살았다. 그러던 중 미국으로 유학을 떠난 남편이 과로한 나머지 뇌졸중으로 쓰러져 짧은 생을 마감한다. 사랑하던 남편을 졸지에 잃은 아내는 충격을 받아 마포종점에 나가 그곳을 미친 듯 배회하고 다녔다. 남편을 기다렸지만 죽은 남편이 돌아올 리는 만무했다. 그러다 여인은 정신착란 증세를 보이고 마는데 언젠가부터 마포종점에서 종적을 감춘다."

설렁탕집 주인으로부터 이 이야기를 들었던 그날 밤. 정두수는 밤잠을 설치면서 애절한 부부의 사연의 담은 노랫말을 썼다.

이 부부는 정두수가 예전에 알고 있던 사람들이었다. 박사 코스를 밟고 있던 남편은 밤잠을 줄여가며 공부했다. 대학 강사로, 더러는 가정교사로 일하며 악착같이 학비와 생활비를 벌었다. 아내도 남편 뒷바라지를 하며, 닥치는 대로 허드렛일을 해 살림에 보탰다. 경제적으로는 어려웠지만 신혼생활은 소꿉놀이처럼 아기자기했다.

남편이 밖에 일하러 나갔을 때는 아내가 밥을 지어 따뜻한 아랫목 이불 속에 밥그릇을 묻어두고 눈이 빠지게 기다렸다. 그러다 자정이 가까워지면 남편 마중을 위해 마포종점으로 나갔다. 남편이 일찍 귀가하는 날이면 두 사람은 연애 시절을 떠올리며 손을 꼭 잡고 인근 당인리로 이어지는 긴 둑을 걸었다. 그때 당인리의 깜빡대는 불빛은 바로 어릴 적 보았던 반딧불만큼이나 정겨운 것이었다.

정두수는 '마포종점' 가사에 전차와 비행장, 발전소 같은 당시 서울의 풍경을 느낄 수 있는 단어들을 넣었다. 노랫말에 나오는 당인리 발전소는 지금은 서울화력발전소로 바뀌었다. 지금의 국회의사당과 여의도공원 일대에 있었던 여의도비행장은 1971년 폐쇄되면서 역사의 뒤안길로 사라졌다.

밤 깊은 마포종점 갈 곳 없는 밤 전차
비에 젖어 너도 섰고 갈 곳 없는 나도 섰다
강 건너 영등포에 불빛만 아련한데
돌아오지 않는 사람 기다린들 무엇하나
첫사랑 떠나간 종점 마포는 서글퍼라

저 멀리 당인리에 발전소도 잠든 밤

우리 동네 유행가들

하나둘씩 불을 끄고 깊어가는 마포종점
여의도 비행장엔 불빛만 쓸쓸한데
돌아오지 않는 사람 생각하면 무엇하나
궂은 비 내리는 종점 마포는 서글퍼라

1968년 7월, '마포종점'은 여성 듀엣 '은방울자매'의 목소리에 실려 세상에 나왔다. 이 노래를 녹음할 당시 '큰방울' 박애경은 만삭이었다. 이미자가 '동백아가씨'를 녹음할 때와 현미가 '떠날 때는 말없이'를 녹음할 때도 만삭이었다. '만삭에 녹음한 노래는 반드시 히트한다'라는 가요계 속설처럼 '마포종점'도 빅히트를 기록한다.

이 노래가 나온 지 3개월 후, '마포종점'은 사라지고 만다. 특유의 금속성 소리를 내며 서민의 애환을 실어 나르던 전차가 세월에 밀려 퇴장하고 말았던 것이다. 서울에 전차가 처음 등장한 것은 1898년. 미국인 콜브란(Collbran, H.)과 보스트윅(Bostwick, H.R.)이 고종 황제로부터 한성 시내 전차 사업권을 얻어 사업을 시작했을 때다. 12월 25일 서대문에서 청량리까지 1단계 구간을 완공한 뒤 정식 출발했으니까 태어난 지 70년 만에 명을 다한 셈이다.

1997년 마포종점 터에서 200m 남쪽으로 떨어진 어린이공원에 노래비가 섰다. 그리고 '마포종점' 노래는 2017년 7월 서울미래유산으로도 지정되었다.

'은방울자매'의 탄생은 1954년에 각각 활동을 시작한 박애경과 김

서울시 마포구 어린이공원에 세워진 '마포종점' 노래비. 마포종점 터에서 200m 남쪽으로 떨어진 곳이다.

향미가 1962년에 여성 듀엣을 결성하면서부터다. 은방울자매는 '자매'라는 이름 때문에 언니·동생으로 오해하기 쉽지만, 사실은 1937년생 동갑내기다. 고향도 같은 경남 밀양이다. '큰방울', '작은방울'이라는 별명은 키 순서로 정했다고 한다.

'작은방울' 김향미가 1981년 미국 LA로 이민을 가자, 홀로 남은 '큰방울' 박애경은 오숙남을 영입해 '은방울자매'를 다시 결성한다. 하지만 2005년 박애경이 지병으로 세상을 떠나게 되면서 '은쟁반에 옥구슬이 구르는 듯한' 이들의 목소리는 더 이상 이어지지 못한다.

이제 마포에는 그 옛날의 전차도 나룻배도 새우젓 장터도 없다. 세월이 참 무상하다. 마포종점을 헤매던 그때 그 여인. 지금은 할머니가 되어 어디서 어떻게 살고 있을까.

한강을 노래한 유행가들

🎵 한강

노래 심연옥, 작사·작곡 최병호

1953년 도미도레코드에서 발매한 노래. 6·25전쟁으로 인해 피폐해진 민족의 아픔과 이별의 정서를 한강이라는 공간에 투영하여 큰 공감을 얻은 곡이다. 이 노래를 작사·작곡할 당시 최병호는 서울중앙방송국 음향 담당 기술자였다.

🎵 한강

노래 조용필, 작사 김순곤, 작곡 조용필

1983년 발표된 조용필 5집 앨범에 '친구여', '나는 너 좋아' 등과 함께 실린 노래. 민족의 젖줄인 한강을 배경으로 우리 전통의 정서를 록이라는 장르에 담아 조용필표 가락으로 버무린 명곡이다.

🎵 한강

노래 밴드민하, 작사·작곡 노승호·김민수

2019년 발표된 노래. 한강에서 연인과 함께한 추억들을 회상하며 만든 곡이다. 노래의 시작과 끝에 나오는 물소리는 실제 한강의 물이 흐르는 소리를 녹음하여 사용했다고 한다.

🎵 한강에서

노래 폴킴, 작사·작곡 폴킴·콜린 등

2023년 발표한 노래로 한강에서의 사랑과 추억을 폴킴 특유의 감미롭고 달콤한 목소리로 풀어낸 곡이다. 한강의 어원은 우리말 '한가람'에서 유래했는데 '한'은 크다는 뜻이고, '가람'은 강의 옛이름이다.

도시의 우수와 아릿한 실연의 회억

　　1960년대 한창 산업화가 추진되던 서울에도 명암이 공존했다. 대중가요는 이 같은 도시의 두 모습을 그대로 대변해 낸다. 패티김의 '서울의 찬가'가 도시의 활기와 희망을 노래했다면, 배호의 '돌아가는 삼각지'는 도시의 우수와 아릿한 상실을 전해주고 있다.

　　그리고 1960년대 대중가요에서 두드러진 것은 노랫말에서 다루는 서울의 공간이 광화문, 종로, 남대문, 서울역 등의 도심을 벗어나 도시 외곽으로 뻗어나갔다는 점이다. 서울 노래의 공간적 팽창이다. 1967~1968년 발표된 배호의 '돌아가는 삼각지'와 '안개 낀 장충단공원', 은방울자매의 '마포종점' 등이 이런 노래들이다.

　　'돌아가는 삼각지' 노래는 배호가 부르기 훨씬 전인 1963년에 만들어졌다. 작곡가 배상태에게 노래 탄생의 배경을 들어보자.

　　"서라벌예대 음악과를 졸업하고 김포에 있던 해병대 군악대에서 군 복무를 하고 있던 때였다. 전역을 얼마 안 남긴 어느 토요일 오후, 외출을 나왔다가 그만 비에 갇혀 삼각지 단골 술집에서 비 오는 창밖을 바라보며 무료함을 술로 달래고 있었다. 그때 갑자기 '요즘 세상에 저런 순정파 사나이가 있다니! 한 여인을 못 잊어서 허구한 날 길을 헤매고 다니잖아요. 나에게도 저런 남자가 있었으면 좋겠어요'라는 술집 아가씨의 얘기가 들려왔다.

창밖을 보니 그 순정파 사내는 이내 비를 흠뻑 맞으면서 걸음을 옮기고 있었다. 이때 순간적으로 악상이 떠올라, 항상 지니고 다니던 오선지에 재빨리 음표를 그려 넣었다. 이 악보에 평소 알고 지내던 작사가 이인선이 노랫말을 붙여 노래가 완성됐다."

그러나 작곡가 배상태는 노래 부를 가수를 찾지 못해 애를 먹었다. 당시 인기가수였던 남일해는 연습만 하다 포기했고, 금호동에게 넘어갔는데 그는 "노래가 촌스럽다"라며 두 손을 저었다. 이어 한참 떠오르는 신인가수 남진에게도 타진했지만 "창법이 나와 안 맞다"라며 거절했다. 결국 무명가수 김호성이 녹음을 하기는 했지만, 음반으로 나오지는 못했다.

노래는 '돌아가는 삼각지' 제목처럼 돌고 돌아 다시 주인을 찾아갔다. 주인공은 배호였다. 작곡가 배상태는 마지막이란 심정으로 서울 청량리 성바오로병원 뒤 배호의 허름한 단칸방을 찾아간다. 당시 건강이 좋지 않아 어머니와 여동생의 간호를 받으며 병석에 누워 있던 배호도 처음에는 이 노래의 녹음을 사양했다. 배호의 어머니 역시 "환자에게 무슨 노래냐?"라며 완강하게 반대했다.

하지만 배호는 쓸쓸한 분위기의 노래가 마치 자신의 처지를 대변하는 것 같았다. 이에 배상태에게 악보를 두고 가라며 녹음을 승낙한다. 이튿날 배상태는 배호의 단칸방을 다시 찾아갔다. 두 사람은 연습을 시작했지만, 병든 배호의 호흡이 너무 짧아 연습이 쉽지 않았다. 연습 시간은 불과 4시간 정도였다. 녹음 전날 밤 배호는 모든 악보를 외웠다. 배상태는 온몸이 퉁퉁 부은 배호를 부축해 장충동 아세아레코드사 녹음실로 향했다.

신장염 투병으로 숨이 찬 배호는 '삼각지 로~'에서 멈췄다가 '~타리'로 이어가는데, 노래 도중 배호가 숨이 차서 잠시 멈추자 녹음기사가 노래가 끝난 줄 알고 스위치를 끄기도 했다고 한다. 당시 사람들은 이 창법이 배호가 멋 내느라고 일부러 그렇게 부른 것으로 알았다. 가래를 뱉어가며 투혼을 발휘한 녹음은 대체로 만족스러웠다. 폭넓은 음역과 드러머 출신이기에 가능했던 정확한 리듬 타기 장점이 있는 배호는 큰 NG 없이 녹음을 마쳤다.

삼각지 로타리*에 궂은비는 오는데
잃어버린 그 사랑을 아쉬워하며
비에 젖어 한숨짓는 외로운 사나이가
서글피 찾아왔다 울고 가는 삼각지

---

* '로타리'의 규범 표기는 '로터리'이지만, 원가사가 '로타리'로 쓰인 점을 감안해 가사 중의 표기는 '로타리'로 고치지 않고 그대로 둠.

삼각지 로타리를 헤매 도는 이 발길

떠나버린 그 사랑을 그리워하며

눈물 젖어 불러보는 외로운 사나이가

남몰래 찾아왔다 돌아가는 삼각지

녹음을 마친 '돌아가는 삼각지'는 지병과 가난에 신음하던 한 무명 가수의 인생을 완전히 뒤바꾸어 놓았다. 음반 발매 후 4개월 정도 별다른 반응이 없어 배호와 배상태는 실망한다. 당시 가요계는 '떠오르는 혜성' 남진의 '가슴 아프게'가 빅히트를 치고 있는 중이어서, 처음엔 남진의 위세에 밀릴 수밖에 없었다.

그러나 시간이 지나면서 배호의 선 굵은 저음과 담백하면서도 애절한 호소력이 먹히기 시작한다. '배호 돌풍'이 불기 시작한 것이다. 이 돌풍은 부산, 대구, 광주 등 지방 대도시를 시작으로 삽시간에 경부선과 호남선을 타고 서울로 상경한 뒤 대한민국을 뒤흔드는 대히트곡이 되었다.

1967년 그해 KBS 라디오 프로그램인 '전국 가요릴레이'에서 단일 곡으로 20주 연속 1위를 차지하는 등 마침내 '배호'라는 이름을 가요계에 우뚝 세운다. 한국 가요사에서 '돌아가는 삼각지'의 히트는 당시 기준으로 1964년 이미자의 '동백아가씨', 1966년 최희준의 '하숙생'에 이은 세 번째 '대박음반'으로 평가된다.

삼각지(三角地)는 한강, 서울역, 이태원 세 갈래로 나뉘는 곳이었기에 생긴 지명이라고 한다. 삼각지 로터리는 여느 로터리와 달리 공중에 뜬 로터리, 즉 로터리와 고가차도를 혼합한 한국 최초의 입체교차로였으며 차량뿐 아니라 사람도 통행할 수 있었다. 삼각지 로터리 입체교차로는 1967년에 1차 공사가 착공돼 그해 12월 30일 완공됐다. 이후 1973년에는 입체교차로를 통해 한강대로와 백범로, 이태원로가 교차했다. 1974년에는 서쪽의 공덕동으로 가는 백범로에 고가도로를 설치해 경부선 철길을 건널 수 있게 하였다.

입체교차로가 건설될 무렵 배호의 '돌아가는 삼각지'라는 노래가 빅히트하면서 삼각지 입체교차로는 더욱더 유명해졌다. 지방에서 올라온 관광버스들은 서울의 명소인 이곳을 일부러 돌고 갔다고 한다. '한 바퀴 돌 때마다 1년을 더 산다'라는 말에 시골 노인을 태운 관광버스는 기본으로 7번을 돌고 갔다는 이야기도 전해진다. 그러나 입체교차로는 1994년 노후화와 교통량 증가, 지하철 건설로 인해 철거됐다.

이후 이 거리에 '돌아가는 삼각지' 노래비가 세워졌고, 삼각지의 한 거리가 '배호 길'로 명명됐다. 배호는 1981년 MBC가 실시한 여론조사에서 '가장 좋아하는 가수' 1위로 선정됐고, 2005년 광복 60주년 기념 KBS 〈가요무대〉 여론조사에서는 '국민에게 가장 사랑받는 가수 10인'에 올랐다.

배호는 봄꽃 같은 나이에 세상을 떠났지만, 그의 노래는 팬들의 가슴 속에 남았다. '인생은 짧고 예술은 길다'라는 말이 딱 맞다.

우리 동네 유행가들

가수 배호의 전성기 시절 모습. 그는 가난과
투병의 어려움 속에서도 음악에 대한 열정
하나만으로 고달픈 삶을 이어갔다.

강제 납북, 가슴 저미는 이별 고개

대중가요 중 6·25전쟁을 배경으로 한 노래는 흥남철수 때 헤어진 여동생을 찾는 내용의 '굳세어라 금순아'(현인), 부산 피란살이의 애환과 이별을 그린 '이별의 부산정거장'(남인수), 전선의 군인이 고향과 어머니를 그리워하는 내용의 '전선야곡'(신세영), 전쟁터에 나가 있는 남편이 무사하기를 비는 내용의 '아내의 노래'(심연옥), 전선에서 싸우는 남편의 무사 귀환을 염원하는 아내의 마음을 담은 '님 계신 전선'(금사향) 등이 있다.

이런 6·25전쟁을 배경으로 한 노래 중 '단장의 미아리고개'는 단연 손꼽히는 명곡이다. 반야월이 가사를 쓰고 이재호가 곡을 붙였으며 노래는 이해연이 불렀다. 제목의 '단장(斷腸)'은 '창자를 끊어내는 고통'을 말한다.

'단장의 미아리고개' 작사가 반야월은 자신의 어린 딸을 전쟁 중 피란길에서 잃은 개인적 경험과 연결 지어 미아리고개에서의 이별이라는 주제로 가사를 썼다. 다음은 반야월의 회고다.

"6·25가 터졌을 때, 나는 소식을 들은 바로 이튿날에 홀로 피란을 갔다. 그때 내 가족이라고는 아내와 네 살짜리 맏딸 수라가 있었을 뿐이었는데 미처 피란 갈 준비가 돼 있지 않았고 또 일이 그리 크게 벌어지리라고는 생각하지 않았기 때문에 그들을 서울 수유리 집에 그냥 남겨두고 나만 피란을 간 것이다. 나는 우선 처가가 있는 김천으로 갔다.

그런데 내가 김천 처가에 도착한 지 며칠 뒤에 아내가 들이닥쳤다. 그의 몰골은 말할 수 없이 초라했고 마땅히 함께 왔어야 할 귀여운 딸 수라는 보이지 않았다. 아이를 어찌하고 홀로 왔느냐는 물음에 망연하던 표정이 바뀌어 마구 소리치고 울면서 그는 두 손을 내밀었다. 내가 혼자 떠나고 미아리가 적의 손에 들어가자 아이를 데리고 수유리 집을 떠났는데 그새 잘 먹지 못하여 굶어있던 터에 총소리, 대포소리가 요란해지자 공포에 질리고 무서워 떨다가 수라는 미아리고개를 넘지도 못하고 죽고 말았다고 했다.

피란길이 너무도 화급하여 아이를 매장할 곳도 찾지 못하고 아내는 고갯길에 손으로 흙을 파고 묻을 수밖에 없었다고 했다. 그 뒤의 이야기지만 9·28 수복이 되어 서울로 돌아와 그 근처의 여러 군데를 파보았지만, 아이의 시체는 끝내 찾지 못하였다. 나는 그때의 비통한 심정을 '단장의 미아리고개'라는 노래 속에 담았다."

서울 성북구 돈암동에서 정릉천을 지나 의정부로 이어지는 고개인 미아리고개는 돈암동 고개·돈암현이라고도 한다. 옛날에는 병자

호란 때 청나라 군사 되놈(중국 사람을 낮잡아 이르는 말)이 이 고개를 넘어 서울에 침입했다고 해서 '되너미고개'라고 불렀으며, 한자명으로는 적유현(狄踰峴) 또는 호유현(胡踰峴)이라 하였다.

겸재 정선이 그린 것으로 추정되는 〈도성대지도(都城大地圖)〉와 김정호의 〈수선전도(首善全圖)〉에는 '적유현'으로 표기되어 있고, 비슷한 시기에 그린 것으로 추정되는 〈사산금표도(四山禁標圖)〉에는 '호유현'으로 표시되어 있다. 서울 성북구 돈암동 미아리고개 정상에 위치한 소극장 미아리예술극장에 노래 가사를 새긴 '단장의 미아리고개' 노래비가 세워져 있다.

오아시스레코드사에서 1956년에 발표한 '단장의 미아리고개' 가사는 다음과 같다.

미아리 눈물 고개 님이 넘던 이별 고개
화약 연기 앞을 가려 눈 못 뜨고 헤매일 때
당신은 철삿줄로 두 손 꽁꽁 묶인 채로
뒤돌아보고 또 돌아보고
맨발로 절며 절며 끌려가신 이 고개여
한 많은 미아리고개

아빠를 그리다가 어린 것은 잠이 들고
동지섣달 기나긴 밤 북풍한설 몰아칠 때
당신은 감옥살이 그 얼마나 고생하오

십 년이 가도 백 년이 가도
살아만 돌아오소 울고 넘던 이 고개여
한 많은 미아리고개

이 노래가 너무 유명해진 나머지 미아리고개가 슬픔과 눈물과 한
(恨)의 고개로만 각인되었다는 이유로 서울 성북구청이 한때 '미아동'
이라는 동명을 바꾸려 한 적이 있을 정도이다.

미아리고개는 6·25전쟁 당시
서울 북쪽의 유일한 외곽도로였
기 때문에 전쟁 발발 초기에 북
한군과 국군 사이에 교전이 벌어
진 곳이다. 북한군은 퇴각하면서
각계 인물들을 미아리고개를 통
해 강제 납북했다.

6·25전쟁 때 북한으로 끌려가는 납북 인사
들. 납북인사 가운데는 김규식·조소앙 등 정
치 지도자와 무용가 최승희, 시인 정지용 등
예술인들도 포함되어 있다.

남한 인사 납북은 북한군 병사들의 인솔 아래 서울에서 평양까지
는 군용트럭으로 이동했다. 북한 지도부가 평양에서 퇴각할 때는 그
들을 따라 압록강변의 강계와 만포, 혜산까지 거의 도보로 끌려가야
했다. 이 과정에 미군의 비행기 폭격과 북한군의 학대 및 불법 사살
등으로 많은 납북 인사들이 희생되었다.

납북인사 가운데는 김규식, 조소앙과 같은 임정 요인들과 제헌 국
회의원들을 비롯한 유명 정치인들은 물론 경제계와 학계, 언론, 교
육, 과학, 문화, 예술 등 다양한 분야의 인재들도 포함되어 있었다.

우리가 잘 알고 있는 전설적인 무용가 최승희와 시인 정지용, 소설가 이광수와 박태원 등이 그들이다. 또 누에박사 계응상, 나무박사 임록재, 새(鳥)박사 원홍구와 함께 김일성이 생전에 가장 아꼈던 4명의 과학자 중 한 사람인 '비날론 발명가' 이승기 박사도 납북됐다.

6·25전쟁 이후에도 '대한항공 YS-11기 납치사건' 등 많은 납북이 이루어졌다. 그러나 납북자 문제는 남북한 간에 여전히 해결을 위한 논의조차 제대로 이뤄지지 않고 있다. 우리 정부는 납북자 가족과 인권 운동가들의 간절한 요청에 대해 "납북자의 조기 송환을 위해 노력하고 있다"라는 말만 되풀이하고 있고, 북한은 "존재하지도 않는 납북자 문제는 거론하지도 말라"라며 오히려 큰소리치고 있다.

여전히 납북자들의 생사조차 알 수 없는 가족들. 그들의 '단장의 고통'을 생각하면 가슴이 저민다.

삼팔선과 휴전선을 노래한 유행가들

🎵 가거라 삼팔선
노래 남인수, 작사 이부풍, 작곡 박시춘

1948년 고려레코드에서 발표한 노래. 남북 분단의 아픔을 표현한 곡으로 가사에는 삼팔선이 생긴 것에 대한 우려와 슬픔, 거부 등이 담겨 있다. 이후 1961년에 유니버셜레코드에서 반야월이 일부 노랫말을 수정해 남인수가 다시 불러 녹음했다.

🎵 삼팔선의 봄
노래 최갑석, 작사 김석민, 작곡 박춘석

1959년 발표된 노래. 눈이 녹은 봄날에 휴전선 철조망 사이로 피어난 들꽃을 바라보면서 지은 가사에 분단의 아픔이 스며있다. 1953년 6·25전쟁 정전 이후에는 '휴전선'이지만. 제목과 가사에 의도적으로 '삼팔선'이라고 쓴 점이 이채롭다.

🎵 녹슬은 기찻길
노래 나훈아, 작사 김관현, 작곡 홍현걸

1972년 남북적십자회담 현장 취재를 갔던 김관현 한국일보 기자가 노랫말을 짓고 작곡가 홍현걸이 멜로디를 입힌 곡이다. 나훈아가 오아시스레코드에서 지구레코드로 전속사를 옮긴 후 맨처음 취입한 노래다.

🎵 판문점의 달밤
노래 고대원, 작사 유노완, 작곡 이봉룡

1954년 서울코리아레코드에서 발매한 곡. 군대 복무 중인 아들이 남북 분단을 상징하는 판문점에 뜬 달을 바라보며 고향의 어머니를 그리는 내용의 노래다.

이제는 추억이 된 명동의 낭만

'세월이 가면' 노래는 서울 명동의 '경상도집'에서 우연히 탄생했다. 사진은 이 노래의 노랫말을 쓴 시인 박인환

1956년 3월 어느 날 저녁.

6·25전쟁으로 완전 폐허가 되었다가 어느 정도 복구되어 제 모습을 찾아가는 서울 명동의 한 모퉁이에 자리 잡고 있는 '경상도집'에 시인 박인환, 극작가 이진섭, 소설가 송지영 등 몇 명의 문인들이 모여 술을 마시고 있었다.

마침 그 자리에는 가수 겸 배우 나애심도 함께 있었는데, 술이 몇 순배 돌고 취기가 오르자 일행들은 나애심에게 노래를 청했다. 그러나 나애심은 꽁무니를 빼며 좀처럼 노래를 부르지 않았다. 그때 박인환이 호주머니에서 종이를 꺼내더니 즉석에서 시를 써 내려갔다. 이 모습을 물끄러미 보고 있던 나애심이 말을 꺼냈다. 2004년에 방송된 EBS 24부작 드라마 〈명동백작〉 중의 한 대목이다.

나애심	"이 선생님, 이 시에 곡 좀 붙여봐 주실래요."
이진섭	"그래, 어디 좀 볼까?"
박인환	"낙서한 거예요. 그냥 주세요."
이진섭	"아줌마, 여기 종이하고 연필 좀 주세요."
나애심	"곡 잘 써주세요."
이진섭	"자 한번 불러봐요, 나애심 씨."

이진섭이 작곡한 악보를 들고 나애심이 노래를 불렀는데, 이 노래가 바로 '세월이 가면'이다. 한 시간쯤 지나 송지영과 나애심이 자리를 뜨고, 테너 임만섭과 '명동백작'이라는 별명의 소설가 이봉구가 새로 합석했다. 임만섭은 악보를 받아 들고 우렁찬 성량으로 노래를 불렀다. 그 노랫소리를 듣고 명동거리를 지나던 행인들이 술집 문 앞으로 몰려들었다.

지금 그 사람 이름은 잊었지만
그 눈동자 입술은 내 가슴에 있네
바람이 불고 비가 올 때도
나는 저 유리창 밖 가로등
그늘의 밤을 잊지 못하지

사랑은 가고 옛날은 남는 것
여름날의 호숫가 가을의 공원

그 벤치 위에 나뭇잎은 떨어지고
나뭇잎은 흙이 되어 나뭇잎에 덮여서
우리들 사랑이 사라진다 해도

지금 그 사람 이름은 잊었지만
그 눈동자 입술은 내 가슴에 있네
내 서늘한 가슴에 있네

'세월이 가면' 노래는 순식간에 명동에 퍼졌다. 그들은 이 노래를 '명동 엘레지' 또는 '명동 샹송'이라고 불렀다. 1950~1960년대 명동은 예술인들을 위한 하나의 해방구였고, 그들만의 놀이터였다. 해방 직후의 좌우 대립, 분단과 6·25전쟁 등 엄청난 시련을 겪은 문인과 화가들은 이곳에서 그들의 예술혼을 불태웠다.

'명동백작'이란 별명을 가진 소설가 이봉구는 "화가 박서보·이중섭, 시인 김수영·박인환 등과 함께 전쟁으로 인한 상실감을 인내하면서 명동에 모여 예술을 논하고 인생을 노래했다"라고 생전에 이야기한 바 있다.

특히 시인 김수영은 포로수용소에서 풀려난 후 아내를 잃으면서 전쟁에 대한 환멸을 시로 풀어냈고, 도화지 살 돈이 없던 화가 이중섭은 담배 은박지에 그림을 그렸다. 명함에 '대한민국 김관식'이라고 당당하게 써 붙이고 다녔던 시인 김관식은 술에 취하면 서정주, 김동인과 같은 대문호들을 서 군, 김 군이라 부르면서 비틀거리며 거리를 활보했다.

당시 빈대떡집으로 유명한 '송림'과 '송도'에는 아나운서 유창경과 소설가 정인영 등이 출입했고, '쌍과부집'에는 천상병, 찻집 '송원'에는 공초 오상순과 사극작가 신봉승 등이 담배를 무척이나 즐기며 명동의 낭만을 만끽했다. 음악감상실 '돌체' '엠프레스'에는 화가 김청관, 박서보, 문우식, 최기원 등이 즐겨 찾았고, 특히 KBS 〈명화극장〉의 영화 해설가로 유명했던 조선일보 문화부장 정영일도 그중 한 명이었다고 한다.

배우 최불암의 어머니 이명숙이 운영했던 주점인 '은성'에도 이봉구, 박인환, 박봉우, 전혜린, 문일영, 김하중, 이문환 등 수많은 예술인들이 제집처럼 드나들었다. 최불암은 단골이었던 당대 예술인들과의 대화에 끼기에는 아직 어려웠지만, 이러한 분위기가 배우의 길을 걷는 데 크게 영향을 끼쳤음은 틀림없다.

최불암의 모친은 '은성'을 찾아오는 문인들에게 외상을 많이 받았다. "달아 놓으세요" 한 마디면 거래가 성사되던 시절이었다. 그러나 그 외상장부에 적힌 이름은 실제 이름이 아니라 별명 또는 별칭이 많았다. 외상장부에 실제 이름을 적어놓으면 혹시라도 그들의 자존심에 상처를 입히지 않을까 걱정해서였다. 최불암은 모친 별세 후 사과 상자 가득한 외상장부가 있었지만, 장부에 있는 사람이 누구인지 정확히 몰라 외상값을 제대로 받지 못했다고 한다.

1970년대에 들어와서는 또 다른 명동파들이 생겨난다. 1950~

1960년대의 명동파들이 전쟁의 슬픔을 토로하고 울부짖었다면 1970년대는 자유를 갈망하는 젊은이들이 이곳을 찾게 된다. 그들은 장발과 고고음악, 청바지 등으로 기성세대에 반항했다. 1970년대 충무로의 '벤허다방', 을지로의 '타임', 그리고 명동의 고전음악감상실 '르네상스' '하늘소다방', 경양식집 '숲속의 빈터', 방송인 강석과 김병조가 DJ를 보던 '꽃다방', 그리고 이종환의 '쉘부르 살롱' 등 명동을 중심으로 생긴 그들만의 놀이터에서 노래하고 춤추면서 억압에 대해 반항하고 저항했다.

이제 '그때의 명동'은 없다. 낭만이 사라진 명동엔 옷 가게, 화장품 가게와 외국인 관광객들만 넘쳐난다. 낭만이 사라진 곳이 어디 명동뿐이랴.

서울 명동을 노래한 유행가들

🎵 비 내리는 명동
노래 배호, 작사·작곡 백영호

1970년 지구레코드에서 발매한 이 노래는 떠나간 연인에게 상처받은 남자의 서글픈 마음을 표현한 노랫말과 배호 특유의 저음에서 나오는 구성지고도 감미로운 목소리가 어우러져 크게 히트했다.

🎵 명동 나그네
노래 송대관, 작사·작곡 진남성

1978년 오아시스레코드에서 발매된 이 노래는 당시 화려했던 명동 모습과 그 속에서의 외로운 나그네 모습을 잘 그려내고 있다. 1968년 조영남이 부른 '명동 나그네'와는 제목이 같을 뿐 전혀 다른 노래다.

🎵 명동 왈가닥
노래 문주란, 작사 한산도, 작곡 백영호

1967년에 개봉한 허장강, 박암, 엄앵란 등이 출연한 영화 '명동 왈가닥'의 주제가. 전국에서 모여든 처녀들이 운전 교육을 마치고 생활 전선에 뛰어들면서 벌어지는 이야기를 담고 있다.

🎵 명동별곡
노래 육각수, 작사·작곡 최수정

'흥보가 기가막혀'로 유명한 육각수가 1996년에 발표한 노래. '얄리 얄리 얄리오 얄라 잊고 지냈던…'으로 시작되는 이 노래는 어린 시절 명동의 아련한 추억을 잘 표현하고 있다.

'아름다운 서울' 희망을 노래하다

어느 유명 역사 강사가 몇 년 전 대중가요사를 다룬 유튜브 강의에서 "패티김의 '서울의 찬가'는 박정희 대통령 재선 축하 노래다"라고 말한 적이 있다. 그러나 이는 전혀 사실이 아니다. '서울의 찬가'는 '불도저 시장'이라는 별명을 가졌던 김현옥 당시 서울시장이 작곡가 길옥윤에게 "서울시에서 후원할 테니 서울에 대한 희망적 메시지를 담은 노래를 만들어 달라"라고 요청해 길옥윤이 작곡·작사하고 패티김이 불렀던 노래다.

이 노래는 1966년 동아방송에서 먼저 녹음되어 방송됐으며 음반으로 발매된 것은 1969년이다. 박정희가 6대 대통령 선거에서 윤보선을 꺾고 재선에 성공한 때는 1967년 5월인데, 어떻게 '박정희 재선 축하 노래'가 당선도 되기 전에 나온다는 말인가. 참 어이가 없는 강의 내용이다.

이 역사 강사의 노래 강의에는 "혜은이 본명이 김일성과 같아서 중앙정보부 압박으로 이름을 바꿨다", "가수 배호의 실제 성은 배씨가 아니다", "이미자의 '섬마을 선생님'은 왜색으로 금지곡이 됐다" 등 엉터리 내용이 많아도 너무 많았다.

혜은이의 본명은 '김승주'로 김일성 본명인 '김성주'와는 이름 자체가 다르다. 그리고 배호라는 이름도 예명이긴 하지만 본명이 '배만금'으로 '성주 배씨'가 맞다. 또 이미자의 '섬마을 선생님'은 왜색 사유로 금지곡이 된 것이 아니라 일본 가수 미나미 하루오의 '타와라보시 겐바(俵星玄蕃)'라는 엔카와 앞부분 한두 소절의 음계가 같다는 '표절'을 이유로 금지곡이 됐던 것이다.

'서울의 찬가'가 처음 발표했을 때 서울시청에서는 매일 새벽마다 확성기로 이 노래를 틀어댔다. 이 바람에 근처 조선호텔에 투숙한 외국인들이 새벽잠을 설칠 정도였다는 일화는 유명하다.

종이 울리네 꽃이 피네
새들의 노래 웃는 그 얼굴
그리워라 내 사랑아
내 곁을 떠나지 마오
처음 만나고 사랑을 맺은
정다운 거리 마음의 거리
아름다운 서울에서
서울에서 살으렵니다

봄이 또 오고 여름이 가고

낙엽은 지고 눈보라 쳐도
변함없는 내 사랑아
내 곁을 떠나지 마오
헤어져 멀리 있다 하여도
내 품에 돌아오라 그대여
아름다운 서울에서
서울에서 살으렵니다

서울을 연고로 한 프로야구팀 LG트윈스는 창단 원년인 1990년부터 '서울의 찬가'를 공식 응원가로 사용하고 있다. 가사를 일부 바꿔서 쓰고 있는데 '그리워라 내 사랑아 / 내 곁을 떠나지 마오' 부분을 '소리쳐라 무적 LG / 승리의 LG트윈스' 등으로 개사했다. 또 프로축구팀 FC서울도 가사 일부를 개사해서 응원가로 쓰고 있다. 때문에 1960년대 나온 노래치고는 세대를 초월해 인지도가 꽤 있고 지금도 서울을 대표하는 노래로 많이 불리고 있다.

이 노래가 만들어진 1966년은 길옥윤과 패티김이 결혼을 앞두고 있던 시기였다. 그해 12월, 두 사람은 당시 민주공화당 당의장이던 김종필의 주례로 '세기의 결혼식'을 올렸다. 이후 길옥윤·패티김 부부는 '서울의 찬가' 외에도 '이별', '9월의 노래', '사랑하는 마리아', '사랑은 영원히' 등 주옥같은 명곡들을 합작했다.

'서울의 찬가' 노랫말은 희망의 감흥을 담았고, 멜로디는 행진곡

우리 동네 유행가들

느낌이다. 패티김의 시원한 가창은 노래를 듣는 사람들의 가슴을 탁 트이게 한다. 1절은 사랑하는 사람이 떠나지 말라는 염원을 담고 있고, 2절은 헤어져 있는 사람이 돌아와서 아름다운 서울에서 같이 살기를 청유하는 내용이다. 사랑하는 남녀의 사랑이 맺어진 장소로도 서울을 묘사하고 있다.

1995년 이른 봄에 길옥윤이 세상을 떠나자 패티김은 전남편의 영결식에서 빠른 템포의 이 노래를 불렀다. 당시 주변 사람들이 '이별'을 부르는 것이 좋겠다고 권유했지만 패티김은 '서울의 찬가'를 떨리는 음성으로 불러 참석자들이 눈시울을 적셨다.

길옥윤이 세상을 떠난 그해 가을, 세종문화회관 옆 세종로공원에 패티김과 길옥윤의 재혼 아내인 전연란, 딸 안리가 지켜보는 가운데 '서울의 찬가' 노래비가 제막됐다. 대리석으로 만든 피아노 모양의 좌대 위에 '서울의 찬가' 가사를 새겨 넣었다. 이

서울시 종로구 세종문화회관 옆 세종로공원 공영주차장 근처에 자리 잡은 패티김의 '서울의 찬가' 노래비. 서울 소재 노래비로는 1995년에 맨 먼저 세워졌다.

는 서울에 세워진 최초의 대중가요 노래비다. 이 곡을 부른 패티김은 1994년에 '자랑스러운 서울시민 600인'에 선정되기도 했다.

강남개발과 맞물린 젊음의 초상

과거 방송되었던 SBS TV 〈세대공감 1억 퀴즈쇼〉에 다음과 같은 문제가 나왔다.

"가수 혜은이의 1970년대 히트곡인 제3한강교는 지금의 어느 다리를 가리킬까요?"

사지선다형의 보기는 '① 한강철교 ② 한남대교 ③ 반포대교 ④ 영동대교'였다. 정답은 뭘까? 정답은 2번 '한남대교'다.

제3한강교는 1969년에 준공된 이후 서울시 용산구 한남동과 강남구 신사동을 잇는 강남개발의 견인차 역할을 한 다리였다. 서울과 부산을 연결하는 경부고속도로의 진입 관문 역할을 한다. 1985년에 지금의 이름인 '한남대교'로 개명했다.

현재 한강 다리는 열차가 다니는 철교까지 합쳐서 총 33개다. 열차가 다니는 철교가 4개, 자동차가 다니는 교(橋)와 대교(大橋)가 29개다. 대략 순서는 한강철교 – 한강대교(제1한강교) – 양화대교(제2한강교) – 한남대교(제3한강교) – 마포대교(제4한강교) – 잠실대교(제5한강교)… 이런 순이다. 주현미의 '비 내리는 영동교'의 소재가 된 '영동대교'는 제6한강교다.

강물은 흘러갑니다 제3한강교 밑을
당신과 나의 꿈을 싣고서 마음을 싣고서
젊음은 갈 곳을 모르는 채 이 밤을 맴돌다가
새처럼 바람처럼 물처럼 흘러만 갑니다
어제 처음 만나서 사랑을 하고
우리들은 하나가 되었습니다
이 밤이 새면은 첫차를 타고
이름 모를 거리로 떠나갈 거예요
강물은 흘러갑니다 제3한강교 밑을
바다로 쉬지 않고 바다로 흘러만 갑니다

1979년 발표된 혜은이의 '제3한강교'는 길옥윤이 디스코 유행에 맞춰 만든 노래다. 1970년대 후반은 전 세계에 디스코 열풍이 불던 때였다. 1977년 존 트라볼타 주연의 영화 〈토요일 밤의 열기〉가 개봉되면서 디스코 계열 팝송이 국내에서 인기를 얻었다. 그중 그룹 보니 엠의 노래 'Sunny'는 훗날 영화 〈써니〉의 배경음악으로도 사용됐다. 국내에서도 이은하의 '밤차'를 시작으로 디스코 계열의 여러 노래들이 히트했다.

그런데 '제3한강교'는 출시되자마자 가사가 퇴폐적이라며 금지곡

처분을 받고 공연윤리위원회로부터 가사 수정 명령을 받는다. '어떻게 처음 만나서 사랑을 하고 하나가 될 수 있냐, 그리고 하나가 되는 게 뭘 말하느냐? 가사가 저속하고 야하다'라는 이유였다.

혜은이는 이후 '어제 다시 만나서 다짐을 하고 우리들은 맹세를 하였습니다'로 가사를 바꾸어 다시 녹음했다. 그녀는 2006년에 새 앨범을 발표하면서 펑키한 버전으로 이 노래를 리메이크했다. 이때 가사를 '어제 처음 만나서 사랑을 하고 우리들은 하나가 되었습니다'로 다시 고쳐 불러 강요에 의한 개사의 억울함을 풀었다.

제3한강교(한남대교)를 배경으로 '제3한강교' 노래를 부르고 있는 가수 혜은이의 전성기 시절 모습

혜은이는 이 노래의 빅히트로 그해 각종 가수상을 휩쓸었다. MBC 10대가수가요제에서 최고 인기가수상을 받았고, TBC 방송 가요대상 여자 인기가수상도 수상했다. 같은 제목의 영화로도 제작됐다. 이계인, 원미경, 이승현, 손창호 등이 출연한 이 영화에서 혜은이는 당연히 주연을 맡았고, '제3한강교' 노래 역시 주제가로 쓰였다.

제3한강교는 강남권 개발의 신호탄이었다. 이 다리는 사람과 물자의 이동을 빠르고 쉽게 만들어 고도성장을 이끌었다.

압구정동 배밭을 갈아엎어 건물이 들어서고 초가집들 대신 기와나 슬레이트 지붕을 얹은 집들이 지어졌다. 시골 마을의 땅값이 천정

부지로 뛰었다. 1966년 제3한강교 착공 당시 3.3㎡당 200원이던 말죽거리 인근의 땅값은 1년 만에 3,000원으로 올랐고, 1970년엔 2만원이 됐다. 하루에도 몇 번씩 주인이 바뀌는 미등기 전매 방식이 여기서 나왔다. 때마침 경부고속도로가 개통했다. 경부고속도로는 제3한강교를 기점으로 서울과 전국을 연결했다. 그야말로 '상전벽해'라 아니할 수 없었다.

'강남 8학군'의 등장은 강남개발의 마침표였다. 정부는 강남개발을 독려하기 위해 강북에 몰려있던 명문고의 강남 이전을 추진하기 시작했다. 종로구 일대에 있던 경기고(1976년), 휘문고(1977년), 서울고(1979년), 숙명여고(1980년) 등이 강남 8학군에 속하는 강남구나 서초구로 이전했다. 강남 8학군에 들어가 살기만 하면 명문고에 갈 수 있다니, 교육열 높은 학부모들은 앞다퉈 강남행을 택했다.

유하 감독의 자전적 영화로 알려진 〈말죽거리 잔혹사〉가 이 무렵을 다룬 영화다. 이 영화는 주인공인 권상우의 "누구나 인생에서 제일 기억에 남는 시절이 있다. 내겐 1978년이 그런 해였다. 그해 봄 우리 집은 강남으로 이사했다"로 시작한다.

이때 나온 혜은이의 '제3한강교'는 강남으로 흘러 들어가고 싶다는 사람들의 마음을 대변하며 대히트를 기록했다. '제3한강교'는 지금도 '욕망의 도시' 강남을 바라보며 변함없이 서 있다. 그리고 강물은 사람들의 욕망에는 관심조차 없다는 듯 '바다로 쉬지 않고 바다로 흘러만' 간다.

그곳엔 서글픈 '낙원'이 있다

날씨가 참 좋은 날이다. 회사에서 좀 이른 점심을 먹고 오랜만에 청계천을 산책하려고 나섰다. 종로2가 근처의 하천을 걷다 문득 탑골공원(파고다공원)을 한번 들러보고 싶었다. 발길을 낙원동 쪽으로 돌렸다.

탑골공원 후문 쪽에 20여 개의 장기판이 놓여있었다. 그중 7~8개의 장기판에 어르신들이 북적였다. 장기판 하나에 훈수꾼이 10여 명씩 붙어있다. 장기나 바둑은 직접 두는 것보다 훈수가 더 재밌다고 했던가. 장기판 옆 이발관 앞에는 대낮인데도 만취한 한 노인이 고래고래 소리를 지르고 있었다. 세상살이가 맘대로 안 되는 데 대한 한탄일 것이다. 한때는 '청춘'이었을 노인 취객의 격정은 차라리 서글펐다.

서울 종로엔 두 개의 '낙원(樂園)'이 있다. 지갑이 얇은 노인들은 탑골공원으로, 행색이 좋은 노인들은 인사동으로 간다. 이 일대는 낙원상가를 중심으로 동서로 갈린다. 편의상 낙원상가 동쪽을 '낙동', 낙원상가 서쪽을 '낙서'로 분류한다. 두 구역은 모이는 사람부터 거리 풍경, 먹을거리와 놀거리까지 판이하다.

'낙동파'는 탑골공원 주변에서 3,000원짜리 우거지탕 점심, 300 원짜리 자판기 커피, 6,000원짜리 이발 등 하루 1만 원 이하를 쓰는 노인들이다. '낙서파'는 인근 인사동에서 전통주 곁들인 3만~5만 원 짜리 한정식, 6,000원짜리 쌍화차를 마시고, 가끔 친구들끼리 시 낭 송회도 여는 부자 노인들이다.

낙원상가 일대에는 서울은 물론 멀리 경기 안산·수원, 인천 등지 의 노인들도 찾아온다. 외롭고 소일거리 없는 노인들이 놀거리를 찾 아서 친구를 찾아서 몰려드는 것이다. 낮에 집에 있으면 혼자 사는 노인은 외롭고 두려울 테고, 자식과 같이 사는 노인은 며느리나 손주 눈치가 보일 것이다. 외롭게 웅크리고 있거나, 가족 눈치 보는 것보 다는 좀 귀찮고 힘들어도 밖에 나오는 것이 낫다.

일부 노인들은 이곳에서 이른바 '박카스 아줌마'를 통해 성욕을 해 소하기도 한다. '박카스 아줌마'는 탑골공원 일대에서 노인 남성을 상대로 불법 성매매를 하는 50~60대 여성을 지칭하는 말이다. 나름 화려한 치장을 한 '박카스 아줌마'의 가방 안에는 박카스와 소주, 담 배 그리고 비아그라까지 들어있다. 이렇게 박카스를 판다는 핑계로 접근하여 성매매가 이루어진다. 이를 모티브로 한 영화가 2016년 개 봉한 윤여정 주연의 〈죽여주는 여자〉다.

'낙원동 연가'는 지나간 젊은 날의 초상과 흘러간 사랑을 노래한 다. 김기봉 작곡에 조현숙 작사, 강충원이 불렀다.

밤비가 하염없이 내리는 밤에
흠뻑 젖은 파고다공원 기대 섰는 나그네야
무슨 사연 그리도 많아 깊은 한숨 눈물 짓나
옛 추억이 그리운가 사랑의 연가인가 과거사 후회인가
그리워하고 사랑을 하다 미워하고 후회하다가
세월은 흘러만 간다 인생도 흘러만 간다
아~ 아~ 모두 다 흘러간다

낙원동은 1914년 일제강점기 조선총독부가 교동, 탑동, 어의동, 주동의 일부와 한동, 원동의 일부를 병합하면서 근처에 낙원지라고 여겼던 탑골공원이 있다고 해서 붙인 지명이다.

탑골공원이라는 명칭은 공원 안에 탑이 있어서 생긴 이름이다. 여기서 탑은 국보인 '원각사지 10층 석탑'을 말한다. 원각사지라는 명칭에서 보듯 탑골공원 자리는 원래 원각사라는 절이 있던 곳이었다. 하지만 조선시대 억불정책에 의해 사찰 건물은 사라지고 석탑만 남았는데 1897년에 공원으로 조성했고 1920년에 대중에게 개방됐다.

서울 도심 한가운데에 있어 시민들이 모이기 편했던 탑골공원은 3·1운동이 시작된 곳이었고, 해방 후와 6·25전쟁 후에 각종 행사가 열리는 장소이기도 했다. 1966년에는 건달 출신 국회의원 김두한이 '사카린 밀수 사건'에 항의하기 위해 탑골공원 변소에서 퍼온 분뇨를 국회의사당에 뿌린 일도 있었다. 그는 대정부 질의를 하면서 "일제 치하 기미년 3·1운동 때, 피를 흘리며 나라를 위해 싸우던 애국선열들이 지금 여기 나와 있는 이 한심한 정부에게 주는 거예요!"라며 큰 소리로 "똥이나 처먹어, 이 새끼들아!"라고 외치며 정일권 국무총리 등 국무위원들에게 뿌렸다.

낙원동은 주거지보다는 대부분이 상업지역이다. 삼일대로에 위치한 낙원상가는 1969년 완공된 주상복합건물로 관악기, 현악기, 타악기, 피아노, 전자악기 등 각종 악기를 비롯하여 앰프, 스피커, 음향장비까지 취급하는 국내 최대 규모의 종합 악기 전문

서울 종로구 낙원동에 조성된 '송해길'. 이곳은 송해가 원로 연예인들의 사랑방으로 삼았던 '연예인 상록회' 사무실이 있는 곳이기도 하다.

상가이다. 건물 안에는 실버영화관인 허리우드극장이 있고, 지하에는 청과물점, 방앗간 등이 있는 낙원지하시장이 있다.

또한 낙원동 일대에는 떡집이 밀집된 떡전골목, 아귀찜 전문 음식점이 밀집되어 있는 아귀찜거리 등이 있으며, 이 외에도 최근에 락희거리, 송해길 등 독특한 거리도 조성되었다. 송해길이라는 이름이 붙은 건 이 거리에 코미디언이자 KBS 〈전국노래자랑〉 사회자였던 송해의 사무실과 즐겨 찾는 식당들이 있던 곳이었기 때문이다.

이곳은 노인들의 해방구로 볼 수도 있지만, 한편으로는 젊은 사람들을 피해 모여든 노인들의 은신처이기도 하다. 노인들은 이곳에서

장기 한판 두고 3,000원 국밥으로 허기를 달랜 후 300원짜리 커피 한잔을 목에 넘기면 나름 행복감을 느낀다. 한 달에 한 번 6,000원 짜리 이발까지 하면 하루가 산뜻한 기분이다. 그런 의미에서 보면 이곳은 좀 서글프지만 '낙원(樂園)'이 맞다.

박인환 시인의 〈목마와 숙녀〉에 나오는 '인생은 외롭지도 않고 그저 낡은 잡지의 표지처럼 통속하거늘…'이란 시구(詩句)가 떠오른다.

'서울의 달' 제목의 유행가들

🎵 **서울의 달**   노래 장철웅, 작사 김순곤, 작곡 이정철

1994년 방송된 한석규, 최민식, 채시라 주연의 MBC 주말드라마 '서울의 달' 주제가. 이 노래보다 공동 주제가인 '서울 이곳은'이 더 크게 히트했다. 서울 달동네에 사는 이들의 우정과 사랑을 담은 곡이다.

🎵 **서울의 달**   노래 김건모, 작사 최준영, 작곡 김건모

2005년 발표된 '김건모 10집' 타이틀곡. 블루스 리듬과 서정적인 가사가 김건모 특유의 허스키한 목소리와 어우러져 큰 인기를 끌었다. 로이킴이 슈퍼스타K4 경연 때 이 노래를 불러 화제가 됐던 노래다.

🎵 **서울의 달**   노래 송가인, 작사·작곡 이건우·알고보니 혼수상태 등

2019년에 발표된 송가인의 첫 정규 앨범인 '佳人'에 수록된 곡. 서울에서 고달픈 타향살이를 하면서 고향의 어머니가 해주던 된장찌개와 나물반찬을 그리워하는 내용을 담은 노래다.

🎵 **서울의 달**   노래 건탁, 작사·작곡 이건탁

2014년 발표한 건탁의 '해사랑' 앨범에 수록된 노래. 서울 생활에서의 '잃어버린 꿈'을 짊어진 채 그럼에도 계속 살아나가야만 하는 청년의 모습을 담은 곡이다.

응답하라, 그리웠던 젊은 날이여

누구에게나 추억은 있다. 시리도록 그리운 어린 시절의 추억은 나이가 들수록 더 짙어진다. 나는 시골에서 어린 시절을 보냈기 때문에 도회지 친구들과는 판이하게 다른 기억을 가지고 있다. 주로 친구들과 저수지에서 멱 감으면서 놀았던 일, 방과 후나 방학 때 마을 뒷산에 소 풀 먹이러 다닌 일, 산이나 들에서 뱀이나 개구리를 잡아 구워 먹었던 일 등이다.

그러나 도시 아이들의 추억은 완전히 다를 것이다. '혜화동' 노래 가사에 구체적으로 나와 있지는 않지만, '어릴 적 함께 뛰놀던 골목길'에서 비석치기나 구슬치기, 고무줄놀이 등을 하지 않았을까 짐작해 본다.

주택가와 달리 아파트에서만 살았던 아이들은 아예 골목길의 경험도 없을 것이다. 골목길에서 공놀이를 하다가 길옆 담장 안으로 공이 들어가면 "아저씨, 공 좀 던져주세요"라고 외쳐본 기억이 한 번도 없는 세대들이 이제는 대부분일 것이다.

오늘은 잊고 지내던 친구에게서 전화가 왔네

내일이면 멀리 떠나간다고

어릴 적 함께 뛰놀던 골목길에서 만나자 하네

내일이면 아주 멀리 간다고

덜컹거리는 전철을 타고 찾아가는 그 길

우리는 얼마나 많은 것을 잊고 살아가는지

어릴 적 넓게만 보이던 좁은 골목길에

다정한 옛친구 나를 반겨 달려오는데

어릴 적 함께 꿈꾸던 부푼 세상을 만나자 하네

'혜화동'은 1988년 9월에 발표된 동물원의 2집 앨범에 수록된 곡이다. 이 노래는 혜화동에서 유년 시절을 보낸 김창기가 작사, 작곡했다. 김창기는 혜화국민학교(지금의 초등학교)를 졸업했는데, 중학교 시절까지 혜화동에서 살았다.

김창기는 1987년 작곡 데뷔곡이었던 임지훈의 '사랑의 썰물'이 1988년 히트한 후 산울림의 김창완이 권유하여 음악 활동을 본격적으로 시작한다. 이후 동물원의 주축 멤버로 활동하면서 '거리에서', '변해가네', '흐린 가을 하늘에 편지를 써', '시청 앞 지하철역에서', '널 사랑하겠어' 등의 대표곡을 만들었다. 1997년 6집 앨범을 마지막으로 '동물원'에서 탈퇴하였고, 2000년 첫 번째 솔로 앨범 '하강의 미학'을 발표했다.

이후 같은 정신건강의학과 의사인 부인과 함께 개인병원을 개업하고 본업인 의사 생활에 전념하면서 긴 공백기를 보냈으며, 2013년 두 번째 솔로 앨범 '내 머리 속의 가시'를 발표하고 활동을 재개했다.

특유의 아련한 느낌을 주는 이 노래는 박보람이 tvN 드라마 〈응답하라 1988〉 OST로 '혜화동(혹은 쌍문동)'이라는 제목으로 다시 불렀다. 제목을 '혜화동(혹은 쌍문동)'이라고 붙인 이유는 〈응답하라 1988〉의 배경이 되는 쌍문동 골목길의 정서와 멀리 떠나는 어릴 적 친구를 만나러 가는 마음을 가사로 표현한 '혜화동'의 정서가 유사했기 때문이다. 이에 원곡자의 양해를 얻어 노래 제목에 '쌍문동'을 넣었다고 한다.

유튜브에 올려진 노래 영상을 보면 원곡인 동물원의 '혜화동'보다 박보람의 리메이크곡 '혜화동(혹은 쌍문동)'의 조회수가 압도적으로 높다. 동물원이 부른 원곡 가사에도 '혜화동'은 한마디도 들어가지 않았지만, 박보람의 리메이크곡 역시 개사 없이 불렀기 때문에 가사에 '쌍문동'은 한 글자도 들어가지 않았다.

'혜화동(혹은 쌍문동)'을 부른 가수 박보람은 이 노래의 가사 '내일이면 멀리 떠난다고'처럼 2024년 4월 12일 30세의 젊은 나이에 하늘나라로 멀리 떠나갔다.

〈응답하라 1988〉 OST에는 명곡들이 많이 들어있다. '혜화동(혹은 쌍문동)' 외에도 '청춘', '걱정 말아요 그대', '소녀', '네게 줄 수 있는 건 오직 사랑뿐', '보랏빛 향기', '세월이 가면' 등이 수록됐다. 이 드라마에는 이런 OST 노래뿐 아니라 신해철의 '그대에게', 이문세의 '깊은 밤을 날아서', '이상은의 '담다디' 등 수많은 노래들이 배경음악으로 나온다. 아무래도 〈응답하라 1988〉의 배경이 됐던 1980년대가 한국 대중음악계에서 명곡들이 워낙 많이 나온 시기이기 때문일 것이다.

혜화동(惠化洞)은 서울시 종로구에 위치한 동네로 동 내에 소재한 혜화문에서 이름을 땄다. 혜화문은 동소문이라고도 하는데, 이 문은 동대문인 흥인지문과 북대문인 숙정문 사이에 세워진 소문(小門)이다.

대학로 상권이 이 혜화동과 이화동에 걸쳐 뻗어있다. 대학로는 신촌 일원과 더불어 대학들을 끼고 있는 대학 번화가의 쌍두마차이며, 홍대거리 못지않은 젊음의 활력을 느낄 수 있는 곳이다. 단지 분위기는 대학로 쪽이 연극 극장과 같은 예술 시설들이 많은 덕분인지 클럽이 많은 홍대에 비해 좀 더 조용한 편이다.

혜화동에는 필리핀인들이 많이 거주하는 '필리핀 마을'이 있다. 1990년대부터 혜화동성당에서 필리핀 신부가 타갈로그어(필리핀어)로 집전하는 미사에 참여하기 위해 한국에 거주하는 필리핀인들이 주일마다 서서히 모여들기 시작한 것이 시초다. 이후 시간이 지나며 필리핀인들이 늘면서 일요일마다 이들을 상대로 하는 마켓인 '리틀 마닐라'가 들어서고, 마을까지 형성된 것이다.

드라마 〈응답하라 1988〉 OST인 박보람의 '혜화동(혹은 쌍문동)' 앨범 표지. 이 노래는 드라마의 인기에 힘입어 원곡인 동물원의 '혜화동'보다 더 큰 주목을 받았다.

서울의 '동네'를 노래한 유행가들

🎵 소격동

노래 서태지·아이유, 작사·작곡 서태지

2014년 발매된 서태지 정규 9집 앨범 'Quiet Night'에 수록된 곡. 실제로 서태지가 유년 시절 한옥에 살았던 소격동에 관한 추억을 담은 노래. 소격동 이름은 조선시대 도교의 제사인 초제를 지낸 건물인 소격서에서 유래했다.

🎵 명륜동

노래 재주소년, 작사·작곡 박경환

2003년 발표된 '재주소년 1집'에 수록된 노래. 명륜동은 동쪽의 혜화동과 북쪽의 성북동과 접해 있는 동네로, 동 이름은 성균관의 맥을 이어 온 명륜학원이 있어 붙여진 이름이다.

🎵 삼청동

노래 루시드폴, 작사·작곡 루시드폴

2005년 발매된 루시드폴 앨범 '오, 사랑'에 수록된 곡. 삼청동(三淸洞)의 동 이름은 도교의 태청·상청·옥청 3위를 모신 삼청전이 있었던 데서 유래했다는 설과 산과 물이 맑고 인심 또한 맑고 좋다고 하여 '삼청'이라고 했다는 설이 있다.

🎵 아현동

노래 스윗소로우, 작사·작곡 성진환

2015년 발표된 스윗소로우 4집 앨범 'Part 2'에 수록된 노래. 아현동이라는 이름은 이 동네에 있던 애고개, 애우개, 아이고개를 한자화해서 아현(兒峴)이라 부른 것에서 유래했다고 한다.

밥벌이의 숙명, 그 이름은 아버지

소설가 김훈은 산문집 『밥벌이의 지겨움』에서 "전기밥통 속에서 밥이 익어가는 그 평화롭고 비린 향기에 나는 한평생 목이 메었다"라고 썼다. 그렇다. 사람이 세상에서 살아가기 위해서는 밥벌이를 해야 한다. 밥벌이는 누구나 살아있다면 해야만 하는 숙명이다. 내가 하고 싶은 일, 내가 좋아하는 일만 하면 좋겠지만 세상은 그리 녹록하지 않다.

여자도 마찬가지겠지만, 남자는 결혼을 하는 순간 자신의 삶이 없어진다. 아내와 자식, 가족은 남자의 힘이 되기도 하지만 어깨에 짊어진 '무거운 짐'이기도 하다. 그러기에 대부분의 남자들은 직장생활의 고통에 시달리면서 아파트 대출금 갚다가 인생이 끝나기도 한다. 이런 속상하고 애달픈 마음을 술 한 잔에 달래며 사는 인생, 그것이 '남자의 인생'이다.

나훈아의 '남자의 인생'은 이런 밥벌이의 숙명을 가진 한 남자의 인생을 다룬 노래다.

어둑어둑 해 질 무렵 집으로 가는 길에
빌딩 사이 지는 노을 가슴을 찡하게 하네
광화문 사거리서 봉천동까지 전철 두 번 갈아타고
지친 하루 눈은 감고 귀는 반 뜨고
졸면서 집에 간다 아버지란 그 이름은
그 이름은 남자의 인생

그냥저냥 사는 것이 똑같은 하루하루
출근하고 퇴근하고 그리고 캔맥주 한잔
홍대에서 버스 타고 쌍문동까지 서른아홉 정거장
운 좋으면 앉아 가고 아니면 서고
지쳐서 집에 간다 남편이란 그 이름은
그 이름은 남자의 인생 그 이름은 남자의 인생

'남자의 인생'은 나훈아가 직접 작사·작곡해서 자신이 부른 노래다. 이 노래는 나훈아가 2006년 공연을 가진 후 11년 동안 모습을 감추었다가, 11년 만인 2017년에 발표한 새 앨범 '드림 어게인'에 수록된 곡이다. 평생을 회사 다니며 버스나 지하철 타고 출퇴

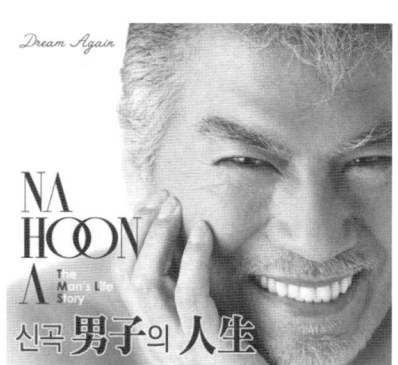

2017년에 발표한 '남자의 인생'이 수록된 나훈아의 '드림 어게인' 앨범 표지. 나훈아는 이 노래에서 지하철과 버스로 출퇴근하는 서울 직장인의 애환을 그렸다.

근 한 번도 안 했을 나훈아의 직장인에 대한 공감과 관찰이 놀랍다.

이 노래의 가사를 한번 분석해 보자. 1절 노랫말처럼 광화문 사거리에서 봉천동까지 지하철 타고 퇴근하려면 5호선 광화문역에서 승차해 영등포구청역에서 2호선으로 갈아탄 후 봉천역에서 내리면 약 50분 정도 걸린다. 나를 비롯한 많은 직장인들이 매일 아침과 저녁 출퇴근길에 '눈은 감고 귀는 반 뜨고' 이렇게 지하철을 타고 직장을 다닌다.

2절 가사의 버스 퇴근을 한번 보자. 2절 노랫말처럼 홍대에서 버스 타고 쌍문동까지 퇴근 시 환승 없이 한 번에 바로 가는 버스 노선은 없다. 홍대에서 273번 버스를 타고 홍대입구, 신촌오거리, 이대역, 충정로역, 광화문 등을 거쳐 종로1가에서 하차한 후 160번 버스로 환승한 후 종로3가, 혜화역, 삼선교, 미아리고개, 수유역 등을 거쳐 쌍문역 정류장에 내리면 1시간 20분 정도 걸린다.

'남자의 인생'이라는 제목의 노래는 한 곡만 있는 것이 아니다. 나훈아 외에도 여러 가수가 부른 다양한 노래들이 있다. 그중 김건모가 부른 '남자의 인생'도 명곡이다.

얼마나 걸어왔을까 내 삶들을 버린 채로
오직 아내와 자식만 생각하며 바쁘게 살아온 길
얼마나 지나쳤을까 내 젊음의 초상들은
벌써 머리가 하얗게 쉬어가고 잔주름이 늘어가

한 잔의 소주잔에 나의 청춘을 담아 마셨다
매일 쳇바퀴 돌듯이 살다 보니 내 청춘이 가버렸다
오늘도 난 비틀대며 뛴다 지친 하루의 끝자락에서
아직 나만을 믿고서 기다리는 가족을 가슴에 안고
아버지란 강한 이름 땜에 힘들어도 내색할 수 없다
그냥 가슴에 모든 걸 묻어두고 오늘도 난 술 한잔에
내 인생을 담는다

나훈아와 김건모의 두 노래 모두 힘들어도 힘들다고 내색조차 할 수 없는 고달픈 삶을 살아가는 '아버지의 무게'에 초점을 맞췄다. 우리의 전통적인 아버지상은 감정을 드러내지 않고 묵묵히 가족을 지키는 존재였다. 때론 냉랭하고 고집불통의 이미지이기도 하다. 그래서 더 외로웠다.

그런 아버지를 시인 김현승은 '바쁜 사람들도 / 굳센 사람들도 / 바람과 같던 사람들도 / 집에 돌아오면 아버지가 된다 / 어린것들을 위하여… / 아버지의 눈에는 눈물이 보이지 않으나 / 아버지가 마시는 술에는 항상 / 보이지 않는 눈물이 절반이다'라고 말한다.

지금도 우리는 소주 한 잔에 버무린 눈물을 가슴속으로 흘리며 또 이렇게 하루하루를 버텨낸다. 힘들고 괴로워도 '언젠가는 좋은 날도 오겠지'라며 보이지 않는 희망 하나 가슴에 품고 살아간다.

사랑 찾아 헤매는 '남서울 영동'

　나에게 누가 "가수 누구 좋아하느냐?"라고 물으면 "여자가수는 주현미와 심수봉, 남자가수는 배호와 송창식 좋아한다"라고 주저 없이 말한다. 주현미는 묘한 매력이 있는 가수다. 누구도 흉내 내기 힘든 간드러지는 바이브레이션과 특유의 꺾기 창법은 타의 추종을 불허한다.

　주현미의 이력은 좀 독특하다. 대만 국적의 중국인 아버지와 한국인 어머니 사이에서 태어난 화교 3세인 데다, 가수로서는 드문 약사 출신이다. 중앙대 약대 졸업 후 서울 중구 필동에서 '한울약국'을 차려 운영했다. 당시는 의약분업이 이뤄지기 전이었는데 증상과 상관없이 막무가내로 영양제나 항생제 등을 달라는 손님들에게 약 판매 대신 운동, 식이요법 등을 권유하다 보니 '별난 약사'라고 핀잔을 듣기도 했다고 한다.

　주현미는 중앙대 약대 그룹사운드 진생라딕스(인삼뿌리) 2기로 1981년 제2회 MBC 강변가요제에 참가해 '이 바다 이 겨울 위에서'

라는 곡을 불러 장려상을 받았다. 그러나 주현미가 대중적으로 널리 알려진 계기는 바로 '쌍쌍파티' 음반이다. 약사 생활을 하던 그녀는 1984년 무렵에 김준규와 같이 메들리 앨범을 발매했는데 이것이 엄청난 돌풍을 일으켰다. 이 음반은 고속도로 휴게소 등에서 카세트테이프로 불티나게 팔리면서 300만 개 이상의 판매고를 올렸다.

'쌍쌍파티'의 기세를 바탕으로 주현미는 1985년 1집 앨범 '비 내리는 영동교'로 정식 데뷔하게 되는데, 이 앨범이 대박을 쳤다. '비 내리는 영동교'의 빅히트로 약국의 문을 닫고 가수 생활에 전념하게 된 주현미는 이후에도 '울면서 후회하네' '눈물의 부르스' 등을 히트시킨다.

최정상의 인기를 누리던 주현미는 1987년에 지금의 남편과 열애를 시작했다. 상대는 록 그룹 비상구(EXIT) 보컬리스트 출신이자 조용필 밴드 '조용필과 위대한 탄생'의 기타리스트였던 임동신이다. 결혼 후 임동신은 왕성하게 활동 중이던 밴드 일을 포기하고 오로지 아내의 매니지먼트와 프로듀싱 작업에만 전념한다. 주현미는 이런 까닭으로 1988년 MBC 10대가수가요제에서 최고인기가수상을 수상했을 때 울먹이며 "여보~"라고 부르면서 남편에게 가장 먼저 감사를 전하기도 했다.

열애와 결혼 과정에서 약간의 공백기를 가졌던 주현미는 1988년 '신사동 그 사람'으로 성공적인 복귀 행보를 밟는다. 이 노래 역시 '비 내리는 영동교'를 작곡·작사한 남국인·정은이 콤비가 만든 곡인데,

두 사람은 부부 사이다. 남국인·정은이 부부는 주현미의 히트곡들 외에도 현철의 '들국화 여인', 이선희의 '갈바람', 문희옥의 '강남 멋쟁이', 김승진의 '스잔' 등을 작곡·작사했다.

주현미는 '신사동 그 사람'의 빅히트로 그해 연말 시상식에서 KBS, MBC 양대 방송사의 가요대상과 최고인기 가수상을 휩쓸었다.

희미한 불빛 사이로
마주치는 그 눈길 피할 수 없어
나도 몰래 사랑을 느끼며 만났던 그 사람
행여 오늘도 다시 만날까
그날 밤 그 자리에 기다리는데
그 사람 오지 않고 나를 울리네
시간은 자정 넘어 새벽으로 가는데
아~ 그날 밤 만났던 사람 나를 잊으셨나 봐

희미한 불빛 사이로
오고 가던 그 눈길 어쩔 수 없어
나도 몰래 사랑을 주면서 사랑한 그 사람
오늘 밤도 행여 만날까
그날 밤 그 자리에 마음 설레며
그 사람 기다려도 오지를 않네
자정은 벌써 지나 새벽으로 가는데

아~ 내 마음 가져간 사람 신사동 그 사람

주현미는 '비 내리는 영동교'에 이은 '신사동 그 사람'의 빅히트로 1980년대 중후반 '트로트 여왕' 자리를 확고하게 굳힌다.

주현미의 등장 이전 1980년대 가요계는 트로트 장르의 약세가 두드러진 시기였다. 당대 가요계를 평정했던 조용필의 경우 '허공' 등 트로트 곡을 부르기도 했지만, 트로트 가수라고 하기는 어렵다. 그리고 이용, 전영록, 나미, 윤시내, 민해경, 정수라, 이선희 등도 스탠더드 팝이나 발라드 계통의 가수들이었다.

주현미의 등장은 한물갔다고 여겨졌던 트로트를 남녀노소 누구나 좋아하는 장르로 만든 결정적 계기가 됐다. 이는 마치 1960년대 이미자가 트로트 곡 '동백아가씨'를 빅히트시키면서 최희준, 한명숙, 현미, 이금희, 패티김 등에 의해 주도된 스탠더드 팝이 이끄는 주류 흐름을 단숨에 전복한 사건에 비견된다고 할 수 있다.

주현미의 '신사동 그 사람'의 배경이 되는 신사동(新沙洞)은 서울시 강남구에 있는 동네 이름이다. 신사동 명칭은 한강 변에 있었던 자연 마을인 새말(新村)의 '신' 자와 사평(沙平)의 '사' 자가 합쳐져 만들어졌다. 이 지역에는 고려시대부터 사평원이라는 주막과 시장이 있었으며 한강 건너편으로 가는 나룻배도 있었다고 한다. 그런데 1925년 대홍수로 마을은 사라지고 모래벌판만 남아 '모래벌'이라는 이름이 붙었다.

신사동은 주거지역보다는 상업지역의 이미지가 강한 곳이다. 아파트 단지는 거의 없으며 주거용 건물도 고급빌라나 단독주택, 원룸 건물이 주를 이룬다. 대규모 아파트 단지는 바로 옆의 압구정동에 밀집해 있다.

강남이 처음 개발될 무렵 신사동과 논현동, 청담동 일대는 일명 '영동'(永東)이라고도 불렸다. 문희옥이 부른 '사랑의 거리'에 나오는 '여기는 남서울 영동…'의 그 영동이다. 영동은 영등포의 동쪽을 의미한다. 지금 기준으로는 영등포와 전혀 무관해 보이지만, 당시 서울의 한강 이남 지역에서 유일하게 개발된 곳은 영등포뿐이었기에 한남대교 건너편을 영등포의 동쪽이라 부르는 게 어색하지 않았던 것이다.

지금도 신사동이나 논현동, 청담동, 도곡동에 가면 '영동'이라는 지명이 붙은 학교나 상호 등이 많이 남아있다. 영동대교, 영동고등학교, 영동시장 등이다. 강남세브란스병원도 원래는 영동세브란스병원이었다가 2009년 개명했다.

'신사동 그 사람'이 수록된 주현미의 2집 앨범 표지. 주현미는 이 노래로 1988년 연말 KBS와 MBC 양대 방송사의 가요대상과 최고인기가수상을 휩쓸었다.

무학대사 전설, 그리고 소월의 시

'59년 왕십리'는 이혜민이 작곡·작사한 노래다. 이혜민은 '그댄 봄비를 무척 좋아하나요'와 '아빠와 크레파스'를 부른 배따라기 출신의 가수 겸 작곡가이다. 이혜민은 1987년 가수 김남화에게 '왕십리'라는 제목으로 곡을 줬는데 히트하지 못했다. 그러다 김흥국이 우연히 이 노래를 듣고 마음에 들어 자신이 부르고 싶어 했다.

김흥국은 원곡 제목인 '왕십리' 앞에 자신의 출생 연도 '59년'을 넣

'59년 왕십리'를 부른 가수 김흥국(오른쪽)과 작곡·작사자인 이혜민. 이혜민은 김흥국의 빅히트곡 '호랑나비'의 작곡·작사가이기도 하다.

자고 이혜민에게 제안했다. 공교롭게 두 사람은 1959년생 돼지띠 동갑이다. 이혜민은 처음에는 반대했지만 결국 김흥국의 제안을 받아들여, 1991년에 '59년 왕십리'라는 제목으로 이 곡을 다시 선보이게 된다.

이혜민은 김흥국의 빅히트곡

'호랑나비'의 작곡·작사가이기도 하다. '호랑나비' 역시 김흥국이 처음 부른 것은 아니다. 이혜민은 1985년에 '호랑나비' 노래를 만든 후 '논개'를 불러 유명해진 가수 이동기에게 이 곡을 줬는데 별다른 반응을 얻지 못했다. 2년 뒤 다시 가수 김흥경에게 건넸지만 역시 히트와는 거리가 멀었다.

그러다 이혜민은 1989년 MBC 다큐멘터리 〈인간시대〉 제작진으로부터 자신의 노래 '정아'를 사용하고 싶다는 연락을 받았다. 그때 무명 가수 김흥국을 만났다. 다큐멘터리에서 김흥국이 이 노래를 부르기로 한 것이다. 이런 인연으로 두 사람은 친하게 지내는 사이가 되었고 김흥국에게 세 번째로 '호랑나비'를 주게 된다.

'59년 왕십리'는 왕십리를 오가는 소시민의 애환을 담은 노래다. 현재 왕십리가 속한 성동구는 부동산업계에서 이른바 '마용성'이라 불리는 신흥 부촌으로 탈바꿈했지만, 당시만 해도 서울의 변두리였다.

왕십리 밤거리에
구슬프게 비가 내리면
눈물을 삼키려 술을 마신다
옛사랑을 마신다
정 주던 사람은 모두 떠나고

서울 하늘 아래 나 홀로
아아~ 깊어가는 가을밤만이
왕십리를 달래주네

왕십리(往十里)는 서울 성동구 상왕십리동·하왕십리동·홍익동·도선동 등 4개 동 일대를 일컫는다. 이보다 더 넓게는 왕십리역을 중심으로 행당동·사근동·마장동의 일부 지역과 상왕십리동과 인접한 중구 황학동 및 신당동 북쪽 일부 지역이 포함된다.

왕십리의 어원이 재밌다. 전설에 따르면 조선 초 무학대사의 일화에서 유래됐다고 한다. 무학대사가 태조 이성계의 명을 받고, 새로운 도읍지가 될 만한 땅을 찾아 전국을 돌아다니던 중에 지금의 왕십리 일대를 지나고 있었다. 무학대사는 이곳을 명당이라 생각하여 수도로 좋겠다고 생각했다.

그런데 그 순간, 한 노인이 소를 끌고 지나가면서 소에게 "야, 이 무학같이 미련한 소야!"라고 말했다. 무학대사는 이 말을 듣고는 깜짝 놀라 노인에게 "혹시 도읍이 될 만한 곳을 아십니까?"라고 물었다. 노인은 "북서쪽으로 십 리를 더 가보시오. 도읍이 될 만한 터가 있을 것이오"라고 말하고는 홀연히 사라졌다고 한다.

무학대사는 노인의 말을 듣고 십 리를 더 가보았는데, 과연 한 나라의 도읍으로 삼을 만한 땅이 나왔다. 그곳이 조선의 궁궐터가 된 경복궁과 창덕궁 일대였다. 무학대사가 노인을 만난 곳은 '갈 왕(往)', '열 십(十)', '마을 리(里)' 자를 써서 왕십리가 되었다는 이야기다.

이런 연유로 이 일대에는 무학대사의 이름을 따거나 연상시키는 지명이나 교명이 많은데, 하왕십리동에는 무학봉과 무학초등학교가 있고, 행당동에는 무학중학교와 무학여고가 있다. 참고로 학교 이름들은 한자로 舞鶴이라 무학대사의 無學과는 다르다. 또 1964년에 하왕십리동을 분리하여 2개의 법정동을 신설할 때 하나는 홍익동, 나머지 하나는 무학대사가 왕십리에 이르렀을 때 만난 노인이 도선대사였다는 전설을 따라 도선동으로 명명했다.

그러나 무학대사의 '왕십리' 지명 일화는 사실이 아니라는 기록도 있다. 고려말인 1382년 성리학자 목은 이색이 지은 여행기에 오늘날의 동대문·왕십리 일대를 여행하고 '왕심(旺心)'에서 유숙했다는 기록이 있기 때문이다. 즉 무학이 도읍지를 물색하기 이전에 이미 그곳의 지명이 '왕심'이었고, '왕심'이 '왕십리'로 변천되었다는 것이다.

1990년대 들어 왕십리 개발이 본격적으로 시작된 시기와 맞물려 '59년 왕십리'는 왕십리가 속한 서울 성동구를 홍보하는 노래로 자주 쓰였다. 성동구 국회의원 출마자들도 선거송으로 종종 사용했다.

2013년 김흥국과 이혜민은 남성 듀오 '왕십리 보이스'를 결성해 활동하기도 했다. 이후 두 사람은 가수협회 회장과 상임부회장으로 호흡을 맞춰 활동하기도 하는데, 남진과 송대관 등 선배 가수들이 협회 내분을 문제 삼아 압박을 가하면서 동반 퇴진하게 된다.

2019년에는 래퍼 자메즈의 '09년 왕십리'라는 노래가 나온다. '59년 왕십리' 가사 중 '정 주던 사람은 모두 떠나고 / 서울 하늘 아래 나

홀로' 부분을 샘플링했다. 자메즈는 왕십리와 연고가 있다. 그는 왕십리에 소재한 한양대 09학번이다. 이런 연고로 자연스럽게 떠올린 것이 '59년 왕십리'다. 김흥국은 후배 가수를 아끼는 마음으로 이 노래의 뮤직비디오에 출연했다.

왕십리를 배경으로 만든 영화도 있다. 영화 〈왕십리〉는 임권택 감독의 1976년 작품으로 신성일, 김영애, 최불암, 백일섭 등이 출연했다. 이 영화는 서민들의 신산(辛酸)한 삶이 묻어있는 왕십리를 배경으로 신분 격차로 인해 사랑에 실패하는 남자의 이야기를 그리고 있다. 제12회 백상예술대상 작품상, 감독상 수상작이다. 이 영화의 주제가 역시 영화 제목과 같은 '왕십리'인데, 당시 최고 인기가수였던 최병걸이 불렀다.

왕십리는 노래와 영화뿐 아니라 김소월 시의 소재가 되기도 했다. 소월 시인이 배재고 재학 시절 1년 남짓 살았던 왕십리 사람들의 슬픔과 서러움을 표현했다.

비가 온다

오누나

오는 비는

올지라도 한 닷새 왔으면 좋지

여드레 스무날엔

온다고 하고

우리 동네 유행가들

초하루 삭망이면 간다고 했지
가도 가도 왕십리 비가 오네

웬걸, 저 새야
울려거든
왕십리 건너가서 울어나 다오
비 맞아 나른해서 벌새가 운다

천안에 삼거리 실버들도
촉촉이 젖어서 늘어졌다데
비가 와도 한 닷새 왔으면 좋지
구름도 산마루에 걸려서 운다
- 김소월 〈왕십리〉

절망과 냉소, 그 속에 움트는 희망

한국 대중가요 중 '비'를 소재로 한 노래는 많고도 많다.

채은옥의 '빗물', 이은하의 '봄비', 김종서의 '겨울비', 최헌의 '가을비 우산 속', 박인수의 '봄비', 다섯손가락의 '비 오는 수요일엔 빨간 장미를', 양수경의 '사랑은 창밖의 빗물 같아요', 바람꽃의 '비와 외로움', 부활의 '비와 당신의 이야기', 송창식의 '창밖에는 비 오고요', 박중훈의 '비와 당신', 우순실의 '잃어버린 우산', 햇빛촌의 '유리창엔 비', 배따라기의 '그댄 봄비를 무척 좋아하나요', 김범룡의 '겨울비는 내리고', 잔나비의 'November Rain', 혜은이의 '새벽비' 등이다. 이러한 대부분의 노래들이 사랑과 이별을 노래했다.

그러나 정태춘이 만들고 부른 '비' 노래는 완전 다르다. 그는 비를 소재로 사랑과 이별을 추억하는 것이 아니라 일상의 삶과 민주주의를 노래한다. 그의 3집에 실린 '장마'에서는 장마로 나룻배가 묶이자 심난해서 낮잠이나 자는 사공, 비 핑계로 대포 한잔 걸치는 소 팔러 간 머슴, 시주받으러 나섰다가 비 맞는 스님 이야기를 풀어놓는다.

'92년 장마, 종로에서'에서는 일상의 삶에서 더 나아가 어두운 정치적 현실에 대한 절망과 그 속에서 싹트는 희망을 담아낸다.

1992년 여름 장마철. 정태춘은 종로2가 어느 찻집에 앉아 비 오는 창밖을 바라보며 노랫말을 써 내려간다. 우산을 쓰고 횡단보도를 지나는 사람들, 비 맞는 탑골공원의 담장, 신호등 위의 비둘기, 건너 빌딩의 햄버거 간판을 주시한다. 그러면서 비가 개고 파란 하늘이 열리면 남산타워쯤에서는 구로공단과 봉천동 산동네 길과 삼각산과 그 아래 세종로 길도 다 보일 거라고 생각한다.

모두 우산을 쓰고 횡단보도를 지나는 사람들
탑골공원 담장 기와도 흠씬 젖고
고가 차도에 매달린 신호등 위에 비둘기 한 마리
건너 빌딩의 웬디스 햄버거 간판을 읽고 있지
비는 내리고 장마비 구름이 서울 하늘 위에
높은 빌딩 유리창에 신호등에 멈춰 서는 시민들 우산 위에
맑은 날 손수건을 팔던 노점상 좌판 위에
그렇게 서울은 장마권에 들고
다시는 다시는 종로에서 깃발 군중을 기다리지 마라
기자들을 기다리지 마라
비에 젖은 이 거리 위로 사람들이 그저 흘러간다
흐르는 것이 어디 사람뿐이냐

우리들의 한 시대도 거기 묻혀 흘러간다

1993년 발매된 '92년 장마, 종로에서' 앨범 표지에 실린 정태춘·박은옥 부부 모습. 이 앨범은 '아, 대한민국…'에 이은 두 번째 불법 음반으로 역시 공윤의 심의를 거부하고 배포됐다.

정태춘은 '92년 장마, 종로에서'를 1992년에 만들어 1993년에 발표했다. 5분 50초 길이의 긴 서사 구조를 가진 이 노래를 관통하는 정서는 회한의 성격이 강한데, 이는 당시 정치적·사회적 상황과 맞닿아 있었기 때문이다.

1991년 명지대생 강경대가 시위 현장에서 전경들에게 폭행당해 사망한 사건을 계기로 전남대생 박승희, 안동대생 김영균, 경원대생 천세용, 전민련 김기설 등 9명이 연쇄 분신·투신하는 사건이 있었다. 이후 수차례의 가두 투쟁이 실패로 끝났고, 정원식 총리 계란·밀가루 투척 사건으로 여론이 싸늘해지면서 사회의 보수화가 뚜렷해진다. '제2의 6월항쟁'을 시도했지만, 무위에 그치고 만 것이다.

게다가 민주화 세력의 한 축이었던 김영삼이 노태우, 김종필과 3당 합당을 거친 후 대통령이 된 것은 민주화를 열망하며 정권교체를 희망하던 이들에게 엄청난 상실감을 주었다. 정태춘은 바로 앞 앨범에 수록한 곡인 '아, 대한민국…'에서 '하루아침에 위대한 배신의 칼을 휘두르는 저 민주인사와 함께'라는 구절을 넣어서 대놓고 김영삼을 비판한 적이 있다.

정태춘을 위시한 많은 사람들에게 이 시기는 체념의 시기였고 절망의 시기였으며, 반성의 차원을 넘어 회한을 느끼는 시기였다. 한마디로 '냉소'가 대세였다. 그러나 정태춘은 '92년 장마, 종로에서' 노랫말을 통해 '지금은 장마가 서울을 적시고 있는 어두운 현실이지만, 언젠가는 그 장마도 그치고 비둘기가 다시 날아오를 것이다'라는 희망의 메시지를 담았다.

　정태춘은 1978년 1집 앨범을 발매하는데, 이 앨범에 실린 '시인의 마을'과 '촛불'이 히트하면서 1979년 MBC 10대가수가요제에서 남자 신인상을 받는다. 그해 MBC 10대가수는 남자가수는 송창식, 윤수일, 조경수, 전영록, 최헌이었고, 여자가수는 심수봉, 양희은, 이은하, 정종숙, 혜은이로 당대를 풍미했던 스타들이다. 정태춘은 신인상을 받으면서 이런 인기가수들과 함께 스타가수로 들어서는 문 앞에 선 셈이었다.

　그러나 이후 정태춘의 삶과 노래는 다른 선배 가수들과는 확연히 달랐다. '연예인의 길'은 그의 길이 아니었다. 그는 1980년대를 거치면서 '사랑' 대신 '시대'를 노래했다. 그러면서 음반 사전검열제도와 맞서 싸우는 투사가 되었다.

　정태춘의 음반 사전검열 폐지 투쟁의 시작은 1990년 발표한 앨범 '아, 대한민국…'이었다. 당시만 해도 음반을 발표하려면 공연윤리위원회(공윤)의 사전심의를 받아야 했다. 많은 노래들이 사전심의 과정에서 가사를 바꾸도록 요구받는 등 철저한 검열이 이뤄져 왔다.

'아, 대한민국' 앨범에는 11곡이 수록돼 있었는데, 이런저런 이유로 심의를 통과한 노래는 단 한 곡에 불과했다. 결국 정태춘은 '아, 대한민국…'을 사전심의를 거치지 않은 채 '비합법 불법 음반'으로 발표하기로 했다. 창작의 자유를 쟁취하기 위해 노래로 세상에 맞서겠다는 결심을 한 것이다.

'아, 대한민국…'에 이어 1993년엔 두 번째 불법 음반으로 발매된 것이 '92년 장마, 종로에서'이다. 이 음반 역시 공윤의 심의를 거부하고 배포됐다. 정태춘은 이 불법 음반을 가지고 의도적으로 싸움을 걸었다. 그는 1993년 11월 문화체육부에 의해 고발되고, 1994년 1월 서울지검에 의해 기소됐다.

그의 투쟁에 자극을 받은 문화계는 함께 투쟁에 나섰다. 1994년 4월 위헌심판제청과 5월 위헌제청결정 판결을 거쳐 헌법재판소에서 '음반 사전심의'에 대한 위헌 여부를 다루게 됐다. 정태춘 등이 앞장서 대중들의 여론을 이끌었다. 결국 1996년 10월 31일 헌법재판소 재판관 전원일치로 위헌 판결이 내려진다.

서울을 배경으로 한 정태춘의 노래들

🎵 서울역 이씨
노래 정태춘, 작사·작곡 정태춘

2012년 발표된 노래. 겨울날 서울역 지하 차가운 계단에서 죽은 노숙자를 묘사한 곡이다. 이 노랫말은 정태춘이 2005년 홈리스 추모제에 참석해 낭독한 시였는데, 이후 여기에 멜로디를 붙여 노래로 만들었다.

🎵 서울의 달
노래 정태춘, 작사·작곡 정태춘

1985년 지구레코드에서 발매한 '정태춘&박은옥 5집'에 '북한강에서'와 함께 수록된 곡. '고향 잃은 사람들의 어깨 위로 또 한번 무거운 짐이 되어 얹힌 달' 노랫말이 가슴을 먹먹하게 한다.

🎵 오토바이 김씨
노래 정태춘, 작사·작곡 정태춘

2002년 발표된 '정태춘&박은옥 10집-다시, 첫차를 기다리며'에 수록된 노래. 영등포에서 출발한 김씨가 오토바이를 타고 가면서 리어카를 끄는 할머니, 여의도 LG 현관 앞의 직원들, 테헤란로의 시위대 등에게 가는 길이 어딘지를 묻는 내용의 곡이다.

🎵 우리들의 죽음
노래 정태춘, 작사·작곡 정태춘

1990년 3월 9일 서울 마포구 망원동의 한 연립주택 지하 단칸방에서 부모들이 일하러 간 사이에 일어난 화재로 두 어린아이가 숨진 사건을 배경으로 만든 노래다.

이별과 재회, 김포공항의 애환

가수 문주란은 백영호 작곡의 '동숙의 노래'로 일약 스타덤에 올랐지만, 이후 대부분의 히트곡들은 박춘석의 곡이다. 당시 가요계에서는 패티김, 이미자, 남진, 문주란 4명을 '박춘석 사단'이라고 불렀는데, 문주란은 그중 막내였다.

문주란의 '공항의 이별'이 수록된 앨범 표지. 문주란은 이 노래 외에도 '공항에 부는 바람', '공항 대합실', '잘 있거라 공항이여' 등 공항에 관한 노래를 많이 불렀다.

'동숙의 노래', '돌지 않는 풍차' 등 많은 히트곡을 가지고 있는 문주란은 유독 공항과 관련된 노래를 많이 불렀다. 1972년 부른 '공항의 이별'이 크게 히트하면서 잇달아 '공항 시리즈'를 발표하게 된다.

1973년에 발표한 '공항에 부는 바람'은 멀리 떠나보낸 님이 그리워 다시 공항에 찾아온 이야기를 담았고, 1974년에 발표한 '공항 대합실'에서는 눈물의 이별과 기쁨의 상봉이 이뤄지는 공항 대합실의 모습을 그렸다. 그리고 1976년에는 '김포 가도', '잘 있거라 공항이여'를 1990년에는 '공항으로 가는 길'을 노래하면서 '공항 시리즈'를 이어갔다.

박춘석 작곡, 정두수 작사의 '공항의 이별'은 문주란이 부른 '공항 시리즈' 중에서도 가장 널리 알려진 곡이다. 공항에서 이루어지는 이별과 슬픔, 그리고 헤어진 연인을 잊지 못하는 마음이 노랫말에 잘 녹여져 있다.

하고 싶은 말들이 쌓였는데도
한마디 말 못 하고 헤어지는 당신을
이제 와서 붙잡아도 소용없는 일인데
구름 저 멀리 사라져간
당신을 못 잊어 애태우며
허전한 발길 돌리면서
그리움 달랠 길 없어 나는 걸었네

수많은 사연들이 메아리쳐도
지금은 말 못 하고 떠나가는 당신을
이제 와서 뉘우쳐도 허무한 일인데
하늘 저 멀리 떠나버린

당신을 못 잊어 애태우며
쓸쓸한 발길 돌리면서
그리움 참을 길 없어 나는 걸었네

그러면 문주란이 부른 노래에 나오는 공항은 어느 공항일까? 지금은 공항 하면 누구나 '인천공항'을 떠올리지만, 당시에는 인천공항이 없었다. 문주란 노래에 나오는 공항은 바로 '김포공항'이다.

1939년 일제강점기 때 일본군 육군 항공대의 비행 훈련장으로 개장한 것이 김포공항의 시초다. 당시에는 경성신비행장이라고 불리었다. 해방 이후에는 미군의 비행장으로 사용됐다. 6·25전쟁 시기에는 한때 북한군에 빼앗기기도 했지만, 서울 탈환 후 다시 공항 기능을 회복했다.

그러다 1957년, 국제공항으로 이용되기 시작하면서 김포공항은 한국 산업화의 교두보로 활용되었다. 1963년부터 1977년까지 파독 광부 7,900여 명을 실어 날랐다. 1966년부터 1976년까지는 1만 1,000여 명의 간호사 역시 김포공항을 통해 서독으로 떠나고 돌아왔다. '여행'이 아니라 외화를 벌기 위해 머나먼 낯선 타국으로 눈물지으며 떠났다가 오랜 이별 끝에 재회의 눈물로 다시 만나는 곳이 바로 '공항'이었다.

2001년 3월 인천국제공항의 개항과 함께 김포공항은 국제선 기능을 모두 인천공항으로 이관하고 국내선 전용 공항이 되었다. 그러다

2003년 11월 김포~하네다 간 셔틀형 국제선이 재취항하면서 다시 김포국제공항으로 명칭이 환원되었다.

김포공항은 당연히 '김포'에 있다? 아니다. 김포공항은 공항 이름 때문에 경기도 김포시에 위치한 것으로 오해하기 쉽지만, 서울시 강서구에 있다. 처음 개항할 때는 공항의 주소지가 경기도 김포군 양서면이었는데, 1963년 양서면이 서울시에 편입되면서 김포공항 주소지가 바뀌게 되었다. 현재 서울 강서구는 공항 명칭을 '서울 강서공항' 등으로 개명을 요구하고 있다.

공항 이름과 공항 소재지가 다른 공항은 김포공항뿐만이 아니다. 김해국제공항 역시 경남 '김해'에 있지 않다. 김해공항은 부산 강서구에 위치해 있다. 그리고 보면 김포공항과 김해공항 모두 이름과 다른 곳에 위치하고 있고, 두 공항 모두 '강서구'에 있다는 공통점도 있다.

인천·경기를 배경으로 한 노래는 서울에 비해서는 매우 적은 편이다. 하지만 인천의 경우 '연안부두', '이별의 인천항' 등 항구를 배경으로 한 사랑과 이별의 노래가 꽤 많다. 또 '사이다송'이나 '인천의 성냥공장 아가씨' 등 독특한 노래의 탄생지이기도 하다. 그리고 경기도의 경우는 삼팔선과 휴전선의 접경지다 보니 전쟁의 고통과 상흔을 노래한 곡이 많은 편이다. 최근에는 신도시에서의 사랑과 추억을 담은 노래도 많이 만들어지고 있다.

연안부두

삼·청·태·현 설움 담긴 '인천의 애국가'

'연안부두'는 우스갯소리로 '인천의 애국가'로 불리기도 하는 인천을 대표하는 노래다.

2016년 인천시가 인구 300만 명 돌파를 기념해 마련한 '애인(愛仁) 콘서트'의 관객 410명을 대상으로 '인천을 상징하는 노래' 설문조사를 한 결과 '연안부두'가 143표를 차지해 1위에 올랐다. 2위는 강화군의 섬인 석모도의 아름다운 정취를 노래한 김수곤의 '석모도에 노을 지면'(121표), 3위는 도약하는 인천의 희망과 비전을 담은 정은희의 '인천아리랑'(120표)이 뽑혔다.

조운파가 노랫말을 쓰고 안치행이 멜로디를 입힌 '연안부두'는 1979년 남매 혼성그룹 '김트리오'가 불러 크게 히트했다. 삼남매 김파·김단·김선으로 구성된 김트리오는 미 8군에서 활동하는 가수를 길러내던 화양주식회사를 운영한 트럼펫 연주자 베니김(김영순)과 '단장의 미아리고개'를 부른 가수 이해연 부부의 자녀들이다.

어쩌다 한 번 오는 저 배는

무슨 사연 싣고 오길래

오는 사람 가는 사람 마음마다 설레게 하나

부두에 꿈을 두고 떠나는 배야

갈매기 우는 마음 너는 알겠지

말해다오 말해다오 연안부두 떠나는 배야

바람이 불면 파도가 울고

배 떠나면 나도 운단다

안개 속에 가물가물 정든 사람 손을 흔드네

저무는 연안부두 외로운 불빛

홀로 선 이 마음을 달래 주는데

말해다오 말해다오 연안부두 떠나는 배야

김트리오 가족은 1973년 미국으로 이민을 떠났지만, 6년 만인 1979년 다시 귀국한다. 삼남매는 음악을 하는 부모님의 영향으로 기타, 베이스, 드럼, 트럼본, 오르간, 피아노 등의 악기를 배우는 등 일찍이 음악에 두각을 나타냈다. 귀국 후 김트리오의 아버지 베니김은 미 8군 시절 친분이 있던 안치행의 안타기획과 계약을 맺고 김트리오를 데뷔시킨다.

당시 안치행은 직접 작곡한 최헌의 '오동잎', 윤수일의 '사랑만은 않겠어요' 등 '트로트 고고' 장르의 노래를 연달아 빅히트시키며 가요계에서 '미다스의 손'으로 통하던 제작자였다.

안치행은 어느 날 가까이 지내던 방송국의 어느 PD로부터 인천에서 '연안부두'라는 노래가 구전돼 히트하고 있다는 소식을 듣게 된다. 그는 곧바로 인천으로 가서 노래를 수소문했지만 들을 수 없었다. 그러다 '아내에게 바치는 노래', '옥경이', '칠갑산' 등 히트곡을 낸 작사가 조운파를 만났는데 그가 연안부두를 배경으로 한 노랫말을 지어뒀다는 이야기를 듣게 된다. 이 노래의 가사를 쓴 조운파의 말을 한 번 들어보자.

"내가 원래 충청도 출신이긴 한데, 학생 시절에 전학을 와서 인천에서 살았어요. 그래서 종종 연안부두에 앉아서 바다를 보면서 시간을 보내고 했는데, 그 시절에는 인천 연안부두가 지금처럼 크지 않았고, 그래서 고깃배나 섬을 오가는 조그만 배들이 많이 드나들었거든요. 물론 간혹 외국을 오가는 배들도 있었고… 그래서 거기 앉아있다 보면 이별하는 사람, 감격적으로 해후하는 사람, 망망대해를 그저 바라보며 누군가를 기다리는 사람. 또 한쪽에는 생선 파는 사람, 손님 소매를 끌어당기는 작부, 그런 모습들을 항상 보곤 했죠. 그런 다양한 삶의 애환, 로맨스, 절망, 눈물과 기쁨, 그런 것들이 가슴에 새겨져 있다가 가사를 쓰면서 반영하게 된 것이죠."

안치행은 조운파의 노랫말을 받아 곧바로 곡을 붙여 '연안부두'를 탄생시켰다. 안치행은 이 곡을 김트리오에게 줘서 1집에 수록해 발표한다. 김트리오의 소속사가 '안타기획'이어서 그런지 모르겠지만, 이 음반은 발매 3개월 만에 무려 5만 장이 판매되는 '안타'를 쳤다.

'연안부두'가 첫 발표 때 이미 크게 히트했지만, 지금까지 계속해서 연령대를 초월한 사랑을 받는 배경은 이 노래가 인천 연고 스포츠팀의 전통적인 응원가로 사용되면서 경기장과 방송을 통해 널리 알려졌기 때문이다. 특히 한국 프로야구 원년인 1982년부터 인천을 연고지로 하는 프로야구팀들(삼미 슈퍼스타즈 → 청보 핀토스 → 태평양 돌핀스 → 현대 유니콘스 → SK 와이번스 → SSG 랜더스)이 이 노래를 응원가로 적극 활용해 왔다.

과거 인천 문학구장 SK와이번스 홈경기에서 '연안부두'를 합창하고 있는 모습. 8회 초가 끝나면 스피커에서는 '연안부두' 노래가 흘러나오고, 관중석을 가르는 띠 전광판을 통해 가사를 내보냈다.

이 노래는 1998년 현대 유니콘스의 우승 이전까지 늘 하위권을 맴돌았던 초창기 인천 연고 프로야구팀의 역사를 떠올리면 인천 야구팬들의 한이 서린 노래이기도 하다. 또 삼미 슈퍼스타즈 매각과 현대 유니콘스의 기습 연고지 이전 당시 성난 인천 팬들이 숭의야구장 앞에 모여서 시위를 벌이며 부른 노래이기도 하다. 인천을 거쳐 간 야구팀들의 내력과 함께 한 노래 '연안부두'. 이 노래는 이른바 '삼·청·태·현'(삼미·청보·태평양·현대) 팀들의 꼴찌, 연패, 매각, 희망고문, 다시 꼴찌, 다시 연패, 기습 연고지 이전, 다시 매각 등으로 점철한 사연을 품은 '인천 야구의 노래' 그 자체라고 아니할 수 없다.

'인천 앞바다에…' 한국 랩의 원조?

한국 랩의 원조는 무슨 노래일까? 이에 대해 많은 주장과 논쟁이 있다.

가수 홍서범은 자신이 부른 '김삿갓'이 한국 랩의 원조라고 주장한다. 이에 대해 장두석·이봉원의 코미디송 '시커먼스'가 랩 원조라는 주장과 박남정의 '멀리 보이네'가 랩 원조라는 주장도 있다. 일부에서는 서수남·하청일의 '팔도유람'을 한국 최초의 랩이라고 보기도 한다.

그러나 한국 랩의 원조를 가릴 때 빠지지 않고 등장하는 노래가 또 있다. '인천 앞바다에 사이다가 떴어도~' 가사의 일명 '사이다송'이다. 이 노래는 코미디언 서영춘의 목소리로 1960년대에 한창 유행했고, 이후 KBS2 드라마 〈제빵왕 김탁구〉 등 여러 드라마나 영화를 통해 다시 인구에 회자되기도 했다.

차이코푸스키 동생 두리스 위스키 작곡

C장조 도롯도 4분의 4박자

스그지그 자그지그 자그지그주

짠 지그 지그지그 자그지그주

이거다 저거다 말씀 마시고

산에 가야 범을 잡고 물에 가야 고기 잡고

인천 앞바다에 사이다가 떴어도

고뿌 없이는 못 마십니다

산에 산에 산에 산에 산토끼야

깡충깡충 뛰면서 어디 가느냐

학교 종이 땡땡 친다 어서 가보자

선생님이 문 앞에서 기다리신다

삐밥빠룰라 디스 마이 뷰티

울며 헤어진 부산항아 쿵 자자작

비나리는 호남선에 완행차가 웬 말이냐

상지기 지기지기 자기지기직

그렇다면 하고많은 바다 중에서 왜 '인천 앞바다 사이다'라는 말이
나왔을까? 이런 궁금증은 사이다의 국내 유입 경로를 따져보면 어렵
지 않게 풀린다. 우리나라 사이다 역사는 인천에서 시작됐다.

1905년 2월 일본인 히라야마 마츠타로는 인천 신흥동에 '인천탄
산수제조소'라는 사이다 공장을 세우고 국내 첫 사이다인 '별표사이
다'를 출시했다. 이 공장은 미국식 제조기와 5마력짜리 발동기를 이

용해서 톡 쏘는 맛이 나는 독특한 음료를 생산했다. 이후 경쟁사 '마라무네제조소'가 '라이온헬스표사이다'를 출시하고, 인천 탄산의 후신인 경인합동음료가 '스타사이다'를 선보였다.

사이다는 원래 유럽에서 사과를 발효시켜 만든 알코올성 음료다. 1853년 우리나라에 영국 해군을 통해 처음 소개됐을 땐 사이다는 사과를 발효시켜 만든 6도의 사과술이었다. 오늘날의 톡 쏘는 시원한 탄산 사이다와는 거리가 있었다.

1910년대 경인선을 운행하는 열차에 붙은 '별표사이다' 광고. 인천에서 생산된 별표사이다는 특유의 톡 쏘는 맛으로 큰 인기를 끌었다.

1868년 한 영국 상인이 일본 요코하마에서 과일향이 첨가된 탄산음료인 '샴페인 사이다'를 개발했는데, 이 음료가 우리나라에 들어오면서 지금 우리가 마시는 '사이다'의 시초가 되었다.

광복 후에도 사이다의 인기는 계속됐다. 전국 12개 업체 중 인천의 '스타사이다'와 평양의 '금강사이다'가 최고의 인기를 누렸다. 그러나 1950년 5월 서울에서 '칠성사이다'가 출시되면서 사이다 시장의 판도가 확 바뀐다. 칠성사이다는 처음 '동방청량음료'라는 회사에서 만들었는데, 창업 당시 동업자들의 성씨가 제각각 다른 7개(김명근, 박운석, 우상대, 장계량, 정선명, 주동익, 최금덕)여서 칠성의 한자 표기를 '七姓'으로 하려다 우여곡절 끝에 '七星'으로 정했다. 동방청량음료는 경영난으로 인해 1974년 롯데에 인수되어 회사 이름이 롯데칠성음료로 바뀌었다. 결국 칠성사이다에 밀린 스타사이다가 1975

년에 다른 회사에 인수되면서 70년 동안 이어오던 인천 사이다의 역사는 막을 내리게 된다.

그런데 자세히 살펴보면 별표사이다, 스타사이다, 칠성사이다 등 사이다에는 별과 관련된 이름이 유독 많다. 당시 생산되던 부산의 '월성사이다'와 전주의 '오성사이다', 대구의 '삼성사이다' 등 지방에서 만드는 사이다에도 어김없이 별과 관련된 이름을 붙인 것이 이채롭다.

사이다가 처음 등장했던 당시만 해도 우리나라에서 음료는 식혜나 수정과, 미숫가루 등 주로 전통 음료들이 대부분이었다. 이런 상황에서 공장에서 대량 생산되는 사이다는 새로운 음료로 큰 인기를 끌었다. 지금도 속이 더부룩하거나 답답할 때 콜라나 사이다를 마시는 사람들이 많지만, 당시에 사이다는 거의 소화제처럼 사용됐다.

요즘에 답답한 상황이나 사람을 보면 '고구마 100개 먹은 기분'이라고 하고, 이와 상대되는 말로 '사이다 같다'라는 표현을 많이 쓴다. 탄산가스가 함유된 음료인 사이다의 톡 쏘는 특유의 청량감에 빗대 돌직구 발언이나 행동을 두고 비유적으로 사용하는 것이다.

꽉 막힌 정치와 답답한 현실, 막힌 속을 뻥 뚫어줄 톡 쏘는 사이다 같은 세상은 언제쯤 올까.

외설에 감춰진 우리 누이들의 설움

1960~1980년대 군대를 다녀온 사람이라면 누구나 '인천의 성냥 공장 아가씨' 노래를 기억할 것이다. 그만큼 '인천의 성냥공장 아가 씨'는 군대에서 많이 불리었고, 군대생활을 한 사람들의 입을 통해서 사회에서도 널리 알려지게 된 노래다.

과거에 사회와 격리된 채 남자들끼리 살아가야 하는 군인들에게 여자는 동경의 대상이었다. 그러기에 군인들이 부르는 속요(俗謠)는 대부분이 여성과 관련된 내용이고 다분히 외설스러운 요소가 가미되 어 있었다.

이 노래는 구전가요로 알려졌지만, 사실 이 노래의 멜로디 원곡은 일본 군가인 '라바울 코우타(ラバウル 小唄)'이다. '라바울 코우타'는 태 평양전쟁 당시 일본이 라바울이라는 도시가 있는 파푸아뉴기니의 한 섬을 점령하여 주둔하다가 병사가 집으로 돌아가면서 라바울을 떠나 는 아쉬움과 그곳에서 만난 소녀와의 사연을 담고 있는 노래다.

'인천의 성냥공장 아가씨'는 군부대가 위치한 지역에 따라 이른바

'노가바(노래 가사 바꿔 부르기)'로 다르게 불리기도 했다. 예를 들면 강원도 인제에서는 '인제의 건빵공장 아가씨'로 울산에서는 '울산의 설탕공장 아가씨'로 바꿔 부르는 식이다.

이 노래 가사의 내용은 인천에 있는 성냥공장 여공이 치마 밑에 성냥을 몰래 감추어 나오다가 치마 밑에서 불이 나서 곤란한 상황이 되었다는 것이다.

> 인천의 성냥공장 성냥공장 아가씨
> 하루에 한 갑 두 갑 낱 갑이 열두 갑*
> 치마 밑에 감추고서 정문을 나설 때
> 치마 밑에 불이 붙어 ×××이 다 탔네
> 인천의 성냥공장 아가씨는 ×××

그러면 왜 하필이면 서울도 아니고 부산도 아니고 대구도 아니고 '인천'의 성냥공장일까? 의문은 금방 풀린다. 1917년 일본 기업이 제물포에 성냥공장을 세우기 시작하면서 인천은 '성냥공장의 대명사'처럼 불리었다. 당시 인천 금곡리에 있던 '조선인촌주식회사'에서는 연간 7만여 상자의 성냥을 생산했다. 이는 국내 성냥 소비량의 30%에 이르는 것으로, '우록표'나 '쌍원표', '조선표' 등이 큰 인기를 끌었다.

---

* '낱 갑이 열두 갑' 가사 부분은 '일 년에 열두 갑'으로 불리기도 한다. '하루에 한 갑 두 갑'이면 일 년에 수백 갑이 되어야 하므로 '일 년에 열두 갑'이 될 수 없고, '낱 갑이 열두 갑'이라는 가사도 어법상 논리적으로 성립되지 않는 표현이다.

대한성냥, 조선성냥 등 과거 인천에서 생산했던 성냥들. 한때 인천의 성냥이 워낙 유명해서 '인천' 하면 '성냥공장', '성냥공장' 하면 '인천'을 바로 떠올렸다.

또한 공장 주변의 주민들도 종이에 밀가루 풀을 먹인 성냥갑을 만들어 납품하면서 동네 전체가 성냥촌이 됐다. 그러니 '인천' 하면 '성냥공장', '성냥공장' 하면 '인천'을 바로 떠올릴 수밖에 없었던 것이다. 당시 금곡동 일대 공터나 도로변은 햇볕에 말리기 위해 널어놓은 성냥개비와 성냥갑으로 가득해서 동네 전체가 성냥공장을 방불케 했다고 한다.

인천에서 유독 성냥제조업이 번창할 수 있었던 것은 복합적인 요인들이 작용했다. 우선 인천에는 항구도시의 특성상 값싼 노동력이 풍부했다. 그리고 압록강 일대에서 벌목한 나무들이 신의주를 거쳐 인천항을 통해 반입되는 등 성냥의 재료를 구하는 것도 수월했다.

이 노래 가사에는 또 한 가지 의문이 있다. 성냥은 황에다 힘을 주어 그어야 불이 붙는데 왜 저절로 치마 밑에서 불이 났을까?

처음에 성냥은 '백린'으로 만들었다. 그런데 백린은 발화점이 낮아서 신발 밑창에 쓱 문질러도 불이 붙었다고 한다. 되게 편리했을 것 같지만, 주머니 안에서 조금만 마찰이 생겨도 불이 붙는 경우가 종종 있었다고 한다. 물론 백린으로 만든 마찰성냥이라고 해서 옷 속에서 쉽게 불이 붙을 정도는 아니었겠지만, 이것을 과장되게 표현한 것이 '치마 밑에 불이 붙어'인 것으로 보인다.

우리 동네 유행가들

당시 여공들은 성냥개비 1만 개를 만들기 위해, 하루 10시간이 넘게 열악한 환경에서 수작업으로 일해야 했다. 성냥공장에 다니며 가족을 먹여 살리고 자신을 희생해 동생들을 공부시킨 그들은 이 땅의 위대한 여성들이었다.

인천의 성냥공장, 그리고 성냥공장에서 일하던 여성 노동자들은 역사의 뒤안길로 사라졌지만, 그들이 희롱의 대상이 됐다면 그건 유감스러운 일이 아닐 수 없다. 그 시절 우리 누이들의 땀과 눈물겨운 아픔이 스며있는 '성냥공장 아가씨'. 음탕한 생각을 떠올리며 부르기에는 죄스러운 노래이기도 하다.

태풍 '사라호' 희생 어부 추모곡

연평도.

인천항에서 뱃길로 145㎞ 떨어진 섬이다. 그러나 북한 강령반도의 육세미와는 불과 12.7㎞ 떨어진 지척이다. 그러다 보니 북한의 끊임없는 도발이 이어졌다. 제1, 제2연평해전과 연평도 포격전의 상흔이 아직 남아있다. 마을 곳곳에 대형 스피커가 설치되어 있고, 포격 현장을 그대로 보존한 안보교육장에는 포격 후에 남아있던 물건들을 모아 전시하고 있다. 또 교전 당시 급박한 상황을 재연한 영상까지 상영하고 있다.

연평도는 북한의 위협 외에 또 하나의 위협이 있다. 바로 태풍이다. 섬이다 보니 태풍이 서해로 올라올 경우 바로 직격탄을 맞게 된다. 연평도에 큰 피해를 입힌 대표적인 태풍이 '사라호'다. 원래 이 태풍의 이름은 '사라'였지만, 1990년대까지만 해도 태풍명 뒤에 '호(號)' 자를 많이 붙여 불렀다.

사라호 태풍은 1959년 9월 12일에 사이판섬 해역에서 발생해 9월 17일 경남 거제도에 상륙했다. 태풍이 한반도에 상륙한 9월 17일은 공교롭게도 추석이었다. 당시 국민들은 사라호 태풍으로 비극적인 추석을 맞게 됐다. 대부분의 시골에서는 TV나 라디오도 없던 시절이어서 일기예보를 듣지 못했다. 그러다 보니 태풍이 오는 것도 모르고 추석 차례를 지내다가, 초가지붕이 날아가는 것을 보고 허겁지겁 대피한 사람들도 많았다고 한다. 전국에서 사망 849명, 부상 2,533명, 실종 206명의 피해가 발생했고 37만 3,459명의 이재민이 생겨났다.

이때 연평도 어장으로 조기잡이를 나갔던 어부들은 뭍으로 돌아오지 못했다. 시신도 찾지 못했다. 돌아오지 못한 어부들을 추모하고자 몇 해 뒤 추모비가 건립됐다. 이 추모비 제막식에서 불린 노래가 바로 '눈물의 연평도'이다. 이 노래는 강남풍 작사·김부해 작곡으로 최숙자가 불러 1964년 발표됐다. 1979년에는 조미미가 이 노래를 리메이크해서 불렀다.

이 노래는 작사가 이름이 '강남풍'이라고 되어있지만, 실제 작사가는 아니다. 강남풍은 이 노래를 제작한 음반 회사인 신세기레코드의 사장 강윤수의 예명이다. 강남풍이 작사했다고 음반에 표기되어 있기는 해도, 실제 작사자는 강윤수 사장이 아니었다는 것이다.

저작권 문제가 중요한 요즘 같으면 있을 수 없는 일이겠지만, 당시에는 작사가의 명의가 다른 경우가 꽤 많았다. 한 사람이 작곡과 작사를 모두 한 경우, 자신의 이름 대신 작사가의 이름으로 아내나 자녀 이름을 표기하는 경우가 있었다. 또 이런저런 이유로 작사가 이름에 레코드사 사장 이름을 넣는 경우도 많았다.

'눈물의 연평도' 역시 이후 실제 작사가가 '김문응'으로 인정되어, 현재 음악저작권협회에는 김문응 이름으로 등록되어 있다. 김문응은 '눈물의 연평도' 외에도 '수덕사의 여승', '방랑시인 김삿갓', '사도세자' 등 실제 이야기를 모티브로 한 노랫말을 많이 쓴 작사가이다.

> 조기를 담뿍 잡아 기폭을 올리고
> 온다던 그 배는 어이하여 아니 오나
> 수평선 바라보며 그 이름 부르면
> 갈매기도 우는구나 눈물의 연평도
>
> 태풍이 원수더라 한 많은 사라호
> 황천 간 그 얼굴 언제 다시 만나보리
> 해 저문 백사장에 그 모습 그리면
> 등댓불만 깜박이네 눈물의 연평도

당시 연평도는 전남 신안군 흑산도와 전북 부안군 위도 부근 칠산과 함께 우리나라의 '3대 조기 어장' 중 한 곳이었다. 국립수산과학원 자료에 의하면 우리나라 참조기의 47%가 연평도에서 잡혔다는 기록이 있다.

한때 500여 가구에 인구 3,000명이었던 연평도에 술집이 260여 곳이나 들어섰고, 이른바 '물새'로 불리던 술집 색시들 수백 명이 어부들의 두둑한 주머니를 노렸다. 골목길을 떠도는 개도 지폐를 입에 물고 다녔다는 말이 돌 정도로 경제적인 풍요를 누렸다.

흑산도와 위도를 거쳐 서해북단 연평도로 북상하는 조기 떼를 따라 수천 척의 어선이 줄지어 따랐다. 그 어선들 뒤를 수백 척의 조기를 사고파는 배들이 줄을 이어 파도 위에서 떠들썩하게 시장이 섰다. 이름하여 '파시(波市)'다. 그러나 흥청거렸던 연평도 파시는 1968년이 마지막이 됐고, 더 이상 개구리울음 같다던 '조기 우는 소리'를 들을 수 없게 됐다. 조기 어획량이 급격히 줄어들었기 때문이다.

연평도는 인천시 옹진군에 소속된 섬으로, 북쪽의 대연평도와 남쪽의 소연평도로 이루어져 있다. 연평도의 지명은 '연이어 뻗친(延) 땅(坪)'이라는 데에서 유래되었다. 조개더미 유적에서 출토된 빗살무늬토기, 그물추, 공이 등으로 미루어 볼 때 신석기 시대부터 사람이 살았던 것으로 추정된다.

연평도는 원래 황해도 해주군 송림면 관할의 섬으로 당시 송림면은 7개 리로 이루어져 있었으며, 면사무소는 본토의 송현리에 있었다. 그리고 해방 직후 삼팔선으로 인한 남북 분단으로 1945년에 경기도 옹진군으로 이관되었다가 1953년 휴전협정 체결로 연평도를 제외한 나머지 송림면 지역이 북한 관할에 놓이게 되자 면사무소를 연평도로 이전했다. 1995년에 인천시에 편입되었고 1999년에 송림면이 연평면으로 개명되었다.

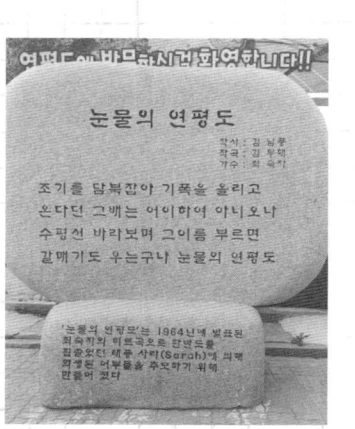

연평도 등대공원 입구에 서 있는 '눈물의 연평도' 노래비. 이 노래는 1959년에 많은 피해를 낸 태풍 '사라호' 희생 어부를 추모하기 위해 만들어진 곡이다.

인천을 노래한 유행가들

🎵 이별의 인천항
노래 박경원, 작사·작곡 전오승

1953년 오아시스레코드에서 발매한 노래. 인천항에서의 사랑과 이별을 경쾌한 리듬에 얹은 명곡으로, '연안부두'와 함께 인천을 대표하는 노래 중 하나다. 인천 월미도에 '이별의 인천항' 노래비가 있다.

🎵 월미도를 아시나요
노래 주현미, 작사 반야월, 작곡 김점도

1985년 발표된 주현미 2집에 수록된 노래. 6·25전쟁 때 인천상륙작전의 시작점이기도 하는 등 역사적 풍파를 겪었던 월미도의 아름다움을 담아낸 곡이다.

🎵 인천상륙작전
노래 방사능, 작사 이상운 등, 작곡 서동현

2010년 발표된 노래. 인천의 지명들을 강한 비트와 랩에 버무린 곡으로 경쾌하고 활기찬 느낌을 준다.

🎵 추억의 신포동
노래 백영규, 작사·작곡 백영규

2011년 발표된 노래. 신포동과 자유공원, 홍예문 등 인천의 지명과 옛 추억을 담은 포크송으로, 7080세대의 향수와 인천의 정서를 노래한 곡이다. '슬픈 계절에 만나요' 노래로 유명한 백영규는 이 노래 외에도 '인천의 성냥공장 아가씨', '송도로 가자', '동구데이트' 등 인천을 배경으로 한 노래를 많이 만들었다.

갑자기 왕이 된 두메산골 도련님

강화도령.

조선 25대 철종을 일컫는 별칭이다. 이 별칭은 1963년에 방송된 이서구 극본의 HLKA(KBS 라디오 전신) 라디오 드라마 주제가인 '강화도령'에서 처음으로 사용됐다. 라디오 드라마 제목은 정확히는 〈강화도련님〉인데, 주제가 앨범을 발매하면서 노래 제목을 드라마 제목에서 약간 바꿔 '강화도령'으로 붙였다.

1960년대 당시에는 라디오 드라마가 인기를 끌면 그 내용으로 바로 영화가 만들어졌는데, 이 이야기 역시 라디오 드라마의 인기를 업고 바로 영화로도 만들어진다. 이서구 드라마 원작을 시나리오로 해서 신상옥 감독이 메가폰을 잡았다. 영화 〈강화도령〉에는 신영균(철종 역), 최은희(복녀 역), 김승호, 황정순, 김희갑, 이예춘, 신성일, 도금봉 등 당대 유명 배우들이 총출동했다. 이 영화는 명보극장에서 개봉해 10만 관객 이상을 동원하면서, 〈철종과 복녀〉라는 속편이 만들어지기도 했다.

역사적 사실을 배경으로 만든 작품이기는 했지만, 허구적인 내용도 많이 들어있다. 예를 들면 복녀와 복길이는 극적인 재미를 더하기 위해 만든 가공의 인물이다. 라디오 드라마와 영화의 줄거리는 다음과 같다.

이원범(철종)은 왕가의 직계 손이면서도 강화도의 농가에서 땅이나 파고 사는 촌부로 자라야 했다. 조정의 권력 싸움이 끊임없던 시대라 권세를 쥔 척족이 왕위를 노릴 만한 반대 세력의 종친을 모조리 죽였기 때문에 간신히 난을 면해 살아남았다. 그러나 같은 동네의 마음씨 착한 복녀의 사랑과 복길의 따뜻한 우정 속에서 그런대로 밝게 지낼 수 있었다.

그럴 무렵 조정에서는 어린 나이에 왕위에 올랐던 헌종이 4년만에 승하한다. 이에 조대비는 강화에 묻혀 사는 이원범을 맞아 왕통을 잇게 한다. 원범은 왕위에 오른 후에도 강화 생각에서 벗어날 때가 없었다. 조대비는 마침내 강화의 복녀를 궁중으로 들어오게 한다. 철종은 복녀

박재란의 '강화도령' 앨범 표지. 이 노래는 1963년에 방송된 이서구 극본의 HLKA(KBS 라디오 전신) 드라마 주제곡으로 사용됐다.

를 시녀로 삼아 가까이 있게 하고, 복길에게는 대전별감의 벼슬을 맡기고서야 마음의 안정을 얻는다.

복녀는 때 묻지 않은 총명함으로 철종을 도와 선정을 베풀게 한다. 흩어졌던 핏줄을 찾고, 그리운 넋을 위로하고 고마운 이에게 은혜를 갚아도 철종의 꿈은 매양 강화의 들판을 찾아가기만 한다. 격식을 앞세우는 궁중의 법도가 따분했고 벼슬아치들의 끊임없는 실랑이에 싫증이 나는 것이었다. 그러던 중 꿈과 현실 사이를 몸부림치다 길지 못한 생애를 마친다.

이 드라마의 주제가인 '강화도령' 가사는 드라마 극본을 쓴 이서구가 썼다. 여기에 '황성옛터'를 작곡한 전수린이 멜로디를 입혔다. 그러나 음반 녹음이 쉽지 않았다. 이 노래를 신세기레코드사에서 제작하고자 했으나, 노래를 불러야 하는 가수 박재란이 1957년 KBS 전속가수가 된 이래 인기가 올라가면서 오아시스에 전속되어 활동하고 있었기 때문이다. 뒤이어 킹스타레코드사에서 다른 가수로 그 곡을 취입하고자 했지만, 작곡가 전수린은 "박재란에게 맞추어 작곡한 것이기 때문에 다른 가수가 부르는 것은 허락하지 않는다"라며 다른 가수가 부르는 노래의 취입을 거부했다. 결국 박재란이 이 노래를 부르게 된다. 박재란이 부른 '강화도령' 노래는 드라마 인기와 더불어 크게 히트했다.

두메산골 갈대밭에 등짐 지던
강화도련님 강화도련님
도련님 어쩌다가 이 고생을 하시나요

음~ 말도 마라 사람 팔자 두고 봐야 아느니라

두고 봐야 아느니라

음지에도 해가 뜨고 때가 오면

꽃도 피듯이 꽃도 피듯이

도련님 운수 좋아 나라님이 되셨구나

음~ 얼싸 좋다 좋구 좋구 말구 상감마마 되셨구나

상감마마 되셨구나

이 노래의 가사에 나오는 '두메산골 갈대밭'의 사저는 지금의 강화
군 강화읍에 있는 용흥궁(龍興宮)이다. 용흥궁은 '왕이 흥했던 집'이라
는 뜻으로, 철종이 왕위에 오르고 나서 보수·단장한 후에 이 이름을
붙였다.

이원범은 자신을 왕으로 옹립하기 위한 행렬이 강화도에 왔을 때,
자신을 잡으러 온 줄 알고 산속으로 도망쳤다고 한다. 자신의 할아버
지와 큰형이 역모로 몰려 죽은 기억이 떠올랐기 때문이다. 그러나 영
의정 정원용의 설득과 주민들의 협조로 결국 가마에 올라 한양의 창
덕궁으로 가게 된다.

한양의 왕궁에 들어와서도 강화에서의 일상을 그리워했다는 철
종. 정치에 무지했고 외척인 안동 김씨 일파의 전횡에 시달리다 33
세의 젊은 나이에 생을 마감한 그가 만약 왕궁에서 살지 않았다면 어
땠을까. 어쩌면 강화에서의 평범한 삶이 더 행복했을지도 모르겠다.

시장님의 열정이 만든 '관제 노래'

우리나라 대중가요의 제목과 가사에 많이 등장하는 도시는 서울, 부산, 대구, 인천, 여수, 목포 등이다. 특히 서울의 경우 '서울의 찬가' '마포종점' '돌아가는 삼각지' 등 지역을 대표하는 노래가 가장 많고, 부산도 '돌아와요 부산항에' '이별의 부산정거장' 등 전국적으로 알려진 노래가 많다. 대구의 '비 내리는 고모령', 인천의 '연안부두', 목포의 '목포의 눈물' 등도 해당 지역을 대표하는 전국적 인지도가 매우 높은 노래다. 이렇듯 지역을 배경으로 하는 노래는 그 노래의 인기와 더불어 해당 도시를 전 국민에게 알리는 홍보 효과를 발생시킨다. 일종의 '홍보대사' 역할을 하는 것이다.

그러면 수원에도 지역을 대표하는 노래가 있을까? 쉽게 떠오르지가 않는다. 그런데도 굳이 꼽자면 '수원처녀' 정도다. 이 노래는 음악의 문법에 의해 자연스럽게 만들어진 것이 아니라 이른바 '관제 노래'로 만들어졌다.

춘천시장으로 재직하다 1971년에 수원시장으로 부임한 원병의는 전임지인 춘천의 '소양강 처녀' 같은 노래를 수원에도 만들고 싶었다. 그래서 이듬해 수원을 대표하는 노랫말을 뽑는 공모전을 개최했는데, 이때 뽑힌 작품이 이용일의 '수원처녀'다.

원병의 시장은 '수원처녀' 작곡을 백영호에게 맡겼다. 백영호에 의해 멜로디가 입혀진 노래는 당대 최고 가수인 이미자가 불렀다. 백영호와 이미자가 '동백아가씨'에 이어 다시 한번 '황금 콤비'를 이룬 것이다. 수원시는 이 노래의 홍보를 위해 시비(市費) 200만 원(현재 가치로 약 2억 원)을 들여 당시로서는 다소 생소한 뮤직비디오를 찍고, 공보실 직원까지 동원해 다방과 요정 등 유흥업소에 무료로 음반을 뿌렸다. 그러나 관(官) 주도의 홍보에는 한계가 있는 법이다. 기대했던 대박은 터지지 않았다.

'수원처녀' 앨범 표지. 이 노래는 백영호 작곡집의 타이틀곡으로 수록되었는데 앨범 표지에는 가수 이미자의 모습 아래로 수원화성의 화홍문과 방화수류정이 들어가 있다.

백영호 작곡집의 타이틀곡으로 수록된 '수원처녀' 앨범 표지에는 가수 이미자의 모습 아래로 수원화성의 화홍문과 방화수류정이 들어가 있다.

철쭉꽃 딸기꽃이 초원에 피면은
타네요 수원처녀 가슴이 타네요

달뜨는 호반길 님과 놀던 길
첫사랑을 맺어놓고 멀리 떠난 사람아
서장대의 푸른 꿈을 잊으셨나요
기다리고 있습니다

청포도 익을 때면 설레는 그 마음
꽃다운 수원처녀 가슴을 달래요
달 밝은 호반길 님과 걷던 길
행복 주고 사랑 주고 멀리 떠난 사람아
서장대의 푸른 꿈을 잊으셨나요
기다리고 있습니다

이 노래의 가사에는 딸기꽃과 서장대, 호반길, 청포도 등 1960
~1970년대 수원의 대표적 명물들이 등장한다.

수원은 유네스코 세계문화유산에 등록된 수원화성이 유명하다.
수원화성은 조선 정조 때인 1794년에 착공하여 1796년에 축성되었
는데, 성곽의 총길이는 5.74㎞에 달한다. 수원 화성은 정약용이 동·
서양의 기술서를 참고하여 만든 〈성화주략(城華籌略)〉을 참고하여 축
조하였다. 특히 당시에 거중기와 같은 신기술을 도입하였다는 점에
서 건축적으로 높은 평가를 받는다. 축성의 동기가 군사적 목적도 있
었지만, 정치·경제적 측면과 함께 정조의 부모에 대한 효심도 있었

다. 아버지인 사도세자의 묘를 이장하고, 말년에 어머니 혜경궁 홍씨와 같이 이곳에서 노후를 보내려고 했다는 것이다.

이때 정조가 군사를 지휘했던 지휘 통제소가 노래 가사에도 등장하는 '서장대'이고, 정조가 거처했던 곳이 '화성행궁'이다. 수원 화성도 서울 사대문처럼 동서남북에 4개의 성문이 있는데 북문이 장안문, 남문이 팔달문, 동문이 창룡문, 서문이 화서문이다.

수원화성은 지금도 수원의 상징이자 랜드마크로 여겨지고 있다. 수원시의 휘장은 수원화성의 서북공심돈을 형상화한 것이며, 수원을 연고로 한 프로축구 구단인 수원 삼성 블루윙즈와 수원FC의 엠블럼 역시 화성에서 따 왔다. 수원 연고의 프로야구 구단 KT wiz의 홈구장인 수원KT위즈파크 전광판 위에도 수원화성을 형상화한 조형물이 있으며, 제10전투비행단의 정문도 이를 모티브로 제작되었다.

수원(水原)은 마한의 모수국이었다가 각각 백제, 고구려, 신라의 지배를 거친 삼국시대에는 매홀(물골)이라 불리었다. 통일신라~고려시대에 수성, 수주를 거쳐 조선시대에 수원이라는 이름으로 정착됐으나, 정조 때 화성(華城)으로 고쳐 불렀다. 이후 1895년 갑오개혁으로 100년 만에 다시 수원으로 명칭이 환원되었다.

수원시는 2022년 1월에 인구 100만 명이 넘는 경기 고양시·용인시, 경남 창원시와 함께 '특례시'가 되었다. 특례시란 기초단체의 법적 지위를 유지하면서 광역시 수준의 행정과 재정의 권한을 부여받는 새로운 지방 행정 모델이다.

여주 땅 처녀·총각의 엇갈린 사랑

'갑순이와 갑돌이' 노래는 지금까지도 꾸준히 불리고 있는 명곡이다.

나는 이 노래를 어릴 때 처음 들었는데, 가사 내용이 영 마음에 들지 않았다. 두 처녀·총각이 서로 사랑하면 그냥 결혼하지 왜 맺어지지 못하고 속앓이만 했는지 정말 이해가 되지 않았다.

그런데 알고 보니 이유가 있었다. 가사 내용이 이 노래가 나온 1960년대의 상황을 묘사한 것이 아니라, 아주 과거의 이야기에 기반을 뒀기 때문이었다. 그 당시는 연애를 하는 것과 무관하게 부모가 정해준 대상과 결혼을 해야 했다. 심지어 자유로운 연애 자체가 사회적으로 지탄받는 시대적 상황이었다.

'갑돌이와 갑순이'는 한때 전래민요라고 알려져 있기도 했지만 사실상 작자가 분명하게 나타나 있는 대중가요 작품이다. '갑돌이와 갑순이'의 원곡은 1939년 리갈레코드에서 발표한 이병한과 함석초가 부른 '온돌야화'이다. 김다인 작사, 전기현 작곡의 신민요다.

이 음반에 작사가 이름이 김다인으로 표기되어 있지만, 김다인이 박영호인지 조명암인지는 분명하지 않다. 왜냐하면 당시 박영호와 조명암 모두 '김다인'이라는 예명을 각각 사용했기 때문이다. 따라서 많은 자료에 이 노래의 작사가로 김다인 단독 표기 외에 김다인(박영호), 김다인(조명암) 등으로 기술되어 있고, 아예 박영호 작사나 조명암 작사로 기록되어 있는 경우도 있다.

나는 이 노래의 작사가가 '박영호'일 가능성이 높다고 본다. 연극 대본을 많이 쓴 극작가 박영호의 노랫말 특징인 스토리 구조를 가지고 있는 내용이기 때문이다. '오빠는 풍각쟁이', '번지 없는 주막' 등 박영호 가사는 조명암에 비해 상대적으로 연극적 요소가 많이 가미되어 있고 인물의 캐릭터가 강한 편이다. 대신 시인이기도 한 조명암 노랫말은 단어의 말맛과 생동감이 뛰어난 것으로 평가받는다.

'온돌야화'의 줄거리는 조선시대에 박돌이와 갑순이가 서로 사랑하지만 감정을 숨기다가 갑순이가 부모의 권유로 시집가자 박돌이가 안타까워한다는 내용이다.

노래 앞부분에 '그 사기(史記)에 적혀있는 일은 아니로되 지금으로부터 한 60년 전, 경기도 여주 땅에는 박돌(朴乭)이란 총각과 갑순(甲順)이란 처녀가 있었답디다'라는 변사 스타일의 대사가 나온다. 노래가 나온 1939년 기준 60년 전이면 1879년인데 조선 고종 시절이다.

박돌이와 갑순이는 한마을에 살았소
두 사람은 서로서로 사랑을 하였대요

그러나 그것은 마음속뿐이요
겉으로는 음~ 서로서로 모르는 척하였소

그러던 중 갑순이는 시집을 갔다나요
시집가는 가마 속에 눈물이 흘렀대요
그러나 그것은 가마 속 일이요
겉으로는 음~ 아무런 일 없는 척하였소

1939년 유성기 음반(SP)으로 녹음된 굿거리장단의 신민요로 전해진 이 노래는 1965년에 '대한팔경(조선팔경가)'의 작곡가 형석기가 편곡·개사하여, 당시 동아방송의 민요 가수 남미랑이 부를 수 있도록 부분적인 수정을 가한 것이 첫 리메이크이다. '온돌야화' 가사의 줄거리는 그대로 유지되었지만 남자 이름이 '박돌이'에서 '갑돌이'로 바뀌었다.

남미랑이 부른 노래가 예상외의 큰 주목을 받자 형석기가 다시 재편곡하여 최숙자·김세레나 듀엣으로 부른 노래가 신세기레코드사에서 녹음 출반되었다. 1절은 최숙자, 2절은 김세레나, 3절은 두 가수가 함께 불렀다. 이 노래는 1968년에 김부해 편곡으로 김세레나가 솔로로 불러 앨범이 재발매되었다.

갑돌이와 갑순이는 한마을에 살았더래요
둘이는 서로서로 사랑을 했더래요

그러나 둘이는 마음뿐이래요
겉으로는 음~ 모르는 척했더래요

그러다가 갑순이는 시집을 갔더래요
시집간 날 첫날밤에 한없이 울었더래요
갑순이 마음은 갑돌이뿐이래요
겉으로는 음~ 안 그런 척했더래요

이 노래를 부른 가수 중 가장 유명한 김세레나는 1947년생으로 어린 시절에 이미 논산에서 꽤 유명한 '꼬마 가수'였다고 한다. 그녀는 논산 쌘뿔여고를 다니다가 서울로 올라와 서울국악예고에 입학했다. 김세레나는 서울국악예고 2학년 때인 1964년 12월 동아방송 '가요백일장' 연말 결선대회에서 장원을 하며 가요계에 정식 데뷔했다.

김세레나는 박정희가 대통령 시절 가장 좋아했던 가수 중 한 명이다. 박정희는 김세레나에게 '국보 가수'라는 타이틀을 붙여주며 아꼈다. 김세레나에 대한 박정희의 관심이 워낙 큰 탓에 육영수 여사가 이를 질투해 한때 방송 3사에서 출연 금지를 당할 뻔했다는 일화도 있다.

'갑돌이와 갑순이' 노래가 히트하자, 같은 제목의 영화도 제작됐다. 김효천 감독이 메가폰을 잡고 백일섭, 한정은, 장동휘, 허장강 등이 주연으로 출연해 1972년 개봉됐다. 영화의 줄거리는 노래 가사를 약간 변형한 내용이다.

'갑순이와 갑돌이'를 부른 가수 김세레나의 젊은 시절 모습. 김세레나는 1964년 동아방송 '가요백일장' 연말 결선대회에서 장원을 하며 가요계에 정식 데뷔했다.

수원을 배경으로 한 유행가들

♬ 수원댁 사랑
노래 최숙자, 작사 반야월, 작곡 손목인

1966년 발표된 노래로 김승호, 태현실, 신성일 등이 출연한 영화 '아빠의 청춘' 주제가 중의 하나. 이 곡은 오기택의 '아빠의 청춘'과 함께 1960년대 아버지의 삶과 헌신을 다룬 대표적인 노래로 꼽히고 있다.

♬ 수원시 우만동
노래 라미, 작사 우현기, 작곡 SOUL FRESH

2012년 발표된 노래. 수원시 팔달구 우만동에서의 추억과 사랑, 이별의 감정을 마치 일기처럼 진솔하고 담담하게 담아낸 곡이다. 우만동(牛滿洞)은 옛날 이 지역에 살던 최 씨와 임 씨 등이 소를 많이 키웠기 때문에 '우만이'라고 불리던 것에서 유래했다고 한다.

♬ 수원의 밤
노래 콩나물밴드, 작사·작곡 연제홍·이경오 등

2022년 발표된 노래. '…서로 닮은 소리들을 따라 유유히 젖어 드는 수원의 밤'. 한 편의 시 같은 노랫말이 따스하고 애틋하다.

♬ 수원지방법원
노래 타카피, 작사 김재국, 작곡 오영만

2017년 발표된 노래로 10년을 함께 한 아내와 수원지방법원에서 이혼 재판을 끝내고 난 후의 착잡한 심정을 담은 곡이다.

부산·울산·창원·진주 등으로 대표되는 이른바 '부울경'은 수도권을 제외하고 지방에서는 인구가 가장 많은 지역이다. 부산은 대중가요 제목과 노랫말에 서울 다음으로 많이 등장하는 도시다. 서울에 이은 제2의 도시이기도 하지만, 6·25전쟁 때 임시수도였던 적도 있고 관광도시와 항구도시로서의 멋과 낭만이 배어있기 때문이기도 하다. '울산 큰애기'의 울산, '오동동 타령'의 마산이나 '논개'로 유명한 진주 역시 많은 대중가요 명곡의 배경이 됐다.

PART 3

부산·울산·경남

돌아와요
부산항에

재일동포의 망향, 그리움의 거처

'돌아와요 부산항에'는 재일본조선인총연합회(조총련)의 모국 방문과 관련이 많은 노래다. 1974년 8월 15일, 조총련계 재일교포 2세 문세광이 광복절 기념식장에 신분을 위장하고 들어와 박정희 대통령을 향해 권총을 발사했다. 총알이 빗나가면서 박 대통령은 죽음을 면했지만, 대신 영부인 육영수 여사가 목숨을 잃었다.

그러나 박정희는 보복 대신 조총련계 재일동포들에게 모국의 빗장을 열어주는 대승적 조치를 취했다. 이에 따라 이듬해 9월 13일 모국 방문단 698명이 2주 일정으로 부산항 제1부두로 입항했다. '돌아와요 부산항에'는 이런 재일교포들의 심정을 대변하면서 크게 인기를 얻게 된다.

'이별의 부산정거장'과 함께 부산을 상징하는 대표적 노래 중 하나인 '돌아와요 부산항에'는 모르는 사람이 없을 정도로 대단한, 유명한 노래다. 그러나 이 곡이 조용필이 아닌 다른 가수에 의해 먼저 불리어졌다는 사실을 아는 사람은 많지 않을 것이다.

가사가 다소 다르고 곡조의 느낌도 약간 다르지만 '돌아와요 충무항에'가 바로 그 노래다. 가사는 다음과 같다.

꽃피는 미륵산엔 봄이 왔건만
님 떠난 충무항은 갈매기만 슬피 우네
세병관 둥근 기둥 기대어 서서
목메어 불러봐도 소식 없는 그 사람
돌아와요 충무항에 야속한 내 님아

'돌아와요 충무항에'는 황선우 작곡에 지금은 통영으로 통합된 충무 출신의 가수 김해일(본명 김성술)이 작사한 후 본인이 직접 노래를 불러 1970년 12월 16일에 발표했다. 그러나 '돌아와요 충무항에'는 당시에 거의 알려지지 못했다.

김해일은 음반 발표 후 별다른 활동을 안 하다가 군에 입대했고, 1971년 휴가를 나왔다가 그 유명한 '대연각 화재' 때 사망하고 말았다. 김해일의 사망 후 슬픔에 잠긴 유가족들은 음반을 전부 회수해 불살라버렸고 그렇게 이 곡의 존재는 완전히 잊히고 말았다.

그러나 작곡가 황선우는 이 곡이 사장되는 것을 안타까워하여 1972년에 다시 당시 무명 가수였던 김석일과 '김트리오'('연안부두'를 부른 김트리오와는 다른 밴드)의 멤버였던 조용필에게 비슷한 시기에 각각 취입시킨다. 황선우는 제목을 원래 자신이 원했던 '돌아와요 부산항에'로 바꾸고 가사도 일부 수정했다. 하지만 두 가지 버전 모두 히트와는 거리가 멀었다.

4년 후인 1976년 조용필은 전주(前奏)에 직접 연주한 기타 리프를 넣고 록 음악의 역동적 리듬을 가미하는 등 빠른 템포의 곡으로 바꿨다. 중간중간 바이올린 연주를 깔아 고급스러운 느낌도 더했다. 가사 역시 이별한 연인을 보고 싶어 하는 내용에서 부모·형제 등 헤어진 혈육을 그리워하는 내용으로 바꿨다. 조총련계 재일동포 모국 방문에 맞춘 조치였다. '그리운 내 형제여' 부분의 원래 가사는 '그리운 내 님아'였다.

꽃피는 동백섬에 봄이 왔건만
형제 떠난 부산항에 갈매기만 슬피 우네
오륙도 돌아가는 연락선마다
목메어 불러봐도 대답 없는 내 형제여
돌아와요 부산항에 그리운 내 형제여

가고파 목이 메어 부르던 이 거리는
그리워서 헤매이던 긴긴날의 꿈이었지
언제나 말이 없는 저 물결들도
부딪쳐 슬퍼하며 가는 길을 막았었지
돌아왔다 부산항에 그리운 내 형제여

노래는 경부선을 타고 서울로 상경했고 전국을 강타했다. 1950년 경기 화성에서 출생해 경동고를 졸업하고 '웨스턴 컨트리 그룹'을 조직해 주한 미군 부대에서 음악 인생을 시작한 조용필의 이름을 세상에 알리는 신호탄이었다.

이후에도 조용필은 이 곡을 다시 조금 더 경쾌한 고고 리듬으로 편곡하여 공전의 히트를 기록한 1980년 정규 1집에 수록하였는데, 굴곡 많은 '돌아와요 부산항에' 버전 중 가장 널리 알려진 곡이다.

정리하자면 '돌아와요 충무항에'를 포함한 '돌아와요 부산항에'는 김해일(1970년, 돌아와요 충무항에) → 김석일(1972년, 돌아와요 부산항에, 개사) → 조용필(1972년, 개사) → 조용필(1976년, 개사 및 편곡) → 조용필(1980년, 편곡) 버전으로 진화한 것이다.

이제 '돌아와요 부산항에'는 국민 애창곡이라고 해도 과언이 아닐 정도로 유명한 노래가 됐다. 2002년 10월 KBS〈가요무대〉 800회 특집으로 20만 장 엽서 집계로 '한국인의 심금을 울리는 노래' 50곡을 선정했는데, 그중에 '돌아와요 부산항에'가 1위를 차지했다.

'돌아와요 부산항에'는 한국에서뿐만 아니라 일본에도 널리 알려져서 수많은 일본 가수들이 리메이크했다. 일본에서 정식 싱글로 처음 발매한 가수는 코믹 엔카 그룹 도노사마킹즈로, 1979년 '눈물의 부두'라는 곡으로 발표했다. 이후 1983년 아츠미 지로가 '부산항으로 돌아와요'라는 제목으로 정식 발매하면서 70만 장의 판매고를 올렸고, 현재 이 곡은 아츠미 지로의 대표곡 중 하나로 남아있다. 이 외에도 일본 '엔카의 여왕'이라 불리는 미소라 히바리도 이 곡을 리메이크하였고, '첨밀밀'을 부른 대만 출신의 유명 가수인 등려군도 일본어 버전으로 이 노래를 불렀다.

일본에서 활약했던 김연자와 계은숙, 유명 미녀 엔카 가수인 야시로 아키, 모리 마사코, 흑인 엔카 가수 제로도 리메이크해서 불렀다. 일본 제목인 '釜山港へ帰れ'로 유튜브에 검색하면 20여 명 일본 가수들의 리메이크 노래를 들을 수 있다.

일본어 버전의 특징은 항구에서 돌아오지 않는 남자를 기다리는 여자라는 내용으로 가사가 수정되었으며, 독특하게도 가사 중간의 '부산항'과 후렴의 '돌아와요 부산항에'는 일본어로 번역하지 않고 한국어 발음 그대로 부른다.

'돌아와요 부산항에'는 '부산갈매기'와 함께 프로야구 롯데 자이언츠의 응원가로도 유명하다. 부산 사직구장에서 롯데가 7~9회 역전승을 했을 때 신문지의 물결과 함께 울려 퍼지는 '부산갈매기'와 '돌아와요 부산항에' 관중 합창은 장엄하기까지 할 정도이다.

과거 마산야구장에서 롯데 자이언츠 제2 홈경기가 열릴 때는 가사의 '부산' 부분을 모두 '마산'으로 바꾸고 노래 제목도 '돌아와요 마산항에'로 바꿔 불렀으나 2012년 NC 다이노스가 창단된 이후부터 '돌아와요 마산항에'는 더 이상 불리지 않는다.

부산 해운대 해수욕장 해변에 세워진 조용필의 '돌아와요 부산항에' 노래비

부산 임시수도 피란살이의 애환

'이별의 부산정거장'은 6·25전쟁 직후 피란의 애환을 잘 묘사해 큰 반향을 얻은 노래다. 2년 1개월간의 휴전 협상을 거쳐 1953년 7월 27일, 드디어 정전협정이 체결된다. 정부는 8월 15일 임시수도 부산에서 서울로 수도를 옮기고 국회도 9월 16일 뒤따른다.

200만 피란민이 고향과 새로운 터전을 찾아 나섰던 것은 당연한 귀결. 희망을 품은 전쟁 종결의 시기에 작사가 유호는 '호동아'라는 필명으로 부산정거장의 이별 상황을 실감 나는 가사로 그려냈다.

1952년 어느 가을날. 작곡가 박시춘과 작사가 유호는 임시수도 부산의 자갈치시장에서 술잔을 기울이고 있었다. 박시춘이 입을 뗐다.

"유호 씨! 우리도 언젠간 서울로 돌아갈 것 아뇨? 피란민들 참 고생 많았지. 물도 귀해서 제대로 못 마시고, 단칸방이나 판잣집에서 10여 명의 가족이 새우잠을 자고 그랬죠. 가족을 잃어버린 사람들은 울고불고, 국제시장엔 발붙일 곳도 없고…. 그렇지만 말이오. 살면 고향이라고 부산에 정을 붙인 사람도 많을 것이고, 그래서 잊지 못할 사연이 있는 사람들도 적지 않을 거요. 부산 사람들한테 신세도 많이 지고 떠나기는 하겠지만, 그동안에 이렇게 저렇게 얽힌 정을 담은 그런 노래를 하나 남기고 갑시다."

휴전 협상이 진행 중인 상황이라고는 해도 아직은 어떻게 될지 모를 상태였지만 서울로 돌아간다는 것은 생각만 해도 신나는 일이었다. 숙소로 오자 박시춘은 기타를 잡았다. 멜로디가 술술 튕겨 나왔다. 유호는 서울로 돌아갈 상상을 하며 노랫말을 가다듬었다. 이렇게 '이별의 부산정거장' 노래가 탄생했다.

두 사람이 이미 만들어 놓은 이 노래는 6·25전쟁 휴전 이듬해인 1954년 남인수에게 건네졌다. 그는 이 노래를 한두 번 나직이 불러 보고는 미소를 지었다. 노래가 마음에 든다는 뜻이었다. 남인수의 청아한 목소리에 실린 이 노래는 전쟁이 끝나고 부산을 떠나는 피란민과 이들을 보내는 부산 아가씨의 애달픈 작별을 실감 나게 해주었다.

'이별의 부산정거장' 가사 내용은 피란살이를 마치고 피란지에서의 추억을 간직한 채 환도 열차를 타고 부산을 떠나면서 부산정거장, 즉 부산역에서 이별을 맞는 순간을 애절하게 묘사한 것이다. 몸부림치며 이별하고 기적마저 목이 메어 우는 가사 내용과는 달리 노랫가락은 빠르고 경쾌하여 희망적인 분위기를 느끼게 해준다.

보슬비가 소리도 없이 이별 슬픈 부산정거장

잘 가세요 잘 있어요 눈물의 기적이 운다
한 많은 피난*살이 설움도 많아
그래도 잊지 못할 판잣집이여
경상도 사투리의 아가씨가 슬피 우네
이별의 부산정거장

서울 가는 십이 열차에 기대앉은 젊은 나그네
시름없이 내다보는 창밖에 등불이 존다
쓰라린 피난살이 지나고 보니
그래도 끊지 못할 순정 때문에
기적도 목이 메어 소리 높이 우는구나
이별의 부산정거장

    1950년 6·25전쟁이 터지자 대한민국 정부는 대전과 대구를 거쳐 8월 18일 부산으로 수도를 옮겼다. 인천상륙작전으로 전세를 역전시키면서 1차 임시수도로서 부산의 역할은 70일 만에 끝이 났다. 하지만 중공군의 개입으로 다시 서울을 내줄 수밖에 없었던 1·4후퇴 하루 전부터 휴전협정 체결로 환도할 때까지 부산은 1차 때보다 훨씬 길게 2차 임시수도로서의 역할을 감당했다.

* 전쟁(난리)을 피하여 옮겨 가는 것은 표기법상 '피란(避亂)'이 맞지만, 원가사가 '피난'으로 쓰인 점을 감안해 가사 중의 표기는 '피란'으로 고치지 않고 그대로 둠.

통상 '임시수도 부산 1,000일'로 일컬어지는 이 시기, 항구도시 부산은 피란민들의 물결에 북새통이었다. 인구 40만 명의 부산이 단숨에 인구 100만 명의 대도시로 변해버렸다. 당시는 하루도 조용한 날이 없었던 정치적 격동과 경제·사회적 혼란의 시기였다. 임시수도 부산은 서울로 환도할 때까지 한국 문화의 중심지이기도 했다. 많은 예술인들이 부산으로 몰려들었으며 광복동과 남포동을 중심으로 문화적 사건들이 불빛처럼 명멸했다.

27세의 천경자가 청탑 그릴에 독사 떼를 그린 〈생태〉를 내걸어 화단에 충격을 주었고, 화단의 귀재 이중섭은 〈범일동 풍경〉〈문현동 풍경〉을 그려 피란살이 판자촌 모습을 생생하게 남겼다. 김은호, 변관식 등 일급 화가들은 영도의 대한도기에서 '수출용 도자기 그림'을 아르바이트로 그렸다.

임시수도 시절, 부산에서는 외지 문화와 부산 문화가 충돌했고 어우러졌다. 그러면서 한국 현대예술의 씨앗이 잉태됐고, 부산 문화가 자의식을 가지게 됐다. 그 시절 부산은 이름에 '가마 부(釜)' 자를 쓰는 도시답게 전쟁이 수반한 죽음과 고통을 녹여낸 '뜨거운 도시'가 됐다. 수십만 명의 피난민들이 원도심의 산비탈에 팍팍한 삶을 바늘처럼 힘겹게 꽂았다.

경부선 철도의 종착점이자 시작점인 부산역은 부산항과 더불어 1900년대 초부터 이른바 '경부축' 발전의 핵심 역할을 해왔다. 6·25 전쟁과 임시수도 시절 부산역은 지금의 자리가 아닌 다른 곳에 다른 모습으로 있었다. 중앙동 쪽인 부산세관 앞 부산무역회관 빌딩 자리에 있었던 것이다.

이곳에 있었던 부산역이 '이별의 부산정거장'의 바로 그 부산정거장이다. 1905년 1월 1일 서울~부산 초량 간 경부선이 개통됐고, 1908년 4월 1일 르네상스 양식의 부산역 건물이 섰다. 이후 1953년

남인수의 '이별의 부산정거장' 앨범 표지. 이 노래는 6·25전쟁 직후 피란의 추억을 잘 묘사해 큰 인기를 얻은 노래다.

11월 27일 화재로 건물이 소실되어, 중앙동 가건물을 부산역으로 운영하다가 1968년에 지금의 자리에 역사(驛舍)를 신축했다.

2절 가사 '서울 가는 십이 열차'는 짝수 열차의 번호다. 당시 지방에서 서울로 향하는 열차는 짝수, 서울에서 지방으로 향하는 열차번호는 홀수였다고 한다.

부산정거장인 부산역과 함께 중앙동 '40계단'도 6·25전쟁 당시의 애환을 떠올리게 하는 상징 중 하나다. 2004년 40계단 중간에 동상 '아코디언 켜는 사람'과 스피커를 설치해 흘러간 유행가를 들을 수 있는 명소가 됐다. 오전 9시부터 오후 6시 사이에 계단을 오르내리면 '이별의 부산정거장' '경상도 아가씨' 등 다섯 곡이 차례로 나온다.

부산 남포동을 노래한 유행가들

🎵 남포동 밤 11시
노래 신해성, 작사·작곡 오민우

1960년 발표된 노래. 비 내리는 밤 깊은 남포동에서 사랑의 추억을 회상하며 술을 마시는 바다 사나이의 낭만을 그린 곡이다.

🎵 남포동 마도로스
노래 원희옥, 작사 반야월, 작곡 김화영

1958년 발표된 노래. 1950~1960년대는 부산을 배경으로 한 마도로스 노래가 많이 나왔다. 마도로스 노래를 부른 가수 중에는 백야성이 가장 유명하지만, 전통가극 배우 출신인 원희옥의 이 노래도 대표적인 마도로스 노래 중 하나로 꼽힌다.

🎵 남포동 야곡
노래 안다성, 작사·작곡 김종유

1963년 발표된 노래. 지금은 부산의 중심이 서면을 거쳐 해운대로 바뀌었지만, 1960년대 당시 부산 최대 번화가였던 남포동에서의 추억과 낭만을 잘 묘사한 곡이다.

🎵 비 내리는 남포동
노래 백야성, 작사·작곡 김용만

'마도로스 가수' 백야성이 1966년에 취입한 노래. 비 내리는 남포동에서 사랑하는 사람을 떠나보내는 내용의 곡이다. KBS 아나운서 출신 가수인 이규항이 1970년에 발표한 '비 내리는 남포동'은 같은 제목의 전혀 다른 노래다.

서울 간 남편 그리는 아내의 마음

'울산 큰애기'라는 제목의 노래는 두 곡이 있다.

먼저 나온 노래가 1943년 빅터레드사에서 발표된 황금심이 부른 '울산 큰애기'이다. 고마부 작사, 이면상 작곡의 이 노래는 신민요풍의 노래로 지금도 '울산아가씨'로 제목이 바뀌어 합창곡으로 많이 불리는 유명한 곡이다. 그런데 이 노래는 황금심이 처음 부른 것은 아니고, 1933년 신민요 가수 왕수복이 '울산타령'이라는 제목으로 처음 불렀고, 황금심이 리메이크해서 취입한 것이다. 노랫말은 다음과 같다.

동해나 울산은 잣나무 그늘
경개도 좋지만 인심이 좋구요
큰애기 마음은 열두 폭 치마
실백잣 얹어서 전복쌈일세
에헤에~ 에헤라 울산은 좋기도 하지

다음으로 소개할 '울산 큰애기'는 1969년 김상희가 불러 크게 히트한 곡이다. 이 곡은 젊은이들이 성공을 위해 서울로, 서울로 향하던 시절의 시대 상황을 담은 노래다. '울산 큰애기' 모델은 남편과 떨어져 사는 '울산 여인'이다. 돈을 벌기 위해 홀로 서울로 떠난 남편과 떨어져 살면서도 한눈팔지 않고 착실하게 사는 울산의 어느 며느리 사연을 배경으로 노랫말이 만들어졌다.

울산시 울주군 서생면 간절곶에 위치한 김상희의 '울산 큰애기' 노래비. 이 노래는 남편이 돈을 벌기 위해 서울로 가면서 떨어져 살게 된 '울산 여인'의 사연을 담은 곡이다.

작곡가 나화랑(본명 조광환)은 남편을 서울로 떠나보낸 울산 며느리의 시어머니로부터 사연을 듣고 가사를 먼저 지은 후 멜로디를 붙여 노래를 완성했다. 이 노래의 작사가는 탁소연으로 되어있는데, 작곡가 나화랑의 또 다른 예명이다. 나화랑 자신이 작곡과 작사를 모두 할 경우 작사가 이름으로 '탁소연'을 썼던 것이다. '나화랑 작곡, 탁소연 작사' 노래는 '울산 큰애기' 외에 김정애의 '닐리리 맘보', 남일해의 '찾아온 산장', 이갑돈의 '눈물의 구포다리' 등이 있는데, 현재 음악저작권협회에는 작곡과 작사 저작권 승계자 모두 한 사람으로 되어있다.

남인수의 '무너진 사랑탑', 이미자의 '열아홉 순정' 등을 작곡한 나화랑은 대표적인 음악가 집안이다. 아내 유성희는 1960년대에 활약

한 가수였으며, 백년설의 '나그네 설움'을 작사한 작사가 겸 극작가
인 고려성(본명 조경환)은 그의 형이다. 그리고 형제 음악가로 유명한
싱어송라이터 조규찬과 조규만, 조규천은 그의 음악적 재질을 물려
받은 아들들이다.

노래를 만든 나화랑은 어느 가수를 통해 노래를 취입할지가 고민이
었다. 그때 고려대 법대를 갓 졸업하고 '대머리 총각'으로 인기스타가
된 신인가수 김상희가 떠올랐다. 울산 큰애기 이미지와 잘 맞겠다는
생각으로 김상희에게 곡을 줘 음반으로 발표했는데 크게 히트했다.

내 이름은 경상도 울산 큰애기
상냥하고 복스런 울산 큰애기
서울 간 삼돌이가 편지를 보냈는데
서울에는 어여쁜 아가씨도 많지만
울산이라 큰애기 제일 좋대나
나도야 삼돌이가 제일 좋더라

내 이름은 경상도 울산 큰애기
다정하고 순직한 울산 큰애기
서울 간 삼돌이가 편지를 보냈는데
성공할 날 손꼽아 기다려 준다면
좋은 선물 한 아름 안고 온대나

우리 동네 유행가들

그래서 삼돌이가 제일 좋더라

1969년 '울산 큰애기'가 발표됐을 무렵 울산은 박정희 대통령의 경제개발 정책에 따라 공업단지 조성 사업이 막 추진되고 있을 때였다. 개발 이전까지는 도로포장도 안 되어있었고 시내에는 우마차가 다녔다. 이런 상황에서 울산뿐 아니라 지방 젊은이들은 여기저기 지인들에게 줄을 대 서울에 일자리를 잡았다. 그러다 안 되면 무작정 보따리 하나만 달랑 들고, 서울행 완행열차나 시외버스에 몸을 실었다.

노래가 나온 지 56년의 세월이 흐른 지금, 울산은 우리나라 최대의 산업도시로 탈바꿈했다. 광역시가 된 울산은 국내 굴지의 대기업들이 위치해 1인당 총생산액 전국 최고, 공업생산액 전국 2위, 수출액 전국 3위의 역동적인 생산도시로 우뚝 섰다. 삼돌이가 울산에 아내를 남겨두고 혼자 서울로 돈 벌러 가는 상황은 이제 옛이야기가 됐지만, 울산 큰애기의 흔적은 울산 곳곳에 남았다.

'울산 큰애기'는 울산시 중구의 마스코트로 사용되고 있고, 울산현대축구단 치어리더팀 이름으로도 쓰이고 있다. 또 '울산 큰애기' 캐릭터는 버스정류장과 시내 곳곳에서 볼 수 있다. 그리고 울산 간절곶에 김상희의 '울산 큰애기' 노래비도 섰다.

마산 결핵요양소, 그 여인의 눈물

'산장의 여인'에는 가수이자 작사가인 반야월이 공연 도중 만난 한 여인의 가슴 아픈 사연이 담겨있다.

반야월은 6·25전쟁 당시 고향인 경남 마산으로 피란을 갔다. 그는 마산방송국 문예부장으로 일하며 서울의 가요인들을 모아 '방송국 위문단'을 만들어 활동하다가 국립 마산결핵요양소로 위문 공연을 갔다. 진방남이라는 예명으로 가수 활동을 했던 반야월은 무대에 올라 자신의 대표곡인 '불효자는 웁니다'를 열창하고 있었다. 무대에서 열심히 노래를 부르던 그의 눈길이 어느 순간 관객석 맨 뒤쪽에서 멈췄다. 아름다운 얼굴에 창백한 그림자를 드리운 젊은 여인이 노래를 들으면서 계속해서 흐느끼고 있었던 것이다.

후에 반야월은 회고록『나의 삶, 나의 노래』에서 "그 여인을 보는 순간 아련한 쓰라림 같은 게 가슴에 와닿았다"라고 말했다. 그때의 인상이 머릿속에 강렬하게 남아있던 반야월은 요양소 직원에게 그 여인이 울고 있었던 이유를 물었다. 그의 짐작대로 여인은 사랑에 상처를 입고 결핵에 걸려 소나무 숲 우거진 산장 병동에서 요양 중이었다. 결핵을 다른 사람에게 옮기지 않도록 격리 치료를 받고 있다는 것이었다.

이 얘기를 들은 반야월은 태평레코드사에서 같이 일했던 작곡가 이재호도 결핵을 앓고 있다는 생각을 했다. 반야월은 바로 노랫말을 만들어 이재호에게 곡을 붙여달라고 요청했다. 가사를 받은 이재호는 동병상련의 마음으로 곡을 완성했다. 이렇게 만들어진 노래가 가수 권혜경에게 전해졌고, 음반으로 제작되어 널리 사랑받게 된 '산장의 여인'이다.

아무도 날 찾는 이 없는 외로운 이 산장에
단풍잎만 채곡채곡 떨어져 쌓여있네
세상에 버림받고 사랑마저 물리친 몸
병들어 쓰라린 가슴을 부여안고
나 홀로 재생의 길 찾으며
외로이 살아가네

아무도 날 찾는 이 없는 외로운 이 산장에
풀벌레만 애처러이 밤새워 울고 있네
행운의 별을 보고 속삭이던 지난날의
추억을 더듬어 적막한 이 한밤에
임 뵈올 그날을 생각하며

쓸쓸히 살아가네

한때 대한민국은 '결핵 왕국'이라는 불명예스러운 별명을 가졌다. 대부분 폐결핵이었다. 결핵은 가난에 의한 비위생적인 생활 습관이 주요 원인이었다. 변변한 치료약조차 없었던 시절, 폐결핵에는 맑은 공기가 최고였다. 때문에 물 좋고 공기 좋기로 유명한 가포 등지의 마산에 결핵 환자를 위한 시설들이 많이 만들어졌다. 특히 가포에는 일제강점기 때부터 좋은 기후 조건과 천혜의 자연환경을 살려 1941년에 결핵요양소가 세워졌다. 해방 후인 1946년에는 '국립 마산결핵요양소'가 개설되었다.

요양소가 위치한 곳은 나지막한 부용산 자락 일대로 삼면이 울창한 송림으로 싸여있고 동쪽으로는 호수와 같이 잔잔한 바다가 있다. 따뜻한 기후, 맑은 공기, 깨끗한 물, 울창한 숲이 있는 이곳에서 조금 떨어진 곳에는 가포유원지도 있어 연인들의 발길이 끊이지 않는다.

이후 마산 지역에는 결핵 환자를 위한 시설들이 줄줄이 들어선다. 6·25전쟁 시기에 절정을 이루었는데 도립 마산병원, 마산 교통요양원 외에 국립 신생결핵요양원, 결핵 전문 제36 육군병원, 공군 결핵요양소, 진해 해군병원 결핵병동 등이 그것이며, 결핵을 전문으로 진료하는 개인병원도 많이 개원됐다.

결핵은 '글쟁이들의 직업병'이라고 불릴 만큼 많은 문인들이 결핵으로 고생했다. 마산에도 결핵 때문에 많은 문인들이 거쳐 갔고 글

우리 동네 유행가들

자취뿐만 아니라 많은 이야기를 남기기도 했다. 일제강점기에 요양하려 마산에 왔던 문인은 나도향·임화·지하련 등이 있었고, 해방 후에는 권환·이영도·김상옥·구상·김지하 등이 요양소에서 치료를 받았다. 임화와 지하련은 요양소에서 사랑을 꽃피웠다. 지하련은 임화를 온갖 정성으로 간병했고, 임화는 지하련의 애틋한 사랑에 감화되어 결혼까지 했다.

재야 정치인이었던 계훈제, 영화인 최백산 등도 한때 마산요양원에 머물렀다. 또한 함석헌·김춘수·서정주 등 유명 문인들이 결핵을 매개로 마산을 다녀갔다.

나도향은 가난과 방랑으로 떠돌다 1925년 요양차 마산에 와서 3개월 동안 노산 이은상의 집에서 식객 노릇을 하며 염상섭에게 보내는 편지 형식의 단편소설 〈피 묻은 편지 몇 쪽〉을 남겼다. 그해는 〈물레방아〉〈뽕〉〈벙어리 삼룡이〉를 발표한 나도향 소설의 절정기였다. 다음 해 그는 스물넷의 젊은 나이에 폐결핵으로 요절했다.

유신 체제에 맞서 '독재 타도'를 외쳤던 김지하는 폐결핵으로 서울시립 서대문요양원과 인천 적십자병원을 거친 후 장편 시 〈비어(蜚語)〉를 발표해 체포되었는데, 폐결핵 때문에 기소되지 않고 마산 결핵병원에 강제 연금당했다. 노래 '산장의 여인'의 모티브가 되었던 그 여인에 대한 후일담은 알려지지 않고 있다. 몸은 완쾌됐는지, 어디서 살고 있는지, 무엇을 하며 지내는지 궁금하다. 작사가 반야월의 말처럼 혹시나 캄캄한 밤하늘 어느 별 아래서 이 '산장의 여인' 노래를 들으며 슬피 울고 있을지도 모르겠다.

권혜경의 '산장의 여인' 앨범 표지. 이 노래는 마산 가포 결핵요양소에서 요양 중이던 한 여인의 이야기를 담은 곡이다.

마산을 노래한 유행가들

🎵 **마산항엔 비가 내린다** 　　　　　　　　노래 하춘화, 작사 하춘화, 작곡 이호섭

2019년 발표된 노래. 마산 소재 경남대를 졸업한 하춘화가 노랫말을 짓고, 의령 출신으로 마산에서도 한때 젊은 시절을 보냈던 작곡가 이호섭이 멜로디를 붙인 곡이다. 가사에는 무학산, 용마산, 가포, 만날재 등 마산의 명소들이 많이 등장한다.

🎵 **내 고향 마산항** 　　　　　　　　　　노래 고봉산, 작사 반야월, 작곡 고봉산

1966년 아세아레코드에서 발매한 이 노래는 마산 출신 작사가인 반야월이 고향을 그리워하며 노랫말을 지은 곡이다. 가사에는 무학산, 제비산, 돝섬 등 마산의 명소들이 많이 들어있다. 가포에 '내 고향 마산항' 노래비가 있다.

🎵 **마산의 노래** 　　　　　　　　　　　노래 혜은이, 작사·작곡 길옥윤

1979년 발표된 '혜은이 골든 힛트앨범 6집'에 수록된 곡. 패티김의 '서울의 찬가' 같은 느낌이 드는 경쾌하고 활기찬 멜로디의 노래다.

🎵 **마산의 봄** 　　　　　　　　　　　노래 김원중, 작사 우무석, 작곡 김현성

20020년 발표된 '3·15의거 60주년 기념 詩노래 음반'에 실린 곡. '바위섬'을 부른 가수 김원중의 록 버전 노래가 힘차고 강렬하게 느껴진다.

동동주 술타령, 요정 골목의 추억

'오동추야 달이 밝아 오동동이냐~' 누구나 한 번쯤은 들어봤을 친근한 노래다. 그렇다면 '오동동 타령'의 '오동동'은 어디일까? 그동안 '여수 오동도냐, 마산 오동동이냐'를 놓고 설왕설래가 이어졌다. 정답은 마산 오동동이다.

일단 여수 오동도는 술과는 거리가 먼 곳이다. 1955년 노래가 발표될 당시 오동도는 동백꽃이 화사하게 핀 천연 공원이었고 작은 구멍가게도 하나 없는 인적이 드문 곳이었다. 반면 마산 오동동 골목은 늘 기생들의 장구 소리가 요란했고, 이곳을 드나드는 한량들의 발걸음이 끊이지 않던 곳이다.

그리고 이 노래를 부른 가수 황정자가 "가사의 오동동은 마산 오동동에 있었던 권번 기생들의 삶을 노래한 것이라고 작사가로부터 들었다"라고 생전에 밝힌 것이 알려지면서 논란에 종지부를 찍었다.

작사가 야인초가 어느 가을날에 마산 오동동에서 술을 거나하게 마신 후, 휘영청 밝은 달빛 아래를 쓸쓸히 걸어가면서 떨어지는 오동잎을 보고 '오동추야 달이 밝아 오동동이냐'라는 시상을 떠올렸다는 것이다. 따라서 '오동추야'는 오동잎이 떨어지는 가을밤, '梧桐秋夜'다. 이렇게 야인초가 쓴 노랫말에 '빈대떡 신사'를 부른 가수로도 유명한 한복남이 멜로디를 입혀 '오동동 타령'이 탄생했다.

'오동동 타령'은 1979년 '마음이 약해서'로 유명한 '들고양이들'이 리메이크해 불러 다시 큰 인기를 얻었다.

오동추야 달이 밝아 오동동이냐
동동주 술타령이 오동동이냐
아니요 아니요 궂은비 오는 밤 낙숫물 소리
오동동 오동동 그침이 없어
독수공방 타는 간장 오동동이요

동동 뜨는 뱃머리가 오동동이냐
사공의 뱃노래가 오동동이냐
아니요 아니요 멋쟁이 기생들 장구 소리가
오동동 오동동 밤을 새우는
한량님들 밤 놀음이 오동동이요

이 노래에서 '오동동'은 술자리의 공간적 배경이기도 하지만, 의성어로도 활용됐다. 오동동이 '오동나무 잎이 흔들리고 빗물이 떨어지는 소리'로 표현된 것이다. 한자로는 '梧桐動'으로 표기될 수 있을 것이다.

예로부터 우리 노래에는 '동동'이 참 많이 사용됐다. 고려가요 '동동'의 후렴구 '아으 동동다리'와 박단마가 부른 '아리랑 목동' 노랫말의 '아리아리 동동 스리스리 동동', 그리고 하춘화가 부른 '영암아리랑' 가사의 '아리랑 동동 스리랑 동동' 등이다.

오동동을 제목으로 한 노래는 한 곡이 더 있는데, 황금심이 부른 '오동동 야곡'이다. 1958년 발표된 이 노래 역시 여수 오동도가 아닌 마산 오동동을 배경으로 한 곡이다. '이 술을 들으시고 나도 한 잔 주세요 / 밤늦은 오동동에 피고 지는 오동동 / 물결에 떠다니는 부평초라 합니다 / 오동동 오동동 이름을 묻지 마세요' 가사의 이 노래도 권번 기생들의 애환을 그린 노래다.

마산의 원도심은 대체로 마산어시장에서 불종거리와 오동동사거리 주변으로 형성됐다. 이후 마산의 인구가 늘어나고 인근 창동·중성동·동성동·부림동으로 도심이 확장되면서 이 일대는 구도심이 된다. 마산 구도심 일대는 마산경제의 축인 어시장과 함께 자연스럽게 돈과 사람이 몰렸다. 도심 중의 도심인 오동동에 들어선 술집은 시대에 따라 요정·바(BAR)·살롱·카바레·카페 등으로 이름을 바꿔가며 호황을 누렸다.

'오동동 타령'의 시대적 배경은 '기생들 장구 소리', '한량님들의 밤놀음'이라는 노랫말에서 보듯 요정이 성행하던 시기였다. 이 노래가 나온 1950년대는 물론 1960년대 초까지도 오동동 골목길을 지나면 기생들의 장구 소리가 들렸다고 한다.

1950년대 마산에서 가장 크고 유명한 골목은 '댓방골목'인데, 오동동파출소 아래쪽으로 펼쳐진 미로 같은 골목길이었다. 예전에 이 골목에 담뱃대를 만드는 공방이 많이 모여 있어 이런 이름이 붙여졌다고 한다.

이 노래의 모티브가 된 '오동동 요정골목'은 코아양과 뒤편에서 아귀찜 거리 골목 사이인데 지금은 도심 정비를 하면서 좁은 골목길이 거의 사라졌다. 당시에는 오동장, 칠성관, 마산별관, 청수원, 수향원, 금오장, 춘추원, 연정 같은 요정이 즐비했다. 특히 오동장에는 권번 출신의 명창이 있다고 하여 인기가 높았다고 한다.

프로야구 출범 전 고교 야구가 한창 인기를 끌 때 야구팀이 있던 마산고와 마산상고(현재의 용마고) 동문과 재학생들이 응원가로 '오동동 타령'을 많이 불렀다. 특히 경기가 끝나고 경기장을 벗어난 거리에서도 감흥이 식지 않아 어깨동무를 하고 불렀고, 뒤풀이에서 흥에 겨워 젓가락을 두드리며 '오동동 타령'을 부르는 모습을 볼 수 있었다.

이런 마산의 낭만은 많은 문인과 예술인들을 배출하는 원천이 되기도 했다. 동요 '고향의 봄'의 가사를 쓴 이원수, 가곡 '가고파'를 작사한 이은상, 가곡 '선구자'를 작곡한 조두남, '단장의 미아리고개'와 '울고 넘는 박달재' 등의 노랫말을 지은 반야월, 세계적 조각가 문신, 만화가 방학기, 조영남이 불러 유명해진 노래 '모란동백'을 작곡·작사한 소설가 겸 화가 이제하, 시 〈귀천〉으로 유명한 시인 천상병, 〈태극기 휘날리며〉의 영화감독 강제규, 배우 이대엽, 배우 황정민, 가수 노사연 등이 마산 출신이다.

내가 마산에서 고교를 다녔던 1980년대 초반만 해도 마산은 '전국 7대 도시'로 불렸다. 당시 서울특별시와 부산, 대구, 인천 등 직할시 (현재의 광역시)를 제외하고 기초단체 중에서는 가장 인구가 많은 도시 중 하나였다. 그 무렵 창동·오동동 상권은 경남 최대이면서 서울 명동이 부럽지 않을 정도였다.

그러나 마산경제의 버팀목 역할을 했던 한일합섬의 부도와 한국철강의 창원 이전 등 잇따라 기업이 떠나거나 문을 닫았다. 여기에다 마산지검 등 마산이 가졌던 행정·사법 기능이 인근 창원시로 넘어가면서 인구 유출이 가속화됐다. 급기야는 2010년 창원, 진해와 통합해 '창원시'가 되면서 이름마저 빼앗긴 쇠락한 도시가 됐다.

영화관·옷가게·술집·커피숍 등 골목을 따라 인파가 넘쳐났던 창동과 오동동 일대는 이제 적막강산이 됐다. 얼마 전 마산에서 있었던 행사 참석차 다녀온 창동과 오동동 일대는 온통 빈 점포가 가득했다. 목 좋은 곳에만 지점을 내는 시중은행 건물에도 '매매', '임대', '권리금 없음' 알림판이 커다랗게 붙어있었다.

쇠락해 가는 마산 도심, '동동주 술타령이 오동동이냐'는 노랫소리가 왠지 공허하다.

창원시 마산회원구 오동동 아귀찜 거리 모습. 1960
년대 초까지도 이 골목에는 요정들이 즐비해서 기
생들의 노랫소리와 장구 소리가 들렸다고 한다.

진주 남강에 몸 던진 사랑의 비애

낙화유수(落花流水).

'흐르는 물에 떨어지는 꽃'이라는 뜻이다. 중국 당나라 시인이며 장군인 고변(高騈)이 지은 시의 한 소절인 '落花流水認天台(꽃이 떨어지고 물이 흐르니 세상의 드넓음을 알겠네)'에서 유래된 말이다.

당나라 희종 2년(875)에 반란군 '황소'가 복주를 점령하자 고변은 토벌사령관으로 명을 받았다. 당시 통일신라 문장가 최치원이 당나라에 유학을 가서 고변 장군의 종사관으로 일했다. 이때 고변이 최치원의 뛰어난 문장을 헤아려 그에게 반란군 '황소'의 죄상을 알리고 항복을 권하는 '토황소격문(討黃巢檄文)'을 짓게 했다. 이에 최치원이 격문을 지었고, 이 격문을 읽고 황소가 놀라 침상에서 굴러떨어졌다는 일화가 전해지고 있다.

고변의 시 외에 당나라 시인 이군옥(李群玉)의 시에도 '落花流水怨離襟(떨어지는 꽃과 흐르는 물 떠나감이 원망스럽네)'라는 대목이 있고, 남당의 시인 이욱(李煜)의 사(詞)에도 '流水落花春去也(흐르는 물 떨어지는 꽃에 봄이 가네'라는 구절이 있다.

'낙화유수'는 1927년 단성사에서 개봉되어 인기를 끈 동명의 무성영화 〈낙화유수〉의 주제가였던 노래다. 이 노래를 영화 개봉 2년 후인 1929년 이정숙이 불러 콜롬비아레코드에서 음반으로 발매했다. 이정숙의 '낙화유수'는 박채선·이류색의 '희망가', 윤심덕이 부른 '사의 찬미'와 같은 번안곡을 제외하면 국내 최초의 창작 가요라 할 수 있다. 가수 이정숙은 홍난파에게 동요를 배우던 중앙보육학교(중앙대 전신) 학생으로 영화 〈낙화유수〉를 연출한 이구영 감독의 친동생이다.

일제강점기 노래 중 제목이 '낙화유수'인 노래는 한 곡이 더 있다. 1942년 오케레코드사에서 발표된 남인수의 '낙화유수'다. 조명암이 작사하고 이봉룡이 작곡했다.

이렇게 두 개의 노래 제목이 겹치면서 이정숙이 부른 '낙화유수'는 가사의 첫 소절인 '강남달'로 아는 사람들이 더 많다. 이후 가수 신카나리아는 아예 '강남달'이란 제목으로 이 노래를 리메이크해서 큰 인기를 끌었다.

강남달이 밝아서 님이 놀던 곳
구름 속에 그의 얼굴 가리워졌네

물망초 핀 언덕에 외로이 서서
물에 뜬 이 한밤을 홀로 새울까

멀고 먼 님의 나라 차마 그리워
적막한 가람가에 물새가 우네
오늘 밤도 쓸쓸히 달은 지노니
사랑의 그늘 속에 재워나 주오

이정숙이 부른 '낙화유수'의 작곡·작사가는 당대 최고의 무성영화 변사이던 김서정(본명 김영환)이다. 그는 1898년 경남 진주에서 태어났다. 김서정은 단성사와 조선극장의 주임에 변사 노릇까지 담당했다. 그는 영화감독에다 바이올린 연주까지 하는 다재다능한 사람이었다.

서울 휘문의숙을 졸업하고 1924년 영화 〈장화홍련전〉 감독으로 데뷔했던 김서정에게는 지울 수 없는 출생의 비밀과 아픔이 있었다. 그의 어머니는 진주 권번 기생으로서 청년 화가와 사랑에 빠져서 임신을 하게 되었는데, 이 아기가 바로 김서정이다.

하지만 권번 대표는 기생을 다른 부잣집 첩실로 들여보내려 하였고 이 과정에서 화가는 오해를 품고 냉정하게 애인을 떠나버리게 된다. 낙담에 빠진 기생은 아기를 혼자 남겨둔 채 진주 남강으로 가 투신자살로 생을 마감한다.

다른 가정으로 입양되어 자란 김서정은 자신의 출생과 관련된 깊은 상처를 잊지 못했다. 마침내 영화판에서 성공한 김서정은 어머니의 비극적 삶을 다룬 영화 한 편을 기획·제작하게 되는데, 그것이 바로 무성영화 〈낙화유수〉였다.

1927년에 단성사에서 개봉되어 인기를 끈 무성영화 〈낙화유수〉의 한 장면. 이 영화의 주제가인 이정숙의 '낙화유수'는 영화 개봉 2년 후인 1929년 음반으로 발매되었다.

이 영화에서 주인공 기생 춘홍 (春紅) 역은 배우 복혜숙이, 청년 화가 역은 이원용이 맡았다. 영화의 마지막 장면에 춘홍이 강물로 투신하러 가는 장면에서 변사 김서정은 울음 섞인 절규로 목이 메었다.

"강남의 춘초(春草)는 해마다 푸르고
세세년년에 강물은 흘러간다.
아, 남방을 향하여 흘러가는 한 떨기 춘홍의 운명은
장차 어찌나 될 것인가?"

당시 무성영화의 흥행은 변사의 혀끝에 달려있었다. 그 무렵 변사의 인기는 가수나 배우보다 더 높았다. 영화가 끝나면 고관대작들이 목소리를 듣고 싶어서 변사를 인력거로 납치하다시피 할 정도였다. 영화 한 편을 해설하면 쌀 세 가마값을 벌 정도로 수입도 좋았다고 한다.

김서정은 여러 편의 영화를 제작, 감독하며 큰 사랑을 받았으나 무성영화가 사양길에 접어들면서 몰락한다. 좌절과 방황을 계속하던 김서정은 아편에 손대기 시작하다가 급기야 마약중독자 신세가 되고 만다. 결국에는 길가에서 구걸하는 거지로 떠돌다가 1936년 비참한 죽음을 맞는다.

'예향'(藝鄕)으로 불리는 진주는 일찍이 대중문화의 산실이었으며, 명망 높은 대중문화인들을 다수 배출한 곳이다. 김서정 외에도 '타향살이'의 작곡가 손목인, '노들강변'의 작곡가 문호월, '가요 황제'로 불렸던 가수 남인수, '조선의 슈베르트'로 불렸던 '번지 없는 주막'의 작곡가 이재호, 또 그의 제자였던 '밤안개'의 작곡가 이봉조, '대머리 총각'의 작곡가 정민섭, 가수 이한필(위키리), 동시 〈꼬까신〉을 쓴 시인 최계락, 한국화가 황영두, '둘리'를 그린 만화가 김수정, 배우 선우용여 등이 모두 진주 출신이거나 진주에서 성장한 인물들이다.

진주를 노래한 유행가들

🎵 진주라 천리길
노래 이규남, 작사 이가실, 작곡 이운정

1965년 콜럼비아레코드에서 발매한 노래. 고향인 진주를 그리워하여 먼 길을 찾아왔지만 쓸쓸한 마음 둘 데 없는 타향살이의 외로움을 담은 곡이다. 작사가 이가실은 조명암의 예명이고, 작곡가 이운정은 이면상의 예명이다.

🎵 남강의 추억
노래 고운봉, 작사 무적인, 작곡 이재호

1940년 태평레코드에서 발표한 노래. 진주 출신 작곡가인 이재호가 멜로디를 입힌 곡으로, 식민 지배를 받고 있는 민족의 상황을 나그네에 비유해 피압박 민족의 설움을 표현한 작품으로도 평가받고 있다.

🎵 쌍가락지 논개
노래 남성봉, 작사 손로원, 작곡 이병주

1953년 발표된 노래. 임진왜란 때 왜장을 유인하여 쌍가락지를 낀 양 손가락으로 끌어안고 남강물로 뛰어들어 순국한 논개의 마지막을 애처롭게 그려낸 곡이다.

🎵 내 고향 진주
노래 남인수, 작사·작곡 손석우

진주 출신 가수 남인수가 1955년 취입한 곡. 고향을 떠난 후 10년 만에 다시 찾은 고향에서의 회포와 감격을 담은 노래로, 가사에 비봉산, 의곡사, 촉석루, 의암 등 진주의 명소들이 많이 등장한다.

죽음을 입 맞춘 붉디붉은 충절

우리 대중가요 중 역사적 인물을 주인공으로 한 노래로는 어떤 곡이 있을까?

박상철의 '황진이', 전미경의 '장녹수', 황금심의 '장희빈', 박재홍의 '마의태자'와 '충무공'(이순신), 채규엽의 '마라손 제패가'(손기정·남승룡), 도성아의 '왕자 호동', 현인의 '사육신', 도미의 '사도세자', 김용만의 '안중근 의사', 이미자의 '대원군'(이하응), 조용필의 '간양록'(강항), 박재란의 '강화도령'(철종), 명국환의 '방랑시인 김삿갓'(김병연), 이인권의 '선죽교'(정몽주), 계수남의 '황포강 이슬'(김옥균), 조수미가 부른 드라마 〈명성황후〉 주제곡 '나 가거든' 등을 꼽을 수 있다. 이 외에 이동기의 '논개'도 빼놓을 수 없는 노래다.

이동기는 1973년 제54회 부산 전국체전 때 충북 대표로 복싱 페더급에 출전해 은메달을 획득한 복싱선수 출신이기도 하다. 이후 오토바이 사고로 다리를 다치면서 복싱을 그만둔 후 가수 활동을 시작했다. 이동기는 1979년 '생명의 불꽃'으로 데뷔한 뒤 '이동기와 우주

함대'라는 밴드를 이끌며 활동했지만, '논개'가 히트하기까지 무명을 벗어나지 못하고 있었다.

'논개'는 이동기가 1982년 발표한 '신곡모음 4집' 앨범의 타이틀곡이다. 이 음반에는 건전가요 포함 11곡이 수록되었는데, 그중 이건우가 작사한 노래만 8곡이 실렸다. 이건우 작사의 노래를 이동기가 부른 사연이 재밌다. 이건우의 말을 들어보자.

"'논개'는 고등학생 때 써놓은 작품이었다. 20대 초반 서울 정동 MBC 방송사 앞에 위치한 프로덕션에 자주 드나들면서 친분 있는 작곡가, 가수와 당구를 치고는 했다. 하루는 너무 많은 게임비가 나와 곤란한 적이 있었다. 이때 이동기가 자신의 목걸이를 담보로 맡기고 게임비를 대신 내줬다. 게다가 버스 토큰 두 개 중 한 개를 내게 서슴없이 줬다. 이에 감동하여 '논개' 등 평소에 써두었던 가사 50편을 이동기에게 줬다."

작사가 이건우는 이후 김건모의 '스피드', 룰라의 '날개 잃은 천사', 주현미의 '또 만났네요', 태진아의 '사랑은 아무나 하나', 김연자의 '아모르 파티' 등 수많은 히트곡의 노랫말을 지었지만 그중 가장 애틋하게 생각하는 노래가 바로 '논개'이다.

이건우는 이 노래 작사 당시 직접 남강과 논개 사당을 보지 않고서는 제대로 작업했다고 말하지 못할 것 같아 2박3일 동안 진주를 방문해 논개의 자취를 확인했다고 한다. 이건우가 건네준 노래에 이동기가 직접 멜로디를 입힌 후 부른 '논개'는 대박이 났다. 이 노래는 KBS 가요톱텐 7월 마지막 주에서 8월 셋째 주까지 4주 연속 1위에 올랐다. 그리고 이동기는 1983년 MBC 10대가수가요제 신인 남자가수상을 거머쥔다.

꽃입술 입에 물고 바람으로 달려가
작은 손 고이 접어 기도하며 울었네
샛별처럼 반짝이던 아름다운 눈동자
눈에 선한 아름다움 잊을 수가 아~ 없어라

몸 바쳐서 몸 바쳐서 떠내려간
그 푸른 물결 위에
몸 바쳐서 몸 바쳐서
빌어간 그 사랑 그 사랑 영원하리

큰 별이 저리 높은 아리따운 논개의
뜨거운 그 입술에 넘쳐가던 절개여
샛별처럼 반짝이던 아름다운 눈동자
눈에 선한 아름다움 잊을 수가 아~ 없어라

이 노래의 소재가 된 '논개'는 유몽인이 지은 『어우야담』이야기 속 인물이다. 임진왜란 당시 왜병과 싸우다 진주성이 함락되자 관기였

우리 동네 유행가들

던 논개가 촉석루 아래 가파른 바위(의암)에서 왜장을 끌어안고 투신했다는 스토리다. 그러나 조선 왕조의 공식 기록인『조선왕조실록』이나『동국신속삼강행실도』에는 논개 관련 언급이 전혀 없다.

1592년 10월 왜군은 호남 곡창지대로 통하는 진주성을 공격했다가 진주목사 김시민이 이끄는 조선군에 대패를 당했다. 권율의 '행주대첩', 이순신의 '한산대첩'과 함께 임진왜란 3대첩 중 하나로 불리는 '진주대첩'이다.

왜군은 이에 대한 보복으로 1593년 6월에 10만 명의 병력을 동원해 경남 함안·반성·의령을 거쳐 진주성을 공격했다. 제2차 진주성 전투다. 혈전 끝에 결국 진주성이 함락되고 성내의 병사들과 백성들이 모두 처참한 최후를 맞았다. 최후까지 혈투를 벌였던 김천일 장군이 아들과 함께 남강에 몸을 던졌고, 경상우병사 최경회 장군도 남강에 투신해 순국했다.

논개의 신분에 대해서는 논란이 많다. 논개가 '경상우병사 최경회의 첩'이라는 주장은 1870년 성해응이 지은『연경재전집』에 처음 나온다. 이후 최경회의 집안인 해주 최씨 가문에서 발간한『일휴당실기』에서는 논개를 기생이나 첩이 아닌 '부인'으로 기록하고 있다.

논개의 신분에 대해 기록마다 제각각이지만 객관적으로 따져봐서 '논개'의 실체를 가장 팩트에 맞게 기록한 것은 유몽인의『어우야담』이 아닐까 한다. 왜냐하면 논개의 순국 후 20여 년이 지난 후에 유몽인이 광해군을 호종해 삼도순안어사로 진주에 가서 직접 보고 들은 것을 기록했기 때문이다.

사실 논개가 기녀였냐, 첩이었냐, 아니면 사대부 집안의 정실부인이냐는 그리 중요하지 않다. 본질은 그녀의 죽음이 나라를 향한 충성과 진주성에서 희생된 병사와 백성들을 위한 복수라는 의로운 행동이라는 사실이다. 신분의 높낮이와 직업의 귀천이 그녀의 애국심과 충절을 훼손하지는 못할 것이다.

논개를 소재로 한 노래는 이동기의 '논개' 이외에도 수없이 많다.

남성봉의 '쌍가락지 논개'(1953년), 문성남의 '남강은 말이 없네'(1956), 박일석의 '논개의 노래'(1956년), 박재홍의 '남강은 살아있다'(1959년), 최숙자의 '논개의 최후'(1961년), 이미자의 '논개'(1969년), 이동근의 '안개 낀 촉석루'(1969년), 파랑새자매의 '논개의 사랑'(1969년), 린다박의 '논개야'(1971년), 곽선례의 '논개의 노래'(1976년), 비단의 '가락지의 꿈'(2016년), 황정숙의 '촉석루 달빛'(2019년), 김진주의 '진주야 남강아'(2019년), 정유근·나도경의 '논개의 사랑'(2019년) 등이다.

논개가 임진왜란 때 왜장을 끌어안고 강으로
뛰어들었다는 진주 촉석루 앞의 바위인 의암.
이동기의 '논개'는 이러한 논개 이야기를 배
경으로 만든 노래다.

악양나루터, 노 젓는 자매의 슬픈 사연

1953년 9월.

유랑극단 단장이었던 윤부길은 함안 가야 장터에서 공연을 마치고 대산 장터로 가던 중이었다. 6·25전쟁의 포성이 멈춘 직후에 전국을 떠돌던 윤부길의 유랑극단 '부길부길쑈'는 원맨쇼, 팬터마임으로 큰 인기를 끌고 있었다. 윤부길은 한국 최초의 코미디언으로도 불리는데 그는 작사, 작곡, 연주, 시나리오 집필, 희극배우 등의 분야에서 뛰어난 재능과 기량으로 이름을 떨쳤다.

하지만 워낙 전쟁 끝의 험한 시절이라 극장 공연만으로는 생계를 잇기 힘들었고, 악극단을 꾸려서 전국 방방곡곡을 떠돌며 삶을 연명해 갔다. 윤부길의 부인은 천재 무용가 최승희의 제자인 고전 무용가 성경자다. 뒤에 목사가 되는 가수 겸 작곡가 윤항기와 가수 윤복희는 이런 부모의 유전자를 갖고 태어났다.

노랫말 속 처녀 뱃사공이 노를 젓던 곳은 경남 함안군 대산면 서촌리 악양나루터다. 윤부길 악극단이 하룻밤 묵은 곳이 악양나루 처녀 뱃사공의 집이었다. 여기서 윤 단장 일행은 두 처녀가 교대로 노를 저으며 과객들을 배에 태우는 모습을 목격한다. 윤부길은 처녀 뱃사공에게 노를 젓게 된 내력을 물었는데 "오빠가 군에 입대했고, 우리 자매가 번갈아 가며 오빠가 하던 뱃사공 일을 계속하며 부모님을 모시고 있다"라는 애틋한 사연을 듣게 된다.

처녀 뱃사공 중 한 명은 23세 언니 박말순이고, 다른 한 명은 동생인 18세 박정숙이었다. 노래 속 군대 간 오라버니는 6·25전쟁으로 군에 입대한 박기준이다. 안타깝게도 오빠는 전쟁통에 전사했다. 가슴이 찡해진 윤부길은 이 사연을 바탕으로 불후의 명곡인 '처녀 뱃사공'의 가사를 쓰게 된다.

낙동강 강바람이 치마폭을 스치면
군인 간 오라버니 소식이 오네
큰애기 사공이면 누가 뭐라나
늙으신 부모님을 내가 모시고
에헤야 데헤야 노를 저어라 삿대를 저어라

낙동강 강바람이 앙가슴을 헤치면
고요한 처녀 가슴 물결이 이네
오라비 제대하면 시집보내마
어머님 그 말씀에 수줍어질 때
에헤야 데헤야 노를 저어라 삿대를 저어라

이 노래는 윤부길이 지은 노랫말에 한복남이 곡을 붙여서 1959년 황정자의 목소리를 탔다. 그런데 이 노래는 표절 의혹도 있다. 1942년 발표된 이화자의 '목단강 편지'를 들어보면 '어디서 들어본 노래인 듯한데'라고 의아해할 분들이 많을 것이다. 이 노래의 '목단강 건너가며~' 구절은 '처녀 뱃사공'의 '군인 간 오라버니~'와 거의 같은 음의 진행으로 보여지고 전체 노래의 흐름도 유사하게 느껴진다. 지금 같으면 표절 시비에 휘말릴 수 있겠지만, 당시만 해도 저작권이라는 개념조차 거의 없던 시절이었다.

'처녀 뱃사공'은 많은 후배 가수들에 의해 리메이크되었는데, 그중에서도 1976년 '금과은'이 발표했던 빠른 비트의 곡이 아직까지도 큰 인기를 끌고 있다. '내 나이가 어때서'의 오승근과 포크 가수로서 많은 팝송을 번안해 불렀던 임용재로 이루어진 듀오 '금과은'은 '옛노래 모음(Remake)' 앨범에 실린 '처녀 뱃사공'으로 MBC 10대가수상, KBS 최우수 남자가수상을 수상하기도 했다.

노래의 배경이 된 악양나루터는 함안천이 낙동강의 지류인 남강과 합류하는 곳이다. 여기서 합류한 남강은 창녕군 남지읍 대안에서 다시 낙동강에 합류한다. 지금은 길이 50m의 악양교가 놓여있지만, 노래가 만들어질 당시만 해도 대산면 사람들이 가야 장터에서 장을 보고 돌아가려면 다리가 없어 배를 타야 했다.

5, 10일 열리는 함안의 군청 소재지인 가야 장날에는 당시만 해

도 인근 대산면, 법수면, 군북면, 산인면, 여항면 등의 주민들도 장을 보러 많이 모여들었다. 가야장은 과거에 방목장(放牧場)으로 불리기도 했다. 이는 가야읍(1979년 면에서 읍으로 승격) 동북부 지역 일대가 여름철 비가 많이 오면 습지가 되어 농사 대신 방목을 했기 때문에 이곳을 '방목'이라고 부른 데서 유래한다. 옛 함안 지리지인 '함주지(咸州誌)'에 '방목촌', '수우방목', '방목시장' 등의 명칭이 기록되어 있다.

함안이 고향인 내가 어렸을 때도 마을 사람들이 가야 장날 장 보러 가면서 "방목장 간다"라는 말을 많이 했던 기억이 또렷하다. 아직 고향에 살고 있는 친구에게 물어보니 지금은 '방목'이나 '방목장'이라는 말을 거의 사용하지 않는다고 한다.

노래가 만들어지고 세월이 지난 후 악양나루터에 '처녀 뱃사공'의 노래비가 세워졌고, 인근 악양생태공원에도 또 다른 노래비를 세웠다.

이곳에는 또 다른 명소가 있는데, 조선 철종 때인 1857년에 지

함안군 대산면 악양생태공원에 세워진 황정자의 '처녀 뱃사공' 노래비. 노래 가사는 자매 뱃사공의 이야기를 바탕으로 윤항기와 윤복희의 아버지인 윤부길이 썼다.

은 누각인 '악양루'다. 누각의 이름은 중국 명승지인 악양(岳陽)의 풍광에 비길 만하다고 해서 지었다고 알려져 있다. 옛날에는 '의두헌(倚斗軒)'이라는 현판이 있었다고 하나, 지금은 오재봉이 쓴 '악양루'

라는 현판만 남아있으며 1992년 경상남도 문화재자료 제190호로 지정되었다.

2007년부터는 '처녀 뱃사공 가요제'도 개최하고 있다. 16세 이상 60세 미만의 남녀 누구나 참여할 수 있으며 예심과 본심을 치러 대상, 금상, 은상, 인기상, 장려상을 상금과 함께 수여한다. 대상과 금상 수상자는 한국연예예술인총연합회 가수인증서가 교부된다.

휴가철, 중부내륙고속도로나 남해고속도로를 지나치게 된다면 함안 대산면 '악양루'에 잠깐 들러 차를 세우고 그 시절 노를 저어 이곳을 왕래하던 자매의 슬픈 이야기를 떠올리며 '처녀 뱃사공' 노래를 감상해 보는 것도 하나의 추억이 되지 않을까 생각해 본다.

강을 노래한 유행가들

🎵 낙동강
노래 김용환, 작사 왕평, 작곡 김용환

1933년 포리돌레코드에서 발매한 노래. 장엄하면서도 비장한 멜로디에 구포 물레방아, 창포밭 비석 등이 들어간 가사로, 일제 강점기 민족의 한을 담아낸 노래라는 평가를 받는 곡이다.

🎵 태화강 연가
노래 윤수일, 작사 신선, 작곡 윤수일

1996년 아세아레코드에서 발매한 곡. 울산 출신 가수 윤수일의 고향에 대한 그리움을 담은 노래다. 윤수일은 이 노래 외에도 고향인 울산 죽도와의 인연을 담은 '환상의 섬'도 불렀다. 2005년 태진아가 발표한 '태화강 연가'는 제목이 같지만 완전 다른 노래다.

🎵 영산강
노래 김연자, 작사 양근승, 작곡 김호남

1984년 지구레코드에서 발매한 '김연자 3집'에 '수은등'과 함께 수록된 노래. 이 노래는 KBS 드라마 '영산강'의 주제가로, 사랑도 미움도 모두 품는 영산강의 따뜻함과 영원함을 표현하고 있다.

🎵 섬진강 부르스
노래 안정애, 작사 월견초, 작곡 김부해

1962년 발표된 노래. 섬진강이 흐르는 하동 출신의 가수 안정애는 이 노래 외에도 부르스 노래를 많이 불렀는데, '대전 부르스', '호남선 부르스', '청춘 부르스', '카바레 부르스', 다방 부르스', '밤비의 부르스', '순정의 부르스' 등이다.

고대 왕국의 숨결이 살아있는 곳

어느 날 퇴근길에 우연히 유튜브에서 나의 고향인 경남 함안을 배경으로 한 노래를 듣게 됐다. 바로 권윤경이 부른 '아라가야'라는 트로트풍의 곡이다. 함안을 배경으로 한 대중가요는 앞에 소개한 '처녀 뱃사공'이 유명한 데 비해, '아라가야'라는 노래는 거의 알려지지 않은 무명곡이다.

'아라가야'는 가야 6국 중에서 지금의 함안군 지역에 있었던 나라 이름이다. 진수가 쓴 중국의 『삼국지』 위서동이전(魏書東夷傳)에서는 변한의 소국인 '안야국'으로 등장하며, 광개토대왕비에는 '안라'로 나와 있다.

가야연맹의 역사는 김해 금관가야를 맹주로 한 전기 가야와 고령 대가야를 중심으로 한 후기 가야로 나뉜다고 학창시절 국사를 배울 때 귀에 못이 박히도록 들었다. 교과서에서 아라가야의 존재감을 크게 느낄 수 없었던 것이다. 그러나 실상은 완전 다르다. 100기가 훨씬 넘는 중대형 고분이 즐비한 말이산 고분군의 존재와 '화염형투창

고배'로 대표되는 독창적인 유물, 국내 최초로 발견된 완전한 형태의 말 갑옷인 '마갑총' 등은 '전기 = 금관가야' '후기 = 대가야'라는 이분법을 의심하게 한다.

이런 이유 때문일까. 아라가야가 금관가야와 함께 전기 가야연맹의 양대 세력으로, 대가야를 중심으로 재편된 후기 가야연맹체에서는 남서부 중심 세력으로 자리 잡았다는 역사 전문가들의 견해가 유력하게 제기되고 있다. 그러나 강성했던 아라가야도 결국은 진흥왕 때인 561년, 신라에 의해 멸망한다.

경상도라 함안 땅에 우둘이는
인정 있고 의리 있고 사랑도 있어
고향 떠난 사람에겐 어머님 품속 같고
슬픈 일과 궂은일엔 희망을 심어주는
아~ 경상도 사투리로 사랑합니더
아라가야 아라가야를 사랑합니다

여항산과 고종산의 진달래는
아름답고 영롱해서 잊을 수 없어
사랑하는 사람에겐 따스한 품속 같고
미워하는 사람에겐 더욱더 정을 주는
아~ 구수한 사투리로 사랑합니더
아라가야 아라가야를 사랑합니다

'아라가야' 노래 가사를 보면 '여항산'과 '고종산'이 나온다. 여항산은 함안군 여항면 주서리에 소재한 해발 770m 높이 산으로 창원 진북면과 경계를 이루고 있다. 나의 고향 마을에서 8㎞ 정도 떨어진 이 산은 6·25전쟁 때 낙동강 전선의 서부 방어선으로써 유엔군과 북한군 사이에 치열한 전투가 벌어진 곳이다. 이때 큰 피해를 본 미군들이 '갓뎀(goddam·빌어먹을, 제기랄)'이라고 한탄하면서 이후 '갓데미산'으로도 불렸다. 내가 어릴 때도 여항산보다는 갓데미산으로 주로 불렸던 것으로 기억한다.

고종산은 대산면 평림리에 소재한 해발 130m 높이 산으로, 신라시대에 건립된 '평림사'라는 사찰에서 국태민안을 기원하는 '북(鼓)'과 '종(鐘)'이 매일 같이 울렸다고 해서 지어진 이름이다. 이 산엔 문헌에는 나타나지 않는 '고종산성'이 있다. 아라가야의 테뫼식(자연적인 경사면을 그대로 살려 성의 외벽만 쌓은 형태) 산성으로 조선시대까지 사용되었으며, 둘레는 200m 정도로 소규모다.

함안은 이른바 '조·리·안'으로 불리기도 한다. '함안 조씨, 재령 이씨, 순흥 안씨' 등 3대 대성(大姓)이 오랫동안 함안의 주요 성씨로 집성촌을 이루며 자리 잡아왔기 때문이다. 그러나 최근 인구 통계에 의하면 함안의 '조·리·안' 성씨들이 많이 감소한 것으로 나온다. 3대 본관 성씨들이 교육·취업·사업·결혼 등으로 대거 도시로 빠져나간 반면 타 성씨들의 함안 전입이 다양하게 이루어진 까닭이다.

함안은 지리적으로 북쪽으로 낙동강·남강을 끼고 창녕군·의령군과 접하고, 동쪽과 남쪽으로 창원시, 서쪽으로 진주시에 접한다. 함

　　　　　　　　　　　　　우리 동네 유행가들

안의 관광지로는 노랫말에 나오는 여항산 외에 말이산 고분군, 입곡 군립공원, 연꽃테마파크, 악양생태공원, 낙화놀이로 유명한 무진정, 고려동 유적지 등이 있다.

산인면 모곡리에 소재한 '고려동 유적지'는 고려가 멸망하자 당시 성균관 진사였던 재령 이씨 가문의 모은 이오(李午)가 개경에서 가족을 거느리고 내려와 터 잡은 곳이다. 이오 일가는 마을 주위에 담을 치고 고려동학(高麗洞壑, 고려 마을)이라는 비석을 세운 뒤 담장 안에서 논밭을 일구어 자급자족하면서 죽을 때까지 벼슬하지 않고 살았다.

이오는 아들들에게 "새 왕조에 벼슬하지 말고 나 죽은 뒤에라도 내 위패를 이 마을 밖으로 옮기지 말라. 그리고 묘비에는 나의 이름은 물론이고 글자 한 자 새기지 말라"라는 유언을 남겼다고 한다. 그 뒤 자손들이 이오의 유언을 지켜서 600여 년 동안 이 마을에 터를 잡고 살았고 '고려동'이라는 이름으로 오늘까지 이어져 오고 있다.

나는 함안군 가야(伽倻)읍에서 태어나, 아라(阿羅) 국민학교(지금의 초등학교)를 나왔다. 태어난 곳과 졸업한 국민학교 이름을 합치면 '아라가야'가 된다.

내가 다녔던 국민학교의 바로 뒷산에 아라가야 왕과 귀족들의 무덤인 '말이산 고분군'이 있다. 말이산 고분군에는 함안군이 번호를 지정한 대형 봉분 37기와 발굴 조사를 통해 밝혀진 133기를 포함해 고분이 187기나 된다. 그러나 아직 발굴되지 않은 것을 감안하면

함안군 가야읍 말이산 고분군 모습. 아라가야 시대 왕과 귀족들의 무덤인 말이산 고분군은 2023년 9월에 유네스코 세계유산으로 등재됐다.

1,000여 기의 고분이 있을 것으로 추정된다.

당시 학교를 마치면 친구들과 함께 이곳에 가서 술래잡기도 하고 무덤에 올라가 비료포대 깔고 천연 썰매를 즐기며 놀았던 추억이 있다. 지금 기준으로는 문화재 훼손 행위로 상상도 할 수 없는 일이지만 그 당시는 그런 인식 자체가 별로 없었다.

아라가야의 '말이산 고분군'은 2023년 9월에 다른 6개 가야 고분군과 함께 유네스코 세계유산(문화유산)으로 등재됐다.

산을 노래한 유행가들

🎵 용두산 엘레지
노래 고봉산, 작사 최치수, 작곡 고봉산

1964년 아세아레코드에서 발매한 곡. 사랑하는 연인과 헤어진 후 용두산에 올라 추억을 회상하는 남자의 가슴 아픈 사연을 담은 노래다. 2019년 TV조선 '미스트롯'에서 송가인이 이 노래를 불러 큰 주목을 받았다.

🎵 칠갑산
노래 윤희상, 작사·작곡 조운파

1979년 발표된 윤희상의 데뷔곡. 그러나 윤희상이 부른 '칠갑산'은 거의 주목 받지 못했고, 1989년 주병선이 리메이크해서 불러 크게 히트했다. 칠갑산(七甲山)은 충남 청양군에 소재한 산으로, 7곳의 숨겨진 명당 자리가 있다고 해서 붙여진 이름이다.

🎵 치악산
노래 권윤경, 작사 이종학, 작곡 백봉

2005년에 발표된 곡으로 지역을 배경으로 한 노래를 많이 부른 권윤경의 목소리로 취입했다. 원주 치악산에 올라 인생을 관조하는 내용을 담은 노래다.

🎵 한라산이여
노래 박순동, 작사·작곡 박순동

2016년 발표된 노래. 제주어 노래 90여 곡을 만든 싱어송라이터 박순동이 작사·작곡하고 직접 부른 곡이다.

학병 끌려간 19세 청년의 망향가

1972년 봄.

정두수는 타향살이 6년 만에 서울 길동에 조그마한 집을 마련했다. 모진 고생을 하던 아내는 집칸을 마련하자 그렇게 좋아할 수가 없었다. 아내는 다섯 살짜리 큰딸과 두 살배기 둘째 딸을 위해 방을 마련해 주고 예쁜 커튼까지 쳐주었다. 그리고 거실에 어항도 하나 들여놓았다. 그러나 정두수는 고민이 하나 있었다. 나훈아를 위한 작사를 하나 해야만 하는데, 단 한 줄의 노랫말도 떠오르지 않았다.

지구레코드사는 나훈아의 전속 기념음반을 준비하던 중이라 노래 제작이 급박했다. '사랑은 눈물의 씨앗', '바보 같은 사나이', '머나먼 고향' 등을 불러 주가가 상승하고 있던 나훈아는 그 무렵 오아시스레코드사에서 지구레코드사로 막 전속을 옮겼다.

그러던 어느 날. 정두수는 거실에 놓인 어항 속에서 돌아가는 장난감 물레방아를 하염없이 바라보고 있었다. '뽀르륵~' 소리를 내면서 어항 속에 갇힌 금붕어는 쉴 새 없이 맴을 돌았다. 그 광경을 보는 순간, 그는 삼촌의 얼굴이 떠올랐다. 돌아가는 물레방아 속에서 삼촌은 부활하고 있었다.

정두수가 어린 시절 경남 하동군 고전면 성평리 고향마을에서 살았을 때다. 그의 삼촌은 일본 와세다대를 다니다가 19세의 나이에 일본군 학병으로 끌려갔다. 그는 마을 어귀 개울의 징검다리를 건너며 배웅 나온 어머니와 그가 사랑했던 마을 처녀 순이를 돌아보고, 또 한 번 돌아보며 이별의 길을 떠났다. 정두수의 말을 들어보자.

"삼촌은 내가 부산으로 다시 가기 한 해 전에 살대밑 물레방앗간 앞에서 트럭에 실려 학병으로 끌려갔다. 자갈을 튀기며 먼지만 뿌옇게 뒤로 남기고 멀어지던 삼촌이 탄 차는 어디로 갔을까? 머리에 학도병이라는 띠를 두른 채 '씨익' 하고 억지로 웃어 보이던 삼촌의 마지막 모습은 어린 내가 보아도 어딘가 쓸쓸해 보였다. 삼촌이 고향을 떠난 날부터 우리 집안에는 웃음꽃이 피지 않았다. 할아버지는 사립문을 부여안고 아들만 기다렸다. 그렇게 4년의 세월이 흘렀다. 바로 그해 감꽃이 비바람에 무더기로 떨어지던 날, 삼촌은 하얀 천이 휘감긴 상자가 되어 돌아왔다. 전쟁터에서 삼촌은 죽으면서 무슨 생각을 했을까? 아마도 물레방아 도는 고향을 떠올렸을 것이다."

정두수의 삼촌은 기어이 한 장의 전사 통지서와 함께 한 줌 뼛가루가 되어 고향에 되돌아왔다. 아들을 먼저 보낸 할아버지는 이후 시름시름 앓다가 오래지 않아 세상을 떴다. 그리고 '순이'라는 이름의

나훈아의 '물레방아 도는데' 앨범 표지. 이 노래는 작사가 정두수가 일제강점기 학병으로 끌려간 삼촌 이야기를 소재로 노랫말을 지었다.

젊은 연인은 백발노인이 되도록 결혼을 않고 혼자 살았다고 한다. 정두수는 삼촌의 이 애절한 사연을 바탕으로 노랫말을 써 내려갔다.

여기에 당대 최고의 작곡가 박춘석이 멜로디를 입혔다. 정두수로부터 사연을 들은 나훈아는 "일제강점기 때의 암울했던 우리 민족사군요. 그러나 지금 산업화 시대에서는 망향의 노래로 받아들일 것입니다. 도시로 떠난 사람을 애틋하게 그리는 연가로서 말입니다"라며 이 노래를 불렀다.

돌담길 돌아서며 또 한 번 보고
징검다리 건너갈 때 뒤돌아보며
서울로 떠나간 사람
천리타향 멀리 가더니
새봄이 오기 전에 잊어버렸나
고향의 물레방아 오늘도 돌아가는데

두 손을 마주 잡고 아쉬워하며
골목길을 돌아설 때 손을 흔들며

서울로 떠나간 사람

천리타향 멀리 가더니

가을이 다 가도록 소식도 없네

고향의 물레방아 오늘도 돌아가는데

   지금은 하동군 성평리에 그때의 징검다리와 물레방아는 없어졌지만, 마을 여러 곳에 돌담길이 남아있다. 물레방아와 징검다리는 배다리공원의 '물레방아 도는데' 노래비 근처에 복원되어 있다. 가을이면 주교천을 따라 활짝 핀 코스모스와 칸나가 조롱박터널과 조화를 이루며 관광객들의 발길을 사로잡는다.

   가사 속 징검다리로 건너간 하천이 주교천(舟橋川)이다. 주교천은 이명산에서 발원하여 섬진강으로 흐르는데, 섬진강의 제일 아래에 있는 지천이다. 줄을 당기면서 강의 이쪽저쪽을 오가던 배다리의 모습도 아련하다.

   작사가 정두수는 '물레방아 도는데' 외에도 '하동포구 아가씨', '삼백리 한려수도', '꽃잎 편지', '목화 아가씨', '감나무골', '고향의 그 사람', '하동으로 오세요', '섬진강', '지리산', '섬진강 연가', '하동 사람', '시오리 솔밭길', '발꾸미 포구연가', "내 고향 성평리", '자주댕기', '노량대교', '내 고향 하동포구' 등 고향 하동을 소재로 무려 67편에 이르는 노랫말을 썼다.

영·호남 섞이는 지역 화합의 장

'화개장터'는 경상도 하동과 전라도 구례를 잇는 장터이다.

이런 화개장터를 전국적으로 크게 알린 것이 가수 조영남이 불러 1988년 발표한 노래 '화개장터'이다. 그러면 이 노래는 어떻게 탄생했을까?

조영남이 배우 윤여정과의 이혼 후 인기가 급락했을 때, 친구였던 김한길(소설가·전 민주당 대표)과 같이 셋방살이하던 시절이 있었다. 그 당시 조영남과 김한길 둘 다 하루 종일 집에 누워 천장만 보고 지내는 백수 생활을 이어가고 있었다. 어느 날 김한길이 화개장터에 대한 기사가 실린 신문(경향신문 1987년 10월 27일자)을 가져와서 "이걸 노래해야 한다"라고 말했다. 신문 기사는 섬진강을 사이에 두고 경남 하동과 전남 구례가 맞닿아 있는 화개장터가 영호남 화합의 장이 되고 있다는 내용이었다. 조영남은 "장터인데 무슨 노래가 되냐"라며 영 미덥지 않게 반응했다. 결국 소설가였던 김한길이 가사를 쓰고 조영남이 곡을 붙여 '화개장터'라는 노래가 만들어졌다.

이 노래가 발표된 시점은 영남과 호남의 정치적 갈등이 극에 달했던 시기였다. 1987년 12월 대통령 선거와 1988년 4월 13대 총선으로 양 지역 사이에 감정의 골이 깊게 패었다. 호남에 연고를 둔 김대중과 평화민주당이 영남 지역에서 뭇매를 맞았고 TK(대구·경북) 기반의 노태우와 민주정의당, PK(부산·경남) 출신의 김영삼과 통일민주당이 호남에서 거센 반발을 샀다.

조영남은 노래가 수록된 음반 표지에 직접 그린 화투 그림을 사용했는데 이 그림이 훗날 논쟁거리가 됐다. 이른바 '그림 대작(代作)' 논란이다. 이 사건으로 조영남은 소송에 휘말렸고 결국 긴 다툼 끝에 무죄를 선고받았다.

전라도와 경상도를 가로지르는
섬진강 줄기 따라 화개장터엔
아랫마을 하동 사람 윗마을 구례 사람
닷새마다 어우러져 장을 펼치네
구경 한 번 와 보세요
보기엔 그냥 시골 장터지만
있어야 할 건 다 있구요
없을 건 없답니다 화개장터

광양에선 삐걱삐걱 나룻배 타고
산청에선 부릉부릉 버스를 타고

사투리 잡담에다 입씨름 흥정이
오손도손 와자지껄 장을 펼치네
구경 한 번 와 보세요
오시면 모두 모두 이웃사촌
고운 정 미운 정 주고받는
경상도와 전라도의 화개장터

조영남은 어느 방송에서 "당시는 저작권이 없을 때라 지금처럼 저작권을 등록했으면 김한길 그 친구가 가사 저작권료를 매달 받아먹을 텐데, '조영남 작사·조영남 작곡'으로 되어있어 저작권료는 30년 이상 일방적으로 내가 받아먹었다"라고 말한 바 있다. 그러나 이후 '화개장터' 작사가를 조영남에서 김한길로 변경해서 음악저작권협회에 등록해, 현재 이 노래의 가사 저작권료는 김한길이 받고 있다.

화개장터는 경상남도 하동군 화개면에 있는 재래시장이다. 해방 이전 전국 7대 시장의 하나였다. 섬진강 수로를 따라 지리산 일대의 산나물과 약재, 전라도의 쌀과 보리, 남해 연안의 미역과 고등어 등의 해산물이 거래되었다. 그러나 현재는 상설시장도 많고, 마트 등 점포가 도처에 널려있어 화개장터가 시장으로서 예전만큼 중요한 역할을 하지는 못하고 있다.

대신 노래 '화개장터'가 인기를 끈 이후 영호남 간 교류와 화합의 장이라는 상징성을 띠게 되면서 전국적으로 유명한 관광지가 되었다. 실제로 이곳 상인들과 소비자들은 전라도 사람과 경상도 사람이 섞여 있으며 지역감정 없이 정답게 서로 사투리를 나누는 곳으로 유명하다. 인근 관광지로 쌍계사, 화엄사, 평사리 최참판댁, 하동 야생차박물관, 그리고 쌍계사와 화개장터 사이의 벚꽃길이 잘 알려져 있다.

하동군 화개면 화개장터에 위치한 조영남의 '화개장터' 노래비. 이 노래는 1988년 당시 조영남과 함께 지내던 김한길이 신문 기사를 바탕으로 노랫말을 썼다.

아랫마을 하동읍, 윗마을 구례읍에서 19번 국도를 타고 섬진강을 따라가다 보면 화개장터가 나온다. 화개장터는 행정구역상 하동군에 속한 지역이지만 하동읍 (25km)보다는 구례읍(20km)과 좀 더 가깝다.

2014년 11월 27일 화개장터의 대장간과 약재상 상가 쪽에서 화재가 발생해 무려 1억 9,000만 원의 재산 피해가 났으며, 41개 점포가 전소되어 잿더미가 되어버렸다. 2015년 4월 3일에 복구작업을 마치고 재개장했다.

화개장터는 김동리의 단편소설 『역마』의 무대이기도 하다.

대구·경북을 배경으로 하는 대중가요는 주로 이 지역 최대 도시인 대구와 신라의 수도였던 경주에 많이 몰려있다. 대구를 대표하는 노래인 '비 내리는 고모령', 경주를 대표하는 '신라의 달밤'은 지금도 대중들에게 사랑받는 명곡이다. 대구·경주 외 지역의 노래로는 진성의 '안동역에서'가 유명하다. 행정구역상 경북에 속해 있는 울릉도와 독도를 노래한 '울릉도 트위스트', '독도는 우리땅', '홀로 아리랑' 등도 대중들의 사랑을 많이 받는 곡들이다.

PART 4

대구·경북

신라의
달밤

울며 헤어진 어머니 그리는 사모곡

1948년, 작곡가 박시춘이 럭키레코드사라는 음반사를 직접 경영하던 시절이다. 이때 작사가 유호는 이 레코드사의 문예부장을 맡고 있었다. 당시 유호는 경향신문 문화부 기자이기도 했는데, 신문사와 레코드사가 가까워 명동을 건너서 두 직장을 오갔다. 지금은 상상도 할 수 없는 '투잡'이지만 당시엔 이게 가능하던 시절이었다. 일본 제국미술학교를 나와 화가로도 활동했던 유호는 레코드사에서 노래 작사뿐만 아니라 회사 마크와 선전 포스터 작성까지 혼자서 도맡아 했다.

이 무렵 레코드사 사장이자 작곡가인 박시춘과 작사가 유호는 신보에 들어갈 노래를 합작해 만들고 있었다. 박시춘은 음반 발매 시점이 다가오면서 유호에게 노랫말 재촉을 해댔다.

유호는 술이라도 좀 마시면 생각이 나겠지 싶어 대폿집에 가서 술을 마셨지만, 노랫말은 도무지 떠오르지 않았다. 다시 럭키레코드사로 돌아온 그는 사무실 구석에서 창밖의 빗줄기를 보며 어떤 내용으로 노랫말을 쓸지 궁리를 하고 있었다. 바로 그때 사무실 옆에 있는 낡은 집에서 늙은 여인과 젊은 남자가 서로 소란스럽게 다투고 있는 소리가 들렸다. 자세히 들어보니 어머니와 아들 사이인 것 같았다. 이런 다툼을 보자 그는 '저런 망할 놈의 자식 같으니라고! 어머니한테 효도는 못 할망정 대들기까지 하다니…' 하는 괘씸한 생각이 들었다.

이 순간 유호는 이와는 반대로 시골 마을에서 애지중지하는 아들을 떠나보내는 어머니와 떠나는 아들의 심정을 담은 가사를 쓰기로 결심했다. 그는 어머니를 돌아보고 또 돌아보며 떨어지지 않는 발걸음을 옮기는 아들의 모습을 머릿속으로 그리고 있었다. 유호는 아들이 어머니를 돌아보니까 '돌아볼 고(顧)'에 '어미 모(母)' 자를 써서, 헤어지는 고개를 '고모령(顧母嶺)'으로 하기로 했다. 이렇게 해서 일사천리로 가사를 완성했다.

어머님의 손을 놓고 돌아설 때엔
부엉새도 울었다오 나도 울었소
가랑잎이 휘날리는 산마루턱을
넘어오던 그날 밤이 그리웁고나

맨드라미 피고 지고 몇 해이던가
물방앗간 뒷전에서 맺은 사랑아
어이해서 못 잊느냐 망향초 신세
비 내리는 고모령을 언제 넘느냐

대구시 수성구 만촌동에 세워진 현인의 '비 내리는 고모령' 노래비. 노래비 앞면에는 가사가, 뒷면에는 "고향에 대한 그리움과 어머니를 향한 사모곡으로 널리 애창되기를 바란다"라는 문구가 새겨져 있다.

유호가 쓴 가사에 박시춘이 멜로디를 입혀 1949년에 발표한 '비 내리는 고모령'은 가수 현인이 불러 빅히트를 기록했다. 당시 음반에 표기된 작사가 이름은 '호동아'다. 유호는 본명이 유해준으로 유호도 예명이지만 호동아는 또 다른 예명이다.

유호의 말에 따르면 당시 럭키레코드사는 별도의 스튜디오가 없어 명동에 있는 댄스홀을 빌려 녹음했다고 한다. 댄스홀이 주로 밤에 영업하고 낮에는 휴업하는 경우가 많아 대여가 가능했다는 것이다.

한편 유호는 노래가 만들어진 한참 뒤에 지도를 보다가 노래의 제목과 일치되는 지명이 있다는 것을 발견하고 깜짝 놀랐다. 경북 경산군에 간이역인 고모역(현재 대구시 수성구 고모로)이라는 기차역과 그 인근에 고모령이라는 조그마한 산등성이가 있는 것을 알게 되었다. 대구의 인터불고호텔 옆쪽으로 돌아서 팔현마을로 이어지는 나지막한 고개가 바로 '고모령'이다. 이로써 노래 속의 고모령은 지도상에 실존하는 곳이기도 하면서, 스스로 '망향초' 신세라며 향수를 달래는 상상 속의 장소이기도 한 '중의적(重意的) 공간'이 됐다.

고모령에 얽힌 이야기는 두 가지가 있다. 그중 하나는 남매의 싸움으로 집 나간 어머니 이야기다. 옛날 고모령에 홀어머니와 어린 남매가 살고 있었는데 하루는 지나가던 스님이 전생에 덕을 쌓지 않아서 현재 가난하다고 말한다. 그러자 어머니와 어린 남매는 덕을 쌓기 위하여 흙으로 산을 쌓는다. 그때 쌓은 산봉우리가 오늘날 모봉, 형봉, 제봉 세 개의 산봉우리가 되었다고 한다. 그런데 우애는 쌓지 못하고 서로 산을 높이 쌓으려고 시샘하며 싸우는 모습에 실망한 어머니는 집을 나간다. 집 나온 어머니가 하염없이 걷던 길이 현재의 고모령 길이고, 고개 정상에서 집을 뒤돌아본 것이 '어머니가 뒤돌아봤다'라고 하여 고모령이 되었다는 이야기다.

또 다른 하나는 일제강점기 징병 가는 자식을 보려고 몰려든 어머니들의 이야기다. 징병 가는 젊은이들이 탄 열차가 고모령을 넘어가는데 당시 증기기관차가 높은 경사의 고모령을 한 번에 넘지 못하여 고모령 부근에서 더디게 운행하였다. 그러자 기차를 타고 징병 가는 아들의 얼굴을 조금이라도 더 보려고 어머니들이 모여들었다고 한다. 이때 아들이 있는 방향으로 고개를 몇 번이고 돌아보았다고 해서 '고모령'이 되었다는 일화다.

이런 상징성 때문에 이 노래는 한국인의 가슴을 울리는 국민 애창곡이 되었다. 2005년 KBS 〈가요무대〉가 20주년을 맞아 가장 많이 방송된 노래를 발표했을 때, '비 내리는 고모령'은 '울고 넘는 박달재'와 '찔레꽃'에 이어 3위를 차지했다. 2001년에는 노래의 무대인 고모령에 노래비가 세워졌다. 노래비 앞면에는 가사가, 뒷면에는 '고향에 대한 그리움과 어머니를 향한 사모곡으로 널리 애창되기를 바란다'

라는 문구가 새겨져 있다.

고모역은 1925년에 간이역으로 시작해 1970년대까지 많은 사람들이 이용하는 기차역이었다. 1970년대에는 연간 5만 명 이상이 이용하던 역이었지만 갈수록 수요가 줄어들어 결국 2004년 7월 15일부로 여객 영업이 중지되었다. 2년 후인 2006년 11월에는 무배치 간이역 격하와 함께 화물취급도 중지되었다.

개인적으로 고모역과 관련된 기억이 있다. 경북 구미에서 군 복무하던 1988년 무렵에 부대의 군수장비를 복사 트럭에 싣고 여러 차례 고모역으로 운반했던 적이 있다. 당시 이 장비들을 고모역에서 부산으로 수송해서 배로 아프리카로 수출한다고 들었던 기억이 또렷하다.

고모역은 2006년 문을 닫은 후 현재는 '비 내리는 고모령'을 기념하는 박물관으로 리모델링되어 시민들의 추억 공간으로 운영되고 있다.

고개를 노래한 유행가들

🎵 추풍령
노래 남상규, 작사 전범성, 작곡 백영호

1965년 개봉된 김진규, 이경희 주연의 영화 '추풍령' 주제가. 이 곡을 작사한 전범성은 영화 '추풍령'의 감독이다. 이 노래의 히트로 인해 추풍령의 지명도가 많이 높아졌으며, 홍준표 전 한나라당 대표의 애창곡으로도 알려져 있다.

🎵 고모령을 넘을 때
노래 이미자, 작사 월견초, 작곡 박시춘

1969년 지구레코드에서 발매된 노래. 현인의 '비 내리는 고모령'을 작곡한 박시춘의 '고모령 시리즈' 2탄격인 곡이다. 이 노래는 고모령을 배경으로 한 노래 4곡 중 '비 내리는 고모령' 다음으로 널리 알려진 노래다.

🎵 만날고개
노래 원정수, 작사 차상우, 작곡 이현준

마산 만날고개에서의 만남과 이별을 그린 노래로 1998년 발표됐다. 만날고개는 시집간 딸과 친정어머니가 일 년에 한 번 만나는 곳이라고 해서 붙여진 이름이다. 창원시는 매년 이곳에서 '만날제' 행사를 개최하고 있다.

🎵 대관령
노래 문희옥, 작사·작곡 안치행

1987년 문희옥의 '사투리 디스코 2집'에 수록된 곡. 1984년 나훈아가 부른 '추억의 대관령'과는 멜로디는 같지만 가사가 다른 노래다.

아내에게 바치는 '사랑의 십자가'

1938년 어느 날.

오케레코드사의 쇼단이 함경도 청진에서 공연 중일 때 무대 뒤로 작업복 차림의 한 청년이 찾아왔다. 그 이름은 임영일(이인권의 본명). 이철 사장과 작곡가 박시춘에게 노래 테스트를 받고 싶다는 것이었다.

마침 여유가 있던 시간이라 이철과 박시춘은 흥미를 느끼고 청년에게 노래를 시켰는데, 뜻밖에도 남인수의 '꼬집힌 풋사랑'을 너무도 잘 부르는 것이 아닌가. 당시 오케그랜드쇼는 결핵으로 인해 남인수가 공연에 불참한 터라, 이철은 그 자리에서 청년을 남인수의 대역으로 출연시킨다.

그날 밤 공연에서 임영일은 '청진의 남인수'로 소개되어 큰 박수를 받았다. 이어서 일행과 함께 서울로 와서 예명인 '이인권'으로 가수 생활을 시작하게 된다. 박시춘 작곡의 '눈물의 춘정'으로 데뷔한 이인권은 이후 '향수의 휘파람', '항구에서 만난 여자', '신혼명랑보', '타

관마차', '꿈꾸는 백마강' 등을 발표하며 활발한 가수 활동을 펼친다.

이인권은 6·25전쟁이 발발하자, 낙동강 방어선 안에 있는 대구로 내려가 아내와 같이 피란살이를 했다. 이때 이인권 부부는 계산성당이 있는 어느 골목의 집에 세 들어 살았다. 당시 이인권은 가수 활동을 하던 아내와 함께 최전방 전선으로 위문공연을 자주 다녔다. 어느 지역인지는 확실치 않으나 이인권 부부가 무대 위에서 노래를 부르던 중 난데없는 포탄이 날아와 아내는 현장에서 즉사하고, 이인권은 파편에 다리를 찢기는 중상을 입었다.

야전병원에서 응급치료를 받은 뒤 이인권은 절뚝거리는 걸음으로 목발을 짚고 혼자 대구에 돌아왔다. 하지만 무대 공연 중에 아내를 잃은 무서운 충격과 고통에서 벗어날 길이 없었다. 날이 갈수록 번민과 죄책감에 시달리기 시작했다.

이인권은 음악 작업도 멀리하고서 방황의 나날을 보내면서 집 근처의 계산성당을 다니게 된다. 어느 날 성당에서 울리는 미사의 종소리가 들렸다. 그는 이불을 뒤집어쓴 채 아내에 대한 그리움과 먼저 간 아내에게 사랑의 메시지를 전하는 노랫말을 썼다. 여기에 자신이 직접 곡을 붙여 친구인 이병주가 운영하던 오리엔트레코드사에서 발표하게 된다.

당신이 주신 선물 가슴에 안고서
달도 없고 별도 없는 어둠을 걸어가오
저 멀리 니콜라이 종소리 처량한데

부엉새 우지 마라 가슴 아프다

두 손목 마주 잡고 헤어지던 앞뜰엔
지금도 피었구나 향기 높은 달리아
찬 서리 모진 바람 꽃잎에 불지 마라
영광의 오실 길에 뿌려 보련다

이인권이 부른 '미사의 노래' 배경이 된 대구 계산성당. 이 성당은 대구 지역에서 유일하게 남아있는 1900년대 초기의 건축물로써, 현재 범어대성당과 함께 천주교 대구대교구의 공동 주교좌 성당이다.

대구 계산성당은 1886년 대구 지역 가톨릭 선교 활동의 책임을 맡은 프랑스 출신의 아실 폴 로베르 신부가 지금의 성당 부지를 매입하여 건립했다. 1899년 한국식의 목조 십자형 건물로 지어졌으나 1년 만에 화재로 모두 소실됐다. 그 후 재건축에 착수해 1902년에 완성됐다. 이 건물은 대구 지역에서 유일하게 남아있는 1900년대 초기의 건축물이다. 현재 계산성당은 범어대성당과 함께 천주교 대구대교구의 공동 주교좌 성당이다.

계산성당은 1950년 12월에 박정희 전 대통령(결혼 당시 육군 중령)과 육영수 여사가 결혼식을 올린 장소이기도 하다. 당시 결혼식 주례를 보던 대구시장 허억이 "신랑 육영수 군과 신부 박정희 양"이라고 소개했던 일화가 유명하다. 원래 성당에서 결혼식을 올리려면 신랑과 신부 중 최소한 한쪽은 가톨릭 신자여야 하지만, 박정희와 육영수모두 가톨릭 신자는 아니었다. 그러나 당시는 전쟁 중이라 마땅한 결혼식 장소가 없었기 때문에 예외적으로 결혼식을 허용한 듯하다.

이인권은 '미사의 노래' 외에도 '꿈꾸는 백마강', '귀국선', '선죽교'등을 히트시킨 인기가수였지만, 작곡가로도 유명하다. 그는 현인의'꿈이여 다시 한번', 송민도의 '카츄샤의 노래', 조미미의 '바다가 육지라면', 최무룡의 '외나무다리' 등 히트곡을 작곡했다. 그리고 이인권은 '트로트 여왕' 주현미가 중학생일 때 노래를 가르친 음악 스승이기도 하다.

'천년 고도' 경주, 달빛 흐르는 밤

1947년 발표된 '신라의 달밤'은 가수 현인의 공식 데뷔곡이자 출세곡이다.

1919년 부산에서 태어난 현인은 일본 우에노 음악학교 성악과를 졸업한 후 일제의 강제 징용이 시작되자 중국 상하이로 피신하여 그곳에서 박단마, 황해, 진방일 등과 악극단 '신태양'을 조직해서 활동한다. 중국에서 해방을 맞은 현인은 1946년에 귀국하여 황해, 계수남 등과 '19번가'라는 악극단을 다시 만들어, 국내 최초의 나이트클럽인 '뉴스맨스클럽' 등에서 팝송과 샹송을 주로 불렀다. 이 무렵 유명 작곡가인 박시춘이 현인을 찾아와서 자신이 만든 곡을 불러달라고 요청한다.

현인은 "성악도가 유행가 따위를 부를 수는 없다"라며 거절하지만, 박시춘이 거듭 권유하자 결국 대중가수의 길을 걷게 된다. 이에 박시춘은 현인에게 곡을 주었고, 이 곡이 바로 '신라의 달밤'이다.

'신라의 달밤'은 발매되자마자 공전의 히트를 기록했다. 당시 한국

국민이면 이 노래를 모르는 사람이 없었다. 그 때문에 6·25전쟁 서울 수복 때 남아있던 북한군을 식별하기 위해 "'신라의 달밤' 노래 한 번 불러보라"라고 했다는 일화도 전해진다.

아~ 신라의 밤이여
불국사의 종소리 들리어 온다
지나가는 나그네야 걸음을 멈추어라
고요한 달빛 어린 금오산 기슭에서
노래를 불러보자 신라의 밤 노래를

아~ 신라의 밤이여
화랑도의 추억이 새롭구나
푸른 강물 흐르건만 종소리는 끝이 없네
화려한 천년 사직 간 곳을 더듬으며
노래를 불러보자 신라의 밤 노래를

현인이 '신라의 달밤'을 부를 때 실제 가사와 다르게 부르는 부분이 있다. 이 노래를 방송이나 유튜브에서 자세히 들어보면 1절의 '금오산~'이 '금옥산'으로 들린다. 현인은 이 노래를 발표한 직후부터 작고 전 KBS 〈가요무대〉에서 부를 때까지 어김없이 '금옥산'으로 불렀다.

그러나 이는 '금오산'을 '금옥산'으로 잘못 부른 것이다. 경주에 금옥산은 없다. 경주에는 금오산(金鰲山)이 있을 뿐이다. 금오는 산의 형상이 자라(鰲)처럼 생겼다고 해서 붙여졌다. 우리나라 최초의 한문 소설인『금오신화(金鰲新話)』를 김시습이 이 산에서 썼다고 알려져 있다. 경주의 금오산은 구미·김천·칠곡에 걸쳐있는 유명한 산인 금오산(金烏山)과도 당연히 다른 산이다.

유명 가수가 실제 노래 가사와 다르게 부르는 경우는 또 있는데, 배호의 경우도 '안개 낀 장충단공원'의 '장충단공원'을 '장춘단공원'으로 불렀다. 이런 이유 때문인지 인터넷 등에 보면 노래 제목을 '안개 낀 장춘단공원'으로 잘못 표기한 경우가 매우 많다.

현인의 '신라의 달밤'이 수록된 앨범 표지. 1947년 발표된 이 노래는 가수 현인의 공식 데뷔곡이자 출세곡이다.

현인은 '신라의 달밤'이 선풍적인 인기를 끈 이후 고향만리', '럭키 서울' '비 내리는 고모령', '전우야 잘 자라', '서울야곡', '굳세어라 금순아', '꿈속의 사랑' 등을 연달아 히트시키며 가요계 정상에 군림한다.

'신라의 달밤'은 공식적으로 박시춘 작곡, 유호 작사로 되어 있지만, 월북작가 조명암의 노랫말을 베꼈다는 주장도 있다.

북한 조선음악가동맹과 조총련 기관지『조선신보』에서 "이 노래의 가사는 조명암이 쓴 '인도의 달밤'을 베낀 것이다"라고 주장한다. '인도의 달밤'은 '아~ 인도의 달이여 / 마드라스 교회의 종소리가 울린다 / 지나가는 나그네야 걸음을 멈추어라 / 달빛 어린 수평선 흘러가는 파도에 / 마음을 실어보자 방랑의 이 설움'이라는 내용이다. '신라의 달밤' 가사에서 '인도의 달밤'과 정확히 같은 내용은 '지나가는 나그네야 걸음을 멈추어라'라는 한 소절에 불과하지만, 전체적인 흐름이 비슷한 느낌을 지울 수는 없다.

작사가인 조명암이 1948년에 월북을 하게 되자 이 노래가 금지곡 처분을 받을까 두려웠던 작곡가 박시춘이 유호를 섭외하여 제목을 '신라의 달밤'으로 바꾸고 가사를 고치게 해서 발표했을 가능성이 높아 보인다.

'신라의 달밤' 노래가 워낙 유명하다 보니, 같은 이름의 영화도 나왔다. 2001년 개봉한 이성재, 차승원, 김혜수 주연의 조폭 영화다.

경주로 수학여행을 온 고교생들이 휘영청 밝은 달빛 아래에서 패싸움을 벌였는데, 당시 동창생이던 두 남자가 10년 후 우연히 경주에서 재회하게 된다. 모범생 박영준(이성재 분)은 지능적인 조폭 두목이 되었고, 싸움짱이던 최기동(차승원 분)은 체육 교사가 되어 나타난다. 이들이 민주란(김혜수 분)을 놓고 벌이게 되는 사랑과 우정의 코믹 액션이 이 영화의 내용이다.

실제로 영화 시작할 때 과거의 수학여행 밤 장면에서 박영준이 분위기 파악 못 하고 올드한 노래를 부르다 호되게 야유를 받고 무대에서 내려오게 된다. 바로 이때 부른 노래가 '신라의 달밤'이다. 이 장면이 영화적 갈등의 출발점이 되는 모티브를 제공하기도 하지만 이것이 전부일 뿐 직접적으로 노래를 이용한 건 아니다. 이 영화 주제가인 '카리스마'의 도입부 가사에도 이 곡의 첫 소절이 실려 있으며, 엔딩곡으로 이 노래가 나오는 정도다.

'신라의 달밤'은 발표 후 고등학생들 사이에서 이른바 '노가바(노래 가사 바꿔 부르기)'로도 많이 불리어졌다고 한다. 아래는 서울 종로구에 소재한 어느 고교의 남학생들이 '신라의 달밤'을 개사해 부른 노래 가사다.

아~ 종로의 밤이여
조계사의 종소리 들리어온다
지나가는 덕성여고생 걸음을 멈추어라
고요한 달빛 어린 수송골 기슭에서
노래를 불러보자 종로의 밤 노래를

경주를 노래한 유행가들

🎵 토함산
노래 송창식, 작사 김현수, 작곡 송창식

1978년 발표된 노래. 토함산을 오르는 감흥이 송창식 특유의 창법과 어우러져 웅장하면서도 구슬픈 분위기를 자아낸다. 가사가 매우 서정적이고 철학적이라는 평가를 받는 곡이다. 토함산(吐含山) 이름은 '안개와 구름을 삼키고 토해내는 산'이라는 뜻에서 유래했다.

🎵 달빛 경주
노래 조성모, 작사 강원석, 작곡 알고보니 혼수상태

2021년 발표된 곡. 강원석 시인이 경주시에 헌시한 '달빛 흐르는 밤, 경주'가 노랫말로 사용됐다. 강원석 시인은 경주를 배경으로 한 애절한 전통가요 '천년지애'도 작사했다. 강 시인은 이같은 인연으로 경주시의 홍보대사로 위촉됐다.

🎵 신라의 북소리
노래 도미, 작사 야인초, 작곡 박시춘

1957년 발표된 노래. 노랫말에 서라벌의 북소리, 말 달리는 함성, 화랑들의 훈련 소리, 첨성대의 별, 금오산 등을 등장시켜 경주와 신라시대 모습을 생생하게 그려냈다.

🎵 불국사의 밤
노래 현인, 작사 손로원, 작곡 한복남

1957년 발표된 곡. '신라의 달밤'을 빅히트시킨 현인의 또 다른 경주 노래로, 불국사의 밤 풍경을 마치 한 폭의 그림처럼 담아냈다.

경주 나정리 해변, 그 바다의 별리

가수 조미미가 부른 노래 중에는 특히 '바다'나 '섬'을 주제로 한 곡이 많다. '바다가 육지라면'을 비롯해 '서산 갯마을', '서귀포를 아시나요', '해지는 섬포구', '떠나온 목포항', '연락선' 등이다. 조미미가 태어나고 자란 곳이 바닷가여서 고향에 대한 추억과 그리움 때문에 '바다 노래'를 많이 부른 것인지도 모르겠다. 그러면 조미미의 대표곡인 '바다가 육지라면'의 바다는 어디일까? 언뜻 생각해 보면 조미미의 고향인 전남 영광 바다이거나 학창시절을 보냈던 목포의 바다를 떠올릴 수 있겠지만, 전혀 다른 곳이다. '바다가 육지라면'의 바다는 이 노래의 작사가 정귀문의 고향인 경북 경주시 감포읍 나정리이다.

1969년 봄. 작사가 정귀문은 답답한 마음에 나정리 해변을 찾았다. 그는 바다를 바라보며 '나를 막고 있는 저 바다가 육지라면, 내 몸이 한 마리의 새라면 이 답답함을 벗어날 수 있을텐데…'라는 생각을 하며 노랫말을 썼다. 정귀문이 이 가사를 지을 당시 서 있던 육지는 섬으로, 넓고 푸른 동해 바다는 먼 육지처럼 은유되었다. 여기에 이인권이 멜로디를 붙여 이 노래가 완성되었다.

얼마나 멀고 먼지 그리운 서울은
파도가 길을 막아 가고파도 못 갑니다
바다가 육지라면 바다가 육지라면
배 떠난 부두에서 울고 있지 않을 것을
아~ 바다가 육지라면 눈물은 없었을 것을

어제 온 연락선은 육지로 가는데
할 말이 하도 많아 목이 메어 못 합니다
이 몸이 철새라면 이 몸이 철새라면
뱃길에 훨훨 날아 어디론지 가련만은
아~ 바다가 육지라면 이별은 없었을 것을

경주 나정리 해변은 신라 제30대 임금인 문무왕이 죽어서 용으로 변하여 왜구의 침입을 막고 있다는 바다무덤인 대왕암, 일명 해중릉 (海中陵) 근처에 있다. 문무왕은 삼국통일을 이룬 뒤 "나의 시신을 불교식으로 화장하여 유골을 동해에 안장하면 용이 되어 불법을 떠받들고 나라를 지키겠다"라고 유언하고는 재위 21년(681년)에 55세의 나이로 사망했다.

문무왕의 아들 신문왕은 부왕을 위해 인근에 왕사(王寺) 감은사를 세우고, 용이 드나들 수 있는 수로까지 파놓았는데 이 수로가 동해 바다로 이어져 대왕암으로 직결된다. 이 대왕암은 오랫동안 '댕바우' (대왕바위)라 하여 문무왕의 왕릉으로 알려졌고, 해녀들은 이 근처를 신성시해서 가지 않았다고 한다.

'바다가 육지라면'을 부른 조미미는 1947년 전남 영광군에서 태어나 목포여고를 졸업했다. 1964년 동아방송이 주최한 '가요백일장'에 참가해 김부자, 김세레나와 함께 최종 선발되면서 가요계에 발을 디뎠다. 이후 '떠나온 목포항'으로 데뷔한 조미미는 풍부한 감수성과 결이 고운 목소리로 '제2의 이미자'로 불렸다. 조미미의 본명은 '조미자'이다. 그러다 보니 당시 한창 인기를 얻고 있던 이미자와 이름이 같아 예명이 필요했다. 이에 작곡가 김부해가 '조미미'라는 예명을 만들어줬다고 한다.

조미미가 한창 활동하던 1970년대 초중반은 송창식, 윤형주, 김세환, 이용복 등으로 대표되는 통기타 포크음악과 김상희, 펄시스터즈, 김추자, 정훈희 등이 주도한 스탠더드 팝 장르가 대세였던 시기였다. 이런 가요계 흐름 속에서 조미미는 '선생님', '먼 데서 오신 손님', '단골손님' 등을 히트시키며 이미자, 문주란, 하춘화와 함께 트로트 계보를 이끌었다.

'바다가 육지라면' 노래비는 두 곳에 있다. 2009년에 노래 탄생의 배경이 됐던 작사가 정귀문의 고향인 경주시 감포읍 나정해수욕장에 노래비가 섰고, 2022년에는 가수 조미미의 고향인 전남 영광군 백수해안도로 노을전시관 앞에도 노래비가 세워졌다.

경주시 감포읍 나정해수욕장에 세워진 조미미의 '바다가 육지라면' 노래비. 나정 바닷가는 이 노래 탄생의 배경이 됐던 곳으로 작사가 정귀문의 고향이다.

첫눈 내리는 날, 그 사람은 어디에…

안동역에서.

무명가수 진성의 인생을 확 바꾼 출세곡이다. 그는 이 노래의 히트로 국민가수 반열에 올랐다.

이 노래는 안동농고를 나온 작사가 김병걸이 안동시 요청으로 노랫말을 지은 '안동사랑 노래집'에 실린 곡들 중 하나였다. 김병걸은 군 입대 전 안동역에서 만난 첫사랑 여인에게 '훗날 첫눈이 올 때 다시 만나자'라고 약속했던 추억을 노랫말에 담았다.

1976년 '현대시학' 추천으로 등단한 시인이기도 한 김병걸은 설운도의 '다함께 차차차', 조항조의 '사나이 눈물', 편승엽의 '찬찬찬', 방어진의 '동동구루무' 등 주옥같은 히트곡의 노랫말을 쓴 유명 작사가이다. 또 '내 고향 안동', '제비원아지매', '부용대 연가', '안동 껑꺼이' 등 안동 소재 노랫말도 많이 썼다.

최강산 작곡으로 노래를 완성한 작사가 김병걸은 어느 날 평소 친분 있었던 가수 진성에게 연락했다.

"형이 용돈을 줄 테니 와서 노래 한 곡 불러달라."

그때만 해도 무명 가수였던 진성은 가사와 멜로디도 모른 채 김병걸을 만났다. 그는 악보를 보고 몇 번 연습한 뒤 그 자리에서 노래를 녹음했다. 이 노래가 바로 '안동역에서'이다.

이렇게 해서 2008년 음반이 나왔으나 대중들의 반응은 냉담했다. 그로부터 몇 년이 지난 후 인터넷에서 노래를 찾는 사람들이 늘어났다. 가요팬들의 "진성 노래를 듣고 싶은데 방송국에 연락해도 음반이 없다며 안 틀어준다. 어디서 들을 수 있느냐"라는 문의가 잇달았다.

히트 예감이 든 진성은 노래를 다시 녹음하기로 했다. 정경천 작곡가에게 편곡을 부탁했다. 2012년 재녹음된 음반이 나오자 반응이 뜨거웠다. 3개월 만에 전국 고속도로 휴게소를 장악하면서 가요계를 뒤집어 놓은 빅히트곡으로 떴다. 노래방, 전국노래자랑, 가요무대, 노래교실 등 곳곳에서 이 노래가 흘러나왔다.

'안동역에서' 노래가 히트하자, 작곡가 정풍송이 자신이 작곡한 나훈아의 '흰구름' 앞부분 4소절을 표절했다며 작곡가 최강산을 상대로 1억 원 손해배상 소송을 내기도 했다. 그러나 이 법정 다툼은 결국 "표절이 아니다"라는 판결이 나면서 종결됐다.

바람에 날려버린 허무한 맹세였나
첫눈이 내리는 날 안동역 앞에서
만나자고 약속한 사람

새벽부터 오는 눈이 무릎까지 덮는데
안 오는 건지 못 오는 건지 오지 않는 사람아
안타까운 내 마음만 녹고 녹는다
기적소리 끊어진 밤에

어차피 지워야 할 사랑은 꿈이었나
첫눈이 내리는 날 안동역 앞에서
만나자고 약속한 사람
새벽부터 오는 눈이 무릎까지 덮는데
안 오는 건지 못 오는 건지 대답 없는 사람아
기다리는 내 마음만 녹고 녹는다
밤이 깊은 안동역에서

안동역사(驛舍)에는 노랫말의 애틋한 사연처럼 역무원과 승객의 애절한 사랑을 전해주는 이야기가 전해져 온다.

해방 이전 어느 해 겨울밤. 한 젊은 역무원이 열차에서 내리자마자 정신을 잃고 쓰러진 한 처녀를 역무실로 업고와 정성스레 간호해주고 집까지 데려다주었다. 며칠 뒤 처녀는 감사의 인사를 전하러 그 역무원을 찾아왔고, 그렇게 두 사람의 사랑이 시작됐다.

당시 역 주변에는 두 사람이 같이 시간을 보낼 만한 이렇다 할 장소도 없고 해서, 늘 역사 뒤편의 오층전탑 주위를 거닐며 사랑을 나

우리 동네 유행가들

누곤 했다. 그리고 그 옆에 사랑의 징표로 벚나무 두 그루를 각각 심었다. 그러다 얼마쯤 뒤 그 역무원은 갑자기 일본 고등계 형사들에게 쫓기게 됐다. 사실 그는 비밀 독립운동단체의 단원이었는데, 일본 형사들에게 이 사실이 알려졌기 때문이었다.

그는 애인이 걱정할 것을 우려해 "같이 심은 벚나무가 죽지 않는 한 자신에게도 별일이 없을 테니 걱정하지 말라"라는 말을 남기고는 황급히 만주로 떠났다. 그 후 처녀는 수시로 역을 찾아와 오층전탑 앞에서 간절히 기도하며 벚나무를 보살폈다고 한다.

그리고 몇 년 뒤 6·25전쟁이 터졌다. 피란을 떠났던 그녀는 고향으로 돌아오자마자 안동역부터 찾았다. 그런데 정말 뜻밖에도 역에는 그가 와있었다. 만주에서 독립군 생활을 하던 그는 해방이 되면서 피치 못할 사정으로 북한군에 편입됐다가 전쟁이 일어나 안동까지 내려오게 됐다고 한다. 그러다 벚나무를 보고는 그녀 생각에 도저히 그곳을 떠날 수가 없어 국군에 투항한 후 그녀를 기다리다 만났다는 것이다.

노래의 배경이 됐던 안동역은 지금은 구(舊)안동역으로 부른다. 2020년 12월 안동역이 송현동으로 이전해 갔

안동시 운흥동 구(舊)안동역에 자리 잡고 있는 진성의 '안동역에서' 노래비. 이 노래의 히트로 가수 진성은 안동역 명예역장으로 임명됐고, 안동 명예시민증도 받았다.

기 때문이다. 구안동역은 1970년대 후반 작사가 김병걸이 대중예술인의 꿈을 품고 서울로 가기 위해 무작정 올라탔던 그 기차역이다.

노래가 크게 히트하자 안동역 광장엔 노래비가 세워졌다. 2014년 7월 3일 안동역에서 제막식과 작은 음악회가 열렸다. 작사가 김병걸, 가수 진성, 안동 출신 가수들이 무대에 섰다. 진성은 이 무대에서 '안동역에서'를 작사가 김병걸과 함께 불렀다. 그리고 가수 진성은 안동역 명예역장으로 임명됐고, 안동 명예시민증과 경북도민상을 받았다.

우리 동네 유행가들

'○○ 아가씨' 제목의 유행가들 1

🎵 문경 아가씨
노래 송춘희, 작사 천지엽, 작곡 임정호

1984년 발표된 노래로 문경새재, 주흘산, 해국사 등을 매개로 헤어진 연인을 기다리는 내용을 담고 있다. 문경을 배경으로 한 노래는 이 곡 외에도 신호정의 '내 고향 문경', 김미선의 '문경 아지매', 윤지영의 '문경 사나이' 등이 있다.

🎵 삼천포 아가씨
노래 은방울자매, 작사 반야월, 작곡 송운선

1965년 발표된 은방울자매의 히트곡 중 하나. 1995년 삼천포가 사천으로 통합됐지만, 지금도 사천에서는 매년 '삼천포 아가씨 가요제'를 개최하고 있다.

🎵 진안 아가씨
노래 진성, 작사 이제이, 작곡 이제이·서재혁

2016년 발표된 노래로 '미스터 트롯2'에서 추혁진이 부르는 등 트로트 오디션 프로그램에서 경연곡으로 많이 불리면서 널리 알려진 곡이다. 진안의 아가씨를 노래한 또다른 곡으로는 전가희의 '진안 홍삼아가씨'도 있다.

🎵 금산 아가씨
노래 김하정, 작사 김운하, 작곡 이철혁

1971년 발표된 노래. 사랑을 꿈꾸는 열아홉 살 금산 아가씨의 순수한 마음이 잘 녹아있는 곡이다.

'울렁울렁 울릉도' 신나는 트위스트

우리나라 대중가요 중에는 섬을 주제로 한 노래들이 많다.

황금심의 '삼다도 소식', 이미자의 '섬마을 선생님'과 '흑산도 아가씨', 최숙자의 '눈물의 연평도', 손인호의 '청춘 등대', 김추자의 '무인도', 서유석의 '홀로 아리랑', 윤수일의 '환상의 섬', 김원중의 '바위섬' 등이다.

이시스터즈가 부른 '울릉도 트위스트' 역시 섬인 울릉도를 배경으로 한 노래로, 코믹한 분위기와 경쾌한 리듬감을 잘 살려냈다는 평가를 받고 있는 불후의 명곡이다.

이 노래는 울릉도와 포항을 오가던 정기 배편인 연락선의 탑승 경험을 실감 나게 다루고 있다. 노래에 나오는 연락선은 과거 포항과 울릉도를 잇던 여객선 '청룡호'다. 최고속도 10노트의 이 배는 저녁에 포항에서 출발하면 다음 날 새벽에야 울릉도 도동항에 도착했다. 그래도 1970년대 고속여객선이 등장하기 전까지는 육지와 울릉도를 잇는 대표 선박이었다.

특히 '울릉도'와 뱃멀미의 느낌인 '울렁울렁'이란 단어를 대비시킨 언어유희가 기발하다. 또 '어지러워 비틀비틀'을 '트위스트'로 연결시킨 점도 재미있다.

노랫말에 동백꽃·호박엿·오징어 등의 지역 풍물들이 등장하는데, 사실 호박엿은 원래 호박으로 만든 것이 아니었다고 한다. 울릉도에서는 옛날부터 엿을 만들 때 천식과 위장병, 피부염 등에 약효가 있는 후박나무의 진액이나 수피(樹皮)를 첨가하여 만들어 '후박엿'이라고 불렀다. 이 후박엿이 육지에 전해지면서 호박엿으로 와전됐다는 것이다.

울렁울렁 울렁대는 가슴 안고
연락선을 타고 가면 울릉도라
뱃머리도 신이 나서 트위스트 아름다운 울릉도
붉게 피어나는 동백 꽃잎처럼 아가씨들 예쁘고
둘이 먹다가 하나 죽어도 모르는 호박엿
울렁울렁 울렁대는 처녀 가슴
오징어가 풍년이면 시집가요
육지 손님 어서 와요 트위스트 나를 데려가세요

울렁울렁 울렁대는 울릉도 길
연락선도 형편없이 지쳤구나
어지러워 비틀비틀 트위스트 요게 바로 울릉도

평생 다 가도록 기차 구경 한 번 못 해보고 살아도

기차보다 좋은 비행기는 구경 실컷 하고 살아요

싱글벙글 생글생글 처녀총각

영감마님 어서 와서 춤을 춰요

오징어도 대풍일세 트위스트 사랑을 합시다

이시스터즈의 '울릉도 트위스트' 앨범 표지.
이 음반은 이시스터즈 단독 앨범이 아니라
봉봉 4중창단의 '육군 김일병'이 함께 실린
스플릿 음반이다.

이 노래가 나온 1960년대는 바로 '트위스트 시대'였다. 트위스트 춤이란 1960년대 초부터 미국을 비롯한 전 세계에서 유행한 댄스 장르로 상체와 하체를 비틀면서 추는 게 특징이다.

1950년대 말에 이미 엘비스 프레슬리의 로큰롤이 조금씩 유입되고, 국내에 처음으로 트위스트 춤을 소개했던 배우 김한섭이 '트위스트 김'이라는 예명을 쓴 것에서도 알 수 있듯이 젊은이들 사이에 트위스트 바람이 불고 있었다.

1964년 개봉한 신성일·엄앵란 주연의 영화 〈맨발의 청춘〉은 댄스홀 문화, 트위스트 춤 등 1960년대 도시 젊은이들의 풍속도를 담아냈다. 특히 영화 속 트위스트 김이 트위스트를 추는 장면은 젊은이들에게 한동안 트위스트 붐을 조성하기도 했다.

'울릉도 트위스트'를 부른 이시스터즈는 이 노래 외에도 '서울의 아가씨', '화진포에서 맺은 사랑', '별들에게 물어봐' 등을 히트시키며 1968년 펄시스터즈가 등장하기 전까지 1960년대를 풍미한 최고의 여성중창단이었다.

　멤버는 김천숙·김희선 자매와 이정자로 김 씨가 2명이고 이 씨가 1명이었지만 이미 1953년에 데뷔한 김시스터즈가 있었기 때문에 '이시스터즈'라고 이름을 지었다. 이후 '이시스터즈'는 이정자가 솔로로 전향하면서 가수 노사연의 외숙모이자 현미의 올케언니인 김상미가 합류하게 되어 김 씨만 3명이 됐다. 그러나 팀 이름을 '이시스터즈'로 그대로 유지했다.

일본 영유권 주장 맞선 독도 수호 노래

독도를 소재로 한 노래 중 가장 널리 알려진 '독도는 우리땅'은 어떻게 만들어졌을까?

1980년대 초 KBS 라디오 PD이면서 같은 방송사 TV 코미디 프로그램 작가로도 일했던 박문영은 어느 날 신문에서 일본의 독도 영유권 주장을 접한다. 그는 울분을 느껴 개그 코너에 독도 노래를 내보내기로 김웅래 PD와 합의하고 1주일 만에 곡을 완성한다.

'독도는 우리땅'을 작곡·작사한 박문영은 1970년대 활동했던 남성 2인조 그룹 '논두렁 밭두렁'의 멤버 출신이다. 또 '한국을 빛낸 100명의 위인들' 노래의 작곡·작사가이기도 하다.

'독도는 우리땅'은 정광태와 임하룡, 장두석, 김정식 등 KBS 코미디언 4명이 포졸 복장을 하고 노래하는 장면이 전파를 타면서 처음으로 공개됐다. 이 노래는 1982년 6월 대성음반에 의해 정식 앨범으로 발매되는데, 원래는 정광태뿐만 아니라 처음 같이 노래했던 코미디언 4명이 함께 녹음할 계획이었다. 그러나 음반 녹음을 위한 미팅 자리에 제작자가 늦게 도착을 했다. 이에 미리 와서 기다리던 4명 중 다음 일정이 없던 정광태를 제외한 3명은 스케줄 상 자리를 떴다.

뒤늦게 온 제작자는 할 수 없이 혼자만이라도 녹음을 시키기로 결정해 정광태의 솔로곡이 되었다. 이 노래는 여러 가수들의 옴니버스 음반 '웃기는 노래와 웃기지 않는 노래'의 A면 5번 트랙에 들어갔다. 본래 이 음반의 타이틀곡은 후에 '개똥벌레'를 부르게 되는 신형원의 데뷔곡 '불씨'였다. 그러나 '독도는 우리땅'의 폭발적인 인기로 인해 나중에는 아예 음반명을 '독도는 우리땅'으로 바꾸고 이 곡을 머릿곡으로 바꿔서 재발매했다.

이 노래의 히트로 정광태는 1983년 KBS 가요대상에서 남자 신인상을 수상하는 등 본격적인 가수 활동을 시작한다.

울릉도 동남쪽 뱃길 따라 200리

외로운 섬 하나 새들의 고향

그 누가 아무리 자기네 땅이라고 우겨도

독도는 우리땅

경상북도 울릉군 남면 도동 1번지

동경 132 북위 37

평균기온 12도 강수량은 1300

독도는 우리땅

오징어 꼴뚜기 대구 명태 거북이

연어알 물새알 해녀 대합실

17만 평방미터 우물 하나 분화구
독도는 우리땅

'독도는 우리땅'은 가사가 가장 많이 바뀐 노래 중의 하나다. 가수 정광태조차 공연과 행사 등에서 때에 따라 가사를 다르게 부를 정도다. 먼저 음반이 나온 다음 해인 1983년에 2절의 독도 주소가 바뀐다. '울릉군 남면 도동 1번지'가 '울릉읍 도동 산 63'으로 개사됐다. 이는 그 사이에 주소가 바뀌어서가 아니라 처음부터 잘못된 주소였기 때문이다.

2012년 발매 음반의 경우에는 가사 중 독도에 관한 각종 데이터가 대거 수정된다. 먼저 '울릉도 동남쪽 뱃길 따라 200리'가 '울릉도 동남쪽 뱃길 따라 87K'로 바뀐다. 이는 정확한 실제 거리와 표준 단위를 동시에 적용한 것이다. 또 '평균기온 12도 강수량은 1300'이 '평균기온 13도 강수량은 1800'으로 수정됐다. '오징어 꼴뚜기 대구 명태 거북이'도 '오징어 꼴뚜기 대구 홍합 따개비'로 바꿨다. 이 무렵 동해에서 그렇게 많이 잡히던 명태가 실종됐고, 거북이 또한 거의 볼 수 없었던 것을 고려한 것이다.

이런 오류가 발생한 이유는 박문영이 이 노랫말을 쓸 당시 독도에 관해 아는 게 거의 없었기 때문이다. 그는 방송국 도서관의 『동아 원색대백과』에서 찾은 독도 항목 내용만을 보고 작사했다고 하는데, 거기에 실려 있던 낡은 정보의 내용이 그대로 가사가 된 것으로 보인다.

독도 관련 대중가요로는 '독도는 우리땅' 외에 한돌의 '홀로 아리랑', 안치환·오지총의 '외롭지 않은 섬', 김안수의 '독도야 말해다오', 박애리의 '경북의 자랑 독도', 신풍의 '나의 독도여', 이태환의 '내 사랑 독도', 정소정·서희의 '독도는 코리안랜드', 최홍배의 '독도 아리랑', 박선하의 '독도의 하루는' 등이 있다.

'홀로 아리랑'의 경우 조용필이 2005년 평양공연 마지막 곡으로 불렀으며, KBS 예능 프로그램 '1박2일'의 독도 편과 백두산 편에서 배경음악으로 사용되어 상당한 인지도를 얻었다. 이후 조금씩 유명세를 타기 시작하면서 '독도는 우리땅' 못지않은 독도 노래로 자리매김했다.

'독도는 우리땅'이 일본의 영유권 주장에 맞서 독도의 자연과 역사에 대해 소개하면서 독도가 우리 땅임을 직설적으로 표현한 노래라면, '홀로 아리랑'은 독도를 매개로 '남북한이 손잡고 잘 지내면서 하나가 되자'라는 평화와 통일을 이야기하는 노래라고 볼 수 있다.

저 멀리 동해 바다 외로운 섬
오늘도 거센 바람 불어오겠지
조그만 얼굴로 바람 맞으니
독도야 간밤에 잘 잤느냐
아리랑 아리랑 홀로 아리랑
아리랑 고개를 넘어가 보자
가다가 힘들면 쉬어가더라도
손잡고 가보자 같이 가보자

독도를 배경으로 노래 부르는 포즈를 취한
가수 정광태. 그는 '독도는 우리땅'이 히트한
이후 행사 참석 등으로 매년 3~4회씩 독도
를 방문한다.

섬·바다를 노래한 유행가들

🎵 울릉도는 나의 천국
노래 이장희, 작사·작곡 이장희

2011년 발표된 곡. 울릉도에 정착해 살고 있는 이장희가 만들고 부른 '울릉도 찬가'이다. 울릉도 이장희 농장인 '울릉천국'에 이 노래의 노래비가 있다.

🎵 영일만 친구
노래 최백호, 작사 김명원, 작곡 최백호

1979년 지구레코드에서 발매한 '최백호 골든디럭스 제1집'에 수록된 곡. 최백호가 포항 영일만 부근에서 음악카페를 운영하던 친구인 홍수진 시인을 위해 이 노래를 만들었다고 한다. 시작 뿐만 아니라 음악 DJ, 연극배우 등으로도 활동했던 홍수진 시인은 1997년 병환으로 세상을 떠났다.

🎵 떠나가는 배
노래 정태춘, 작사·작곡 정태춘

1984년 지구레코드에서 발매한 '정태춘&박은옥 4집'의 타이틀곡. 1978년 발표한 '시인의 마을'과 '촛불'이 히트한 후 한동안 침체에 빠졌던 정태춘의 인기를 다시 회복시킨 노래다.

🎵 포구의 인사
노래 남인수, 작사 김다인, 작곡 이봉룡

1941년 발표된 곡. 울진 죽변항에서 울릉도 학포로 소를 실어 나르는 모습을 묘사한 노래다. 1~3절 각 절마다 불러낸 죽변만, 학포, 울릉도 포구의 정경이 정겹게 느껴진다.

호남은 예로부터 예향으로 불린다. 그러다 보니 판소리 등 국악은
말할 것도 없고 이난영, 남진, 송대관, 하춘화, 현숙, 김연자, 송가
인 등 유명 대중가요 가수들도 많이 배출됐다. 호남의 도시들 중
목포와 여수, 남원은 도시 규모에 비해 대중가요에 등장하는 빈도
가 많은 편이다. '목포의 눈물'로 대표되는 목포는 도시가 가진 매
력과 함께 많은 노랫말 속에 등장한다. '여수 밤바다'로 기억되는
여수와 '남원의 애수'로 유명한 남원도 많은 노래의 배경이 된 곳
이다.

PART 5

광주·전남·전북

목포의
눈물

5·18 때 죽은 친구에게 바치는 노래

일반적으로 '오월 광주'에 대한 노래를 꼽으라면 '임을 위한 행진 곡'이나 '꽃잎처럼 금남로에 뿌려진 너의 붉은 피…'로 시작되는 '오월의 노래' 등 운동가요를 떠올리게 된다. 그러나 대중가요 중에서도 '5·18'과 관련된 노래들이 있다는 사실을 아는 사람들은 많지 않다. '바윗돌'이 그중 하나다.

1981년 MBC 창사 20주년 기념으로 성대하게 열렸던 제5회 대학가요제. 당시 한양대 경영학과 1학년 정오차는 자신이 작곡·작사한 '바윗돌'로 당당히 대상을 수상했다. 광주 출신인 그는 대학가요제 참가 당시 군 복무를 마친 복학생이었다.

찬비 맞으며 눈물만 흘리고
하얀 눈 맞으며 아픈 맘 달래는 바윗돌
세상만사 야속 타고 주저앉아 있을쏘냐
어이 타고 이내 청춘 세월 속에 묻힐쏘냐

우리 동네 유행가들

굴러 굴러 굴러라 굴러라 바윗돌
한 맺힌 내 청춘 부서지고 부서져도
굴러 굴러 굴러라 굴러라 바윗돌
저 하늘 끝에서 이 세상 웃어보자

뭔가 답답하고 우울했던 젊은 세대의 마음을 대변하듯 시원하고 파워풀한 가창력이 압권이었던 정오차의 이 노래는 꽉 막힌 가슴을 시원하게 뚫어준 청량제 같았다. 하지만 이 노래는 대학가요제 사상 최초로 시대적 상황 때문에 금지곡이 된 불행한 곡으로 기록되어 있다.

정오차가 부른 '바윗돌'은 대학가요제 대상 수상 후 한 달 정도 방송에 줄기차게 나오다 어느 라디오 프로그램 출연 후 한순간에 사라진 방송 금지곡이다. 당시 진행을 맡았던 아나운서가 "'바윗돌'이란 노래 제목이 무엇을 의미하냐"라고 묻자 정오차는 "광주에서 죽은 친구의 영혼을 달래기 위해 만든 노래이고 '바윗돌'은 친구의 묘비를 의미합니다"라고 대답했다.

엄혹했던 시절, 방송이 나간 후 정보기관과 방송국에서 난리가 났다. 다음 날 이 노래는 '불온사상 내포'란 이유로 곧바로 금지 조치가 내려졌다. 시대의 아픔을 은유적 가사와 우렁찬 창법으로 노래했던 '바윗돌'은 이렇게 대중들에게 잊혀갔다.

대학 졸업 후 은행에 입사해 KB국민은행 지점장을 지내는 등 금융인으로 변신한 정오차는 직장행사 등에서 노래를 하며 아쉬움을 달랬다. 그는 몇 년 전 은행을 퇴직한 후에도 가끔 무대에 오르며 음악의 꿈을 여전히 놓지 않고 있다.

김원중이 부른 '바위섬'도 '5·18'과 관련이 있는 노래다. 1980년 5월 18일 당시 김원중은 전남대 2학년생이었다. 이른바 '운동권'은 아니었다. 공부보다 기타 치고 노래 부르는 게 좋았다. 그의 말대로 '속없는' 학생이었다. 그런 김원중이 5·18 현장에 있었다. 그는 "그 상황을 눈으로 봤다면 누구나 동조했을 것이다"라고 말한다.

김원중은 지역 선후배들과 만든 그룹사운드 '로터스'에서 활동했다. 5·18이 지나고 군을 제대한 그는 복학 준비를 하고 있었다. 1984년 어느 날, 함께 어울리던 조선대생 배창희가 '바위섬'이라는 노래를 들고 왔다. 배창희는 전남 고흥 소록도에 갔다가 가사를 쓰고 곡을 만들었다고 했다.

그 고립된 섬의 모습이 마치 5·18 당시 광주와 같은 느낌이 들었다는 것. 당시 계엄군은 외부로부터 광주를 철저히 고립시키는 작전을 폈다. 어느 누구도 광주에서 나갈 수도, 광주로 들어올 수도 없었다. 김원중도 배창희의 말에 공감하며 이 노래를 불렀다.

파도가 부서지는 바위섬 인적 없던 이곳에
세상 사람들 하나둘 모여들더니
어느 밤 폭풍우에 휘말려 모두 사라지고

우리 동네 유행가들

남은 것은 바위섬과 흰 파도라네
바위섬 너는 내가 미워도
나는 너를 너무 사랑해
다시 태어나지 못해도 너를 사랑해

김원중은 방송에서 '바위섬'이 '5·18 광주'를 의미한다고 쉽게 말할 수 없었다. 그는 "방송에서 처음부터 내놓고 바위섬의 의미를 얘기하기 어려웠다. 그러나 방송에 나갈 때마다 '나는 광주 출신'이라는 점을 강조했다"라고 말한다. 대신 김원중은 방송이 아닌 개인 공연 무대에서 '바위섬'의 의미를 소개했다. '바위섬'은 한때 가요 프로그램에서 2위를 차지할 정도로 인기를 끌었다.

'오월 광주'를 배경으로 한 대중가요는 '바윗돌'과 '바위섬' 외에도 몇 곡이 더 있다.

1989년 이선희의 5집 음반에 수록된 '오월의 햇살'도 5·18과 관련이 있는 노래다. 윤항기 작곡·작사의 이 노래는 가사에 '오월 광주'에 대한 직접적인 언급은 없지만 '오월의 햇살'이라는 제목을 통해 5·18을 노래하고 있음을 은근히 드러내고 있다. 노래는 함께 민주항쟁을 한 화자의 목소리를 통해 '어두운 밤 함께하던 젊은 소리가 / 허공에 흩어져 가고 / 아침이 올 때까지 노래하자던 / 내 친구 어디로 갔나 / 오월의 햇살 가득한 날 / 우리 마음 따스하리'라며 5·18민주화운동으로 희생된 청춘들을 위로하는 내용을 담고 있다.

나훈아가 1987년 6월항쟁 무렵에 5·18 때 희생된 젊은이들의 죽음이 안타까워 만든 '엄니'라는 노래도 있다.

> 엄니 엄니 무등산에 꽃 피거든
> 한 아름 망월동에 심어주소
> 들리지라우 엄니 들리지라우 엄니
> 인자 그만 울지 마시오

나훈아는 1987년 '엄니'를 쓴 다음 광주 망월동 5·18 묘역을 참배했다. 그리고 '엄니' 테이프 2,000개를 광주MBC 방송국을 통해 제작한 후 5·18 유족들에게 배포하려고 했다. 그러나 '엄니' 테이프 배포는 당시 정권의 영향 때문에 실패하고 말았다. 결국 이 노래는 2020년에야 비로소 정식 음반으로 발표되었다. 노래를 만든 후 발표하기까지 꼬박 33년이란 긴 시간이 흐른 셈이다.

세월이 많이 지났지만 여전히 스산한 5월, 봄날은 이렇게 또 간다.

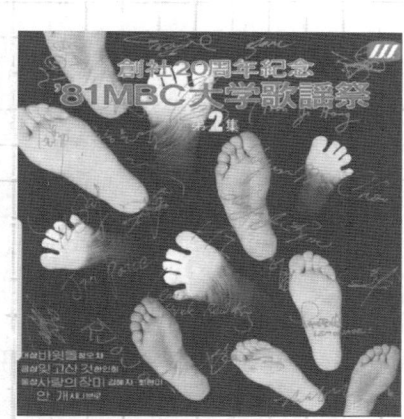

정오차의 '바윗돌'이 수록된 1981년 MBC 대학가요제 앨범 표지. '바윗돌'은 대학가요제 사상 최초로 시대적 상황 때문에 방송 금지곡이 된 노래다.

호남의 한과 설움을 담은 엘레지

'목포의 눈물'은 한국 가요사에서 불후의 명곡으로 꼽히는 노래 중의 하나다. 김수희가 불러 히트한 '남행열차'와 함께 호남을 상징하는 대표적인 곡이다. 또한 신안과 목포 출신인 김대중 전 대통령의 생전 애창곡이기도 했다.

광주 무등야구장(2014년부터는 기아 타이거즈 홈경기가 챔피언스 필드에서 열림)이나 서울 잠실야구장에서 호남을 연고로 하는 프로야구팀 기아 타이거즈(과거 해태 타이거즈)가 승리를 거둘 때마다 팬들이 목놓아 합창하는 노래가 바로 '목포의 눈물'이다. 관중들은 주로 경기가 지고 있을 땐 '목포의 눈물'을, 이기고 있을 땐 '남행열차'를 부르곤 한다.

'목포의 눈물'은 1935년 조선일보와 오케레코드사가 함께 주최한 '전국 향토노래 현상공모' 당선작인 문일석의 가사(당시 제목은 '목포의 사랑')에 작곡가 손목인이 곡을 붙여 가수 이난영이 불러 빅히트한 노래다. 가사를 쓴 문일석의 정체에 대해서는 아직도 정확히 알려져 있지 않다. 와세다대 출신의 윤재희라는 사람이 '문일석'이라는 필명으로 노랫말을 썼다는 설이 유력하고, 좌익운동을 하다 살해당해 후에 바다에 던져진 정철이라는 사람이 다른 사람의 이름을 빌려 응모했다는 주장도 있다.

사공의 뱃노래 가물거리면
삼학도 파도 깊이 숨어드는데
부두의 새악시 아롱 젖은 옷자락
이별의 눈물이냐 목포의 설움

삼백 년 원한 품은 노적봉 밑에
님 자취 완연하다 애달픈 정조
유달산 바람도 영산강을 안으니
님 그려 우는 마음 목포의 노래

이 노래의 첫 소절인 '사공의 뱃노래 가물거리면'에 이어 '삼학도 파도 깊이'로 넘어가는 이난영의 목소리는 더없이 애조 띤 음색이다. 그런데 다음 소절의 가사가 각종 자료마다 악보마다 다르다. 요컨대 '스며드는데'냐, '숨어드는데'냐로 엇갈리고 있다. 이난영공원 노래비와 유달산 노래비에는 '스며드는데'로 표기되어 있다.

그 진행 과정을 보면 처음 음반이 발표되었을 때는 '숨어드는 때'로 표기되었고, 이후 '숨어드는데' → '스며드는데', 이렇게 변화되어

왔다. 과연 어느 표현이 가장 적절할까? 모두 맞을 것도 같지만 '스며드는데'는 아무래도 어색하다. 파도가 높이 칠 때 조그마한 섬은 파도에 가려서 모습이 사라지기도 한다. 삼학도가 그런 경우다. 그럴 경우 아무래도 '숨어드는데'가 더 적절한 표현이 아닐까 한다. 이난영의 육성 노래를 들어봐도 '숨어드는데'로 부르는 것을 금방 확인할 수 있다.

'목포의 눈물'은 노래가 나오자마자 바로 문제가 생겼다. 문제가 된 건 2절 노랫말인 '삼백 년 원한 품은 노적봉' 구절이다. 삼백 년은 임진왜란이 끝난 1598년부터 목포가 개항한 1897년까지 300년이다. 노적봉은 임진왜란 때 이순신 장군이 왜군에게 군량미가 많은 것처럼 보이기 위해 봉우리에 짚과 섶을 둘러놓은 데서 유래한 이름이다. 따라서 300년 동안 임진왜란의 상처를 잊을 수 없었던 노적봉이 '삼백 년 원한을 품었다'라고 한 것이다.

이 가사가 꼬투리가 잡혀 관계자가 일본 경찰에 의해 문초를 당했다. '삼백 년 원한 품은 노적봉'의 대상이 일본이 아니냐며 문제를 삼은 것이다. 결국 노랫말을 '삼백연(三栢淵) 원안풍(願安風)'으로 바꿨다. "삼백연의 바람이 목포항 3개 섬(삼학도)을 거쳐 유달산 노적봉 쪽으로 분다는 뜻"이라고 둘러대서 겨우 검열을 통과했다. 광복 후에 '삼백연'은 '삼백 년'으로, '원안풍은'은 '원한 품은'으로 고쳐서 다시 취입했다.

'목포의 눈물'은 이난영을 단숨에 인기가수 반열에 올려놓았다. 목포 출신으로 16세 때 극단에 입단해 태양극장의 막간가수로 활동하던 이난영은 '목포의 눈물'이 빅히트한 후 목포의 상징적 인

목포시 죽교동 유달산 기슭에 설치된 이난영의 '목포의 눈물' 노래비. 노래비 위에 있는 스위치를 누르면 '목포의 눈물' 노래가 흘러나온다.

물이 됐다. 지금은 해마다 '이난영 추모 난영가요제'가 열리고 있다. 그리고 목포시 유달산 달선각 아래에 '목포의 눈물' 노래비가 있다. 1969년 한 목포시민이 600만 원을 내놓아 세운 이 노래비는 관광명소가 됐다. 노래비 위 스위치를 누르면 '목포의 눈물' 노래가 흘러나온다.

그러나 이난영의 삶에는 '그림자'도 있다. 그녀가 일제강점기에 부른 200여 곡 중에는 군국가요인 '이천오백만 감격'과 '신춘엽서' 등 두 곡이 포함되어 있다. 조선 징병제 시행을 기념하여 제작한 '이천오백만 감격'은 월북 작사가 조명암이 노랫말을 쓰고, 이난영의 남편인 김해송이 작곡한 노래로 남인수와 이난영이 듀엣으로 불러 발표했다.

역사 깊은 반도 산천 충성이 맺혀
영광의 날이 왔다 광명이 왔다
나라님 부르심을 감히 받들어

힘차게 나아가자 이천오백만
아아 감격의 피 끓는 이천오백만

일제의 군국가요을 불렀다고 해서 그 가수를 바로 친일파로 몰 수
는 없다. 자신의 의지로 불렀다기보다는 당시 인기가수였기에 불가
피하게 선택되어 부를 수밖에 없었던 사정이 있었기 때문이다. 그러
나 군국가요를 부른 가수 중 남인수와 백년설은 민족문제연구소의
'친일인명사전'에 이름을 올렸다. 이로 인해 경남 진주의 남인수가요
제와 경북 성주의 백년설가요제가 파행으로 진행되거나 무산됐다.
이들의 노래비 건립 때도 논란이 끊이지 않았다.

그러나 이난영이 군국가요를 부른 것에 대해서는 목포 지역사회
에서 비교적 관대한 편이다. 물론 과거 목포에서 이난영의 친일 행
적을 대중음악적 · 역사적인 관점에서 되짚어 보자는 토론회가 열리
기도 했지만, 이난영 선양사업이 친일 행적을 이유로 무산된 적은
없다.

이난영의 목포 노래는 한 곡이 더 있다. 바로 '목포는 항구다'이다.
이 노래는 조명암 작사에 이난영의 친오빠인 이봉룡이 작곡했다. 작
사가 조명암이 월북한 후 반야월이 작사가 이름을 '박남포'로 바꿔치
기하면서 금지곡으로 묶이지 않고 살아남았다.

영산강 안개 속에 기적이 울고
삼학도 등대 아래 갈매기 우는

그리운 내 고향 목포는 항구다
목포는 항구다 똑딱선 운다

'목포'라는 지명이 어디에서 유래했는지는 정확하지 않다. 앞의 목
(木)을 단순히 나무라 해석해 나무가 많은 포구라서 이런 이름이 붙
었다는 설이 있다. 또 목화가 많이 나서 목포라고 했다는 설, 목련이
많이 자란다는 데서 유래했다는 설도 있다.

이외에도 사투리나 관습적으로 부르던 지명을 한자로 음차하여
발생했다는 등 많은 설이 존재하지만 현재로서 확인할 길은 없다. 다
만 서해로부터 영산강을 타고 육지로 들어가는 '길목'에 위치한 포구
(목개)라는 뜻으로 한자를 차자(借字)해 목포라고 썼을 것이라는 견해
가 가장 유력하다.

여순사건 아픔 노래한 최초 금지곡

'여수야화(麗水夜話)'는 유명 극작가이자 작사가인 김초향(본명 김창기)이 노랫말을 짓고 작곡가 이봉룡이 곡을 붙여 가수 남인수가 부른 대중가요다. 김초향은 해방 후 '여수야화' '해 같은 내 마음' '여수야화' '사나이 결심' 등 5곡의 노래를 작사했는데, 주로 독립과 통일 등 시대상을 담은 작품들이다.

이들 노래 중 '여수야화'는 '제주 4·3사건' 진압 명령에 불복해 반란을 일으킨 '여순사건'으로 인해 집과 가족을 잃은 한 가정의 모습을 구슬프게 담아내고 있다.

무너진 여수항에 우는 물새야
우리 집 선돌 아범 어데로 갔나요
창 없는 빈집 속에 달빛이 새어들면
철없는 새끼들은 웃고만 있네

가슴을 파고드는 저녁 바람아
북청 간 딸 소식을 전해주려무나
에미는 이 모양이 되었다만은
우리 딸 살림살인 허벅지더냐

왜놈이 물러갈 땐 조용하더니
오늘엔 식구끼리 싸움은 왜 하나요
의견이 안 맞으면 따지고 살지
우리 집 태운 사람 얼굴 좀 보자

'여수야화'는 노래가 나온 지 얼마 안 지난 1949년 9월 1일에 대한
민국 최초의 금지곡으로 지정되었다. 이승만 정부는 '여수야화'가 노
랫말이 불순할 뿐만 아니라 나아가서는 민심에 악영향을 초래할 우
려가 있다는 이유로 음반 판매와 공연을 금지시킨 것이다. 이후 악보
출판과 방송 등도 금지되었다.

1949년 이후 '여수야화'는 가요계에서 완전 사라졌다. 심지어
1960년대 이후 금지곡을 지정 관리했던 정부기관인 '공연윤리위원회
(공윤)'와 '방송윤리위원회(방윤)'의 금지곡 목록에도 등장하지 않는다.
작품의 존재 자체가 기록에서 사라져 버린 것이다.

유튜브에서 '여수야화'를 검색하면 두 개의 다른 노래가 뜬다. 남
인수가 부른 '여수야화' 외에 방운아가 불러 1958년에 발표한 반야월
작사, 박시춘 작곡의 또 다른 동명(同名) 노래가 있다. 이 노래는 '여

순사건'과 전혀 관계없는 여수에 대한 그리움과 이별을 담은 곡으로, 지금도 널리 애창되고 있다.

1948년 여순사건 당시 진압군에 의해 여수서 국민학교 교정으로 끌려 나온 사람들. 교정 가운데 선을 그은 후 양쪽으로 분류해 한쪽은 처형되고 한쪽은 살아남았다.

그러면 '여순사건'의 전개 과정을 한 번 살펴보자. 국방경비대(국군 전신) 제14연대 반란 후 이틀간에 걸친 시가전 끝에 여수는 진압군에 의해 장악됐다. 여수 장악 이후 2진으로 도착한 경찰부대는 동료 경찰관과 그 가족들이 처참하게 학살당한 것을 보고 대규모 보복 학살을 감행했다.

초기 진압작전의 실패로 궁지에 몰린 군은 강경한 작전을 구사하였으며, 민가에 대한 철저한 수색을 통해 반란군 협력자를 모두 색출하고자 했다. 당시 천일고무공장에서 생산한 '찌까다비(일할 때 신는 신발)'를 신었다는 이유, 머리를 짧게 깎았다는 이유, 국방색 러닝셔츠나 팬티를 입었다는 이유, 손에 기름때가 묻었다는 이유 등이 '반란군' 가담자 또는 협력자의 기준이 되기도 했다.

이때 이른바 '손가락총'이 등장한다. 부역자를 색출하기 위해 학교 운동장에 모인 사람들의 생명을 좌우하는 것은 손가락질이었다. 이 과정에서 반란군과는 무관한 민간인 상당수가 희생되었다. 이를 보도한 1948년 10월 29일자 조선일보 기사다.

"손가락이 한 번 가르쳐진 사람은 사정없이 끌려 나간다. 끌려 나간 사람들은 또다시 그 집단 속에서 자기와 같이 행동을 했던 사람들을 지목하도록 명령을 받는다. 손가락질 한 번에 끌려 나오면 생명의 위험을 직감하게 되는 것이요, 변명하려 해도 아무 도리가 없는 것이다. '이 자식아 눈깔이 뒤집혔느냐', '내가 언제 폭도에 가담하였느냐' 고함을 쳐보지만, 소용없는 짓이요. 당장에 경찰관에게 제지당하고 만다.

이리하고 있는 동안에 학교 마당 남쪽 구덩이에 15명의 청년이 포박된 채 끌려 나와 선다. 경관대가 한 사람씩 맡아서 약 10미터 뒤에 선다. '카빈'총의 발사와 함께 그들은 앞으로 꼬꾸라진다. 제2탄, 제3탄이 쓰러진 그들에게로 다시 발사되었다. 운동장 안의 각 집단에서는 약속한 듯이 눈을 감고 손으로 얼굴들을 가린다."

한편 여수를 포기하고 지리산으로 입산한 반란군은 11월경부터 진압군과 간헐적인 교전을 벌이는 등 빨치산으로서 활동하였다. 이에 국군은 이듬해까지 토벌작전을 전개하여 여순사건의 주모자인 김지회, 홍순석, 지창수 등을 잇달아 생포하거나 사살했다. 지리산을 중심으로 한 빨치산 활동은 1950년대 중반까지 계속되었으며, 이 과정에서 민간인들의 인명 피해도 끊이지 않았다.

여순사건과 관련된 노래는 '여수야화' 외에 '산동애가'라는 노래가 있다. 전남 구례군 산동면에 살고 있던 열아홉 살 처녀 백순례. 그녀는 둘째 오빠 백남승이 여순사건 관련자로 처형되고, 셋째 오빠 백남극까지 처형될 위기에 처하자 가문의 대를 잇기 위해 스스로 오빠 대신 경찰에 끌려가 처형됐다.

경찰에 의해 처형장으로 끌려가면서 그녀가 마지막으로 애절하게 불렀던 노래가 바로 '산동애가'였다고 한다. 이 노래는 이후 촌로의 입을 통해 가까스로 구전됐다.

잘 있거라 산동아 너를 두고 나는 간다
열아홉 꽃봉오리 열아홉 꽃봉오리
피워보지 못한 채로
화엄사 종소리에 병든 다리 절며 절며
달비 머리 풀어 얹고 원한의 넋이 되어
노고단 골짜기에 이름 없이 쓰러졌네

여수를 노래한 유행가들

🎵 **여수 밤바다**　　　　　　　　　　　　　　노래 버스커 버스커, 작사·작곡 장범준

2012년 발표된 '버스커 버스커 1집'에 벚꽃엔딩과 함께 실린 노래. 보컬 장범준이 대학 2학년 때 여수 만성리해수욕장에서 관광객들의 캐리커처를 그려주는 아르바이트를 할 당시에 하루 일을 끝낸 후 애인에게 전화를 걸었던 경험을 담은 곡이다.

🎵 **여수라라랜드**　　　　　　　　　　　　노래 베니스문, 작사 박영호, 작곡 서혁신

2023년 발표된 베니스문의 데뷔곡. 여수의 놀이공원인 라라랜드에서 삶의 지친 영혼을 치유하고 희망을 꿈꾼다는 내용을 담은 노래다.

🎵 **추억의 오동도**　　　　　　　　　　　　노래 남일해, 작사 반야월, 작곡 이병주

1962년 발표된 노래. 여수항과 오동도를 배경으로 사랑과 추억을 반추하는 탱고 리듬의 곡이다. 노래 가사에 나오는 동백꽃은 여수시의 시화(市花)이다.

🎵 **한 많은 여수항**　　　　　　　　　　　노래 백야성, 작사 호심, 작곡 추월성

1963년 오리엔트레코드에서 발매한 노래. 여수항에서 돌아오지 않는 연인을 기다리는 내용의 노래다. 여수(麗水)는 '아름다운 바다'라는 뜻의 이름처럼 빼어난 풍광과 낭만이 넘치는 도시다.

달 보는 아리랑, 님 보는 아리랑

1971년 초가을.

서울 중구 정동 MBC 6층 사장실에 이환의 사장, 박종민 라디오 국장, 김포천 드라마 부장, 장일영 가요담당 PD 등 4명이 모였다. 참석자 중 이환의 사장과 박종민 국장은 전남 영암 출신이고, 김포천 부장은 광주(光州) 출신이었다.

전북지사를 하던 이환의가 MBC 사장으로 부임한 지 한 달쯤 된 때였다. 이날 논의 안건은 방송사 간부회의 내용치고는 좀 특이했다. 이환의 사장이 먼저 말문을 열었다.

"사장으로 부임하자 김일태 영암군산악회장 등 산악회원들이 나를 찾아와 영암을 전국에 알릴 수 있는 노래를 만들어 방송해 달라고 간곡히 요청했다. 내가 어렵게 '영암 아리랑' 노래 가사를 썼는데 호남 출신들끼리 한번 점검해 보면 좋겠다."

이날 회의에서는 이환의가 쓴 '영암 아리랑' 가사의 후렴 부분 일부가 수정되었다. 고산 윤선도가 쓴 어부사시사의 '지국총 어사와'에서 힌트를 얻어 후렴에 '에헤야 데헤야 어사와 데야'를 넣은 것이다.

이렇게 탄생한 '영암 아리랑'의 작사가는 이환의 사장의 아호인 '백암(白岩)'으로 표기했다. 이 사장은 작사가로 자신의 본명이 나가면 방송사 사장이 자신의 고향을 홍보한다며 타 지역에서 시빗거리가 될 수도 있으니 '백암'이 자신이라는 것을 비밀로 해달라고 당부했다.

당시 장일영 PD는 작곡은 '용두산 엘레지'로 유명한 고봉산으로, 가수는 여성 민요가수를 강력하게 추천했다. 그러나 이환의 사장은 "영암 아리랑은 영암 출신이 불러야 한다"라며 가수 하춘화를 지명했다. 여섯 살에 데뷔한 하춘화는 당시 17세의 여고생 가수였다.

'영암 아리랑'은 1972년 지구레코드사를 통해 발표되자마자 단숨에 큰 인기를 얻었다. MBC 라디오와 TV에서 집중적으로 방송된 덕분이었다. 그해 '영암 아리랑'이 엄청난 인기를 누리면서 하춘화는 MBC 10대가수청백전의 10대가수로 선정됐다.

달이 뜬다 달이 뜬다
영암 고을에 둥근달이 뜬다
달이 뜬다 달이 뜬다
둥근 둥근 달이 뜬다
월출산 천황봉에 보름달이 뜬다
아리랑 동동 쓰리랑 동동
에헤야 데헤야 어사와 데야
달 보는 아리랑 님 보는 아리랑

풍년이 온다 풍년이 온다

지화자자 좋구나

서호강 뭉햇들에 풍년이 온다

아리랑 동동 쓰리랑 동동

에헤야 데헤야 어사와 데야

달 보는 아리랑 님 보는 아리랑

'영암(靈巖)'이라는 지명은 월출산에 있는 바위 이름에서 유래되었다고 전해진다. 이곳에는 움직이는 바위라는 뜻의 동석 3개가 있었는데 중국 사람이 이 바위들을 산 아래로 떨어뜨리자 그 가운데 하나가 스스로 올라왔다고 한다. 그 바위가 바로 영암인데, 이 동석 때문에 큰 인물이 많이 난다고 하여 고을 이름을 '영암'이라 하였다고 한다.

암벽의 지세가 강한 영암은 오래전부터 기가 센 고장으로 이름이 높았다. 그 정기를 이어받아 큰 인물이 적지 않게 배출됐다. 백제의 문물을 일본에 전파해 아스카 문화를 꽃피우게 했던 왕인 박사, 풍수지리설의 시조이자 신라 말 고승으로 고려의 건국을 예언했던 도선국사, 고려 초기에 여섯 국왕을 보좌하면서 왕조의 기틀을 안정시켰던 최지몽은 영암이 낳은 대표적 인물들이다.

영암 출신 문화예술계 인물도 많은데, 가수 하춘화 외에 '여고시절'을 부른 가수 이수미와 '땡벌'과 '막걸리 한 잔'을 히트시킨 가수 강진, 바둑기사 조훈현, 배우 정홍채, 개그맨 강성범 등이 있다.

월출산은 태백산맥에서 갈라져 나온 소백산맥의 한 줄기가 한반도 서남해안을 향해 뻗어 내리다 영암평야에서 우뚝 솟은 바위산이다. 경사가 급하고 산세가 험하지만, 바위 봉우리 하나하나가 웅장하면서도 한 떨기 꽃송이처럼 기품이 있다. 달을 제일 먼저 맞이한다고 해서 월출, 월나, 월생 등의 이름이 붙여졌다.

월출산에는 땅에서는 가장 멀고, 하늘에서는 제일 가까운 부처님이 있다. 국보인 영암 월출산 마애여래좌상이다. 월출산 제2봉인 구정봉(711m)에서 가까운 600m 고지의 거대한 암벽에 새겨진 여래좌상은 '하늘 아래 첫 부처'로 불린다. 불상은 항해하는 배들의 안전을 보살피는 듯 서해를 그윽하게 바라보고 있다.

영암에는 '영암 아리랑'을 부른 가수인 '하춘화 전시관'이 있다. 월출산 기찬랜드 일원에 위치한 '한국트로트가요센터' 2층에 하춘화의 60년 가수 활동을 보여주는 음반, 공연 의상과 사진들이 전시되어 있다. 이는 하춘

영암군 영암읍 한국트로트가요센터 앞에 위치한 하춘화 노래비. 이 노래비에는 하춘화가 부른 '영암 아리랑'과 '월출산 연가' 노랫말이 새겨져 있다.

화의 아버지가 딸이 데뷔한 1961년부터 50년 남짓 모은 각종 자료와 수집물을 기증한 것이다. 그리고 한국트로트가요센터 앞에는 '하춘화 노래비'도 세워져 있다.

육지 그리다 검게 타버린 애심

이미자는 국민가수다.

1959년 데뷔 이후 560장의 앨범을 내고 2,069곡을 불러 가장 많은 음반과 노래를 발표한 가수로 기네스북에 오르기도 했다. 대표곡을 꼽으라면 '열아홉 순정', '동백아가씨', '기러기 아빠', '섬마을 선생님', '아씨', '여로', '여자의 일생', '황포돛대', '울어라 열풍아', '님이라 부르리까', '서울이여 안녕', '흑산도 아가씨' 등을 들 수 있다.

이들 가운데 '흑산도 아가씨'는 독특한 사연을 가진 노래다. 이 노래를 작사한 정두수의 말을 한 번 들어보자.

"1965년 봄 어느 날 작곡가 박춘석 씨가 커피 한잔을 하자더군요. 여가수 신카나리아가 운영하던 다방인데 거기서 우연히 동아일보 석간 사회면 톱기사를 보게 됐어요. 육영수 여사가 흑산도 아이들을 해군 함정에 태워 서울 구경을 시켜주었다는 미담 기사였죠. 방학을 이용해 서울로 수학여행을 오고 싶었지만 그때마다 거센 풍랑이 이들을 가로막았어요. 딱한 소식을 접한 육 여사가 해군본부에 부탁해 아이들의 소원을 들어줬다더군요. 순간 필이 확 오더군요."

박춘석과 헤어진 뒤 집으로 돌아온 정두수는 흑산도에 대한 정보를 캐기 시작했다.

전남 신안군 흑산면에 속해 있는 흑산도는 목포에서 서남쪽으로 90여㎞ 떨어져 있다. 홍도·장도·다물도·대둔도·영산도 등과 함께 흑산군도를 이루고 있으며, 상록수가 무성해 멀리서 보면 사시사철 검게 보인다고 해서 흑산도라는 이름이 붙여졌다고 한다.

그리고 정두수는 흑산도가 『자산어보』를 쓴 정약전의 유배지였다는 것도 떠올렸다. 정약용의 형이던 정약전이 조선 정조 때 이곳에서 귀양살이를 하다가 죽었다. 얼마나 서럽고 외로웠으면 매일 바닷가에 나가 고기를 잡고 이를 기록하는 것으로 한 많은 세월을 보냈을까. 여기에 섬 처녀의 그리움과 외로움으로 생각이 비약했다. 생각이 여기에 미치자 단숨에 노랫말을 써 내려갔다.

남몰래 서러운 세월은 가고
물결은 천번 만번 밀려오는데
못 견디게 그리운 아득한 저 육지를
바라보다 검게 타버린 검게 타버린
흑산도 아가씨

한없이 외로운 달빛을 안고
흘러온 나그넨가 귀양살인가
애타도록 보고픈 머나먼 그 서울을
그리다가 검게 타버린 검게 타버린
흑산도 아가씨

　정두수가 지은 노랫말에 작곡가 박춘석이 줄담배로 밤을 새우며 오선지에 멜로디를 그려냈다. 박춘석은 평생을 독신으로 살면서 이미자의 '섬마을 선생님'·'기러기 아빠', 패티김의 '초우'·'가을을 남기고 간 사랑', 나훈아의 '물레방아 도는데', 남진의 '가슴 아프게' 등 40년간 2,700여 곡을 작곡했다.

이미자의 '흑산도 아가씨'가 수록된 앨범 표지. 이 노래는 '작사 정두수·작곡 박춘석·노래 이미자' 황금트리오의 시작을 알리는 서곡이었다.

　이렇게 완성된 '흑산도 아가씨' 노래는 나오자마자 바로 대박이 났다. 이 노래의 빅히트로 작사가 정두수는 지구레코드사로부터 보너스로 5만 원을 받는다. 당시 전차 차비가 1원 50전인 시절이었다.

　이 노래는 '작사 정두수·작곡 박춘석·노래 이미자' 황금트리오의 시작을 알리는 서곡이기도 했다. 이후 세 사람은 '그리움은 가슴마다', '삼백 리 한려수도', '아네모네', '황혼의 블루스', '고향의 꿈' 등 수많은 작품들을 쏟아낸다.

그리고 이 노래는 1969년 권혁진 감독이 연출한 동명의 영화 〈흑산도 아가씨〉가 만들어질 때 영화 주제가로도 채택되었다. 이 영화에는 당대 최고 인기배우였던 윤정희·이예춘과 인기가수였던 남진이 주연으로 출연했는데, 섬에서 살아가는 가난한 어부의 딸이 대학생이 되어 방학 중에 고향 흑산도를 방문하여 힘겹게 살아가는 아버지를 위해 발동기가 달린 어선을 마련하는 과정을 담은 내용이다.

1997년에 흑산도 앞바다가 한눈에 들어오는 상라봉에 '흑산도 아가씨' 노래비가 세워졌고, 2012년에는 '흑산도 아가씨 동상' 제막식 참석을 겸해 이미자가 현지에서 공연을 열기도 했다.

해공 추모곡이 된 '목이 메인 이별가'

'못살겠다 갈아보자'

우리나라 선거 역사상 가장 히트한 선거 구호다. 이처럼 유권자의 귀에 착 달라붙는 선거구호가 있었을까. 민주당이 내 건 '못살겠다 갈아보자' 구호는 국민들의 가슴 저 깊은 곳 체증을 훑어주는 소화제 같은 것이었다.

1956년 대통령 선거. 민주당의 이 구호에 맞서 자유당은 '구관이 명관이다'를 내세웠다. 하지만 민심은 이미 신익희를 향해 있었다. 30만 명의 군중이 모인 한강백사장 유세의 엄청난 열기가 이를 방증하지 않았던가.

그러나 호남 유세를 떠난 신익희는 '비 내리는 호남선'에서 급서(急逝)하고 만다. 세상이 발칵 뒤집혔다. "이건 분명 자유당의 소행이다!" 흥분한 일부 국민들은 이승만 정권에 의한 독살이 아니냐는 짙은 의혹을 품었다. 의심은 꼬리에 꼬리를 물고 확산됐다.

5월 5일 오후 4시경.

신익희의 유해가 서울역에 도착했다. 비는 억수같이 쏟아졌다. 대학생들을 중심으로 한 시민들은 유해를 밀며 대통령 관저인 경무대로 향했다. 기마경찰대가 시위대를 제지하려 했지만, 성난 군중을 막지는 못했다. 경무대 앞에서 "이승만은 물러가라", "못살겠다 갈아보자" 등의 구호가 울려 퍼졌다. 급기야 경찰의 발포로 10여 명의 사상자가 났고 700여 명의 학생과 시민이 체포됐다.

그런다고 떠난 사람이 돌아올 수는 없는 법. 국민들은 애통한 마음을 대중가요 '비 내리는 호남선'에 담아 노래했다.

목이 메인 이별가를 불러야 옳으냐
돌아서서 피눈물을 흘려야 옳으냐
사랑이란 이런가요 비 내리는 호남선에
헤어지던 그 인사가 야속도 하더란다

다시 못 올 그 날짜를 믿어야 옳으냐
속을 줄을 알면서도 속아야 옳으냐
죄도 많은 청춘이냐 비 내리는 호남선에
떠나가는 열차마다 원수와 같더란다

'비 내리는 호남선'이 신익희의 추모곡이 된 것이다. 당국은 긴장했다. 작사가 손로원은 물론 작곡가 박춘석, 가수 손인호까지 줄줄이조사를 받는 곤욕을 치렀다. 실제 가사를 쓴 사람이 신익희의 미망

손인호의 '비 내리는 호남선'이 수록된 앨범 표지. 이 노래는 1956년 대통령 선거 유세 중 사망한 신익희의 추모곡으로 불리면서 작사가 등이 줄줄이 조사를 받는 곤욕을 치렀다.

인이 아니냐는 추궁을 받은 것이다. 그러나 이 노래가 신익희 타계 1년 전에 이미 발표됐다는 물적 증거가 제시되면서 이들은 풀려나게 된다. 이후 이 노래는 제2의 '목포의 눈물'이 됐고, 1982년에는 후속타로 김수희의 '남행열차'를 낳는다.

상하이 임정 내무부장 출신으로 건국 후 국회의장을 지낸 신익희는 1956년 3월 민주당의 대통령 후보로 선출된다. 부통령 후보에는 장면이 뽑혔다. 그리고 민주당 창당에서 배제된 또 다른 야당 진보당에서는 조봉암과 박기출이 각각 정·부통령 후보로 선출된다. 이로써 대통령 선거는 이승만·이기붕 vs 신익희·장면 vs 조봉암·박기출의 대결 구도로 압축되었다.

신익희와 장면은 유세를 통해 이승만 정권의 실정과 비리를 가차 없이 비판하면서 국민들의 지지를 모아 나간다. 또 당내 인사 가운데 연설력이 뛰어난 박순천·조재천 등이 총동원된 유세반이 서울 한복판에서부터 시골 장터에 이르기까지 "못 살겠다 갈아보자"라며 열변을 토하면서 민주당의 인기는 하늘 높은 줄 모르고 치솟는다.

신익희의 유세 현장은 사람들로 '인산인해'를 이루었다. 서울 수송국민학교(지금의 초등학교) 유세에 3만여 명이 참여한 데 이어, 대구

우리 동네 유행가들

수성천 강연회에는 20만 명에 가까운 인파가 자리를 가득 메웠다. 그의 연설은 청중들을 감격하게 했고 눈물을 흘리게 만들었다.

신익희의 유세는 5월 3일 30만 인파가 모인 서울 한강백사장 유세로 절정에 달한다. 아침부터 서서히 모이기 시작한 인파는 정오가 조금 지나면서 한강백사장을 가득 메운다. 백사장에 못 들어간 사람들은 연설이 제대로 들리지도 않는 한강 인도교 건너편의 흑석동 산마루를 뒤덮었다.

한강백사장 유세 후 신익희는 건강을 우려한 측근들의 강력한 반대에도 불구하고 당의 결정대로 호남 유세에 나선다. 신익희가 장면과 함께 중앙당사를 떠나 서울역으로 향한 것은 5월 4일 밤 9시 경이었다. 그들이 서울역에 들어섰을 때 역장이 마중을 나와 일행을 안내했다. 그리고 후속 유세반이 도착할 때까지 역장의 차 대접을 받으며 잠시 휴식을 취한다.

이윽고 10시. 여수행 55열차는 신익희와 장면 일행을 태우고 서울역 플랫폼을 빠져나간다. 조병옥 등 당 간부들이 신익희 일행을 전송했다. 열차에 몸을 실은 신익희와 장면은 침대칸에 자리를 잡는다. 새벽 도착 때까지라도 눈을 좀 붙이기 위해서였다. 1등 차 7번 하단 침대에는 신익희가, 상단침대에는 장면이 자리를 펴고 누웠다. 그들은 곧 잠에 빠졌다. 언제부터인지 차창에 밤비가 흩뿌리고 있었다.

새벽 5시 25분. 열차는 함열역을 달리고 있었다. 잠을 깬 신익희는 침대에 걸터앉아 넥타이를 매고 있었다. 그 순간 신익희가 갑자기

고개를 떨어뜨린다. 그러고는 전신이 마비된 사람처럼 힘없이 옆으로 쓰러진다. 신익희가 쓰러진 순간, 비서 신창현이 그의 손을 들어 맥을 짚어 보았으나 이미 심장의 고동 소리가 가늘어지고 있었다.

"열차의 속도를 더 내라고 해! 빨리 이리역으로 가야 해."

누군가 소리치자 수행원 한 사람이 기관실로 달려간다. 신익희의 위독을 알리자 열차는 이리역을 향해 속도를 높인다. 열차가 이리역에 도착한 시간은 5시 50분. 환하게 동이 트이기 시작할 시간이었다.

완전히 혼수상태에 빠진 신익희는 이리역에서 가장 가까운 호남병원의 응급실로 옮겨진다. 청진기를 쥔 의사의 손이 가늘게 떨렸다.

"심장마비 같습니다, 너무 늦었습니다."

옆에 서 있던 장면은 눈을 스르르 감았다.

아침 6시. 응급실 창밖에는 보슬비가 내리고 있었다.

우리 동네 유행가들

남원을 노래한 유행가들

남원의 애수
노래 김용만, 작사 김부해, 작곡 김화영

1954년 아리랑레코드에서 발매한 김용만의 대표곡. 고전소설 춘향전 내용을 바탕으로 춘향과 이도령의 이별과 재회의 기쁨을 잘 묘사해서 크게 히트한 명곡이다. 남원을 배경으로 하는 노래 중에서는 가장 유명한 곡이라고 할 수 있다.

남원의 봄사건
노래 황정자, 작사 야인초, 작곡 한복남

1957년 발표된 노래. 황정자의 빅히트곡인 '오동동 타령'에 이어 '야인초 작사·한복남 작곡' 콤비가 만든 곡으로, 가사의 내용이 한편이 연극처럼 드라마틱하고 멜로디는 구성지고 경쾌하다.

춘향의 단심
노래 송춘희, 작사 월견초, 작곡 나화랑

1966년 발표된 노래. 춘향전을 바탕으로 만든 다른 노래들과 마찬가지로 이도령과의 이별, 그리고 이도령이 성공해서 자신을 구해주기를 기원하는 춘향의 절절한 마음을 담은 곡이다.

남원 소식
노래 옥두옥, 작사 김초향, 작곡 박시춘

1949년 럭키레코드에서 발매한 음반에 실린 노래. 이 노래를 부른 옥두옥은 1950년대 재미교포와 결혼해 미국으로 건너가, 현인의 '고향만리'를 'East of Make Believe'로 번안해 영어로 취입한 우리나라 한류 1호 가수다.

익산 황등역, 통학열차의 추억

나훈아의 많은 히트곡 중 '고향역'의 탄생 배경은 마치 한 편의 영화처럼 드라마틱하다.

당시 무명 작곡가인 임종수는 많은 곡들을 만들었지만, 아무도 알아주는 사람이 없었다. 그러면서 전북 순창에서 서울에 올라와 힘들게 고생하는 자신의 처량한 처지를 빗대어 '차창에 어린 모습'이라는 노래를 만들었다.

그는 성공하고 싶었다. 곰곰이 생각해도 성공하는 방법은 유명 가수에게 곡을 줘서 히트하는 것뿐이었다. 당시 남자 인기가수는 남진, 나훈아, 박일남, 남상규, 안다성, 오기택, 최희준 등이 있었다. 이들 가수 중에서 이 노래를 나훈아가 부르면 가장 잘 어울릴 것이라고 생각했다. 그는 나훈아가 전속해 있는 청계천 8가 평화시장 건너편 오아시스레코드사를 무작정 찾아간다.

그러나 사무실 사람들은 임종수를 힐끗 쳐다보고는 시선도 주지 않았다. 그는 이에 아랑곳하지 않았다. 오아시스레코드사를 매일 방문해 사무실을 지켰다. 그러기를 석 달이 지났다. 어느 날 나훈아가 사무실에 나타났다.

임종수는 이 기회를 놓치면 안 된다는 위기감에 벌떡 일어났다. 나훈아의 어깨를 잡았다. "와 왜?" 나훈아의 첫 반응이었다. 그는 준비한 말을 속사포처럼 쏟아냈다.

"저는 무명 작곡가 임종수라고 합니다. 나훈아 님을 만나려고 3개월 동안 기다렸습니다. 나훈아 님에게 정말 주고 싶은 곡이 있습니다. 5분이면 충분합니다. 딱 5분만 저에게 시간을 내주십시오."

나훈아는 그를 따라 피아노가 있는 방으로 들어갔다.

임종수는 "먼저 하겠습니다"라고 말한 뒤 피아노를 연주하며 노래를 시작했다. 등 뒤에 서 있던 나훈아가 앞으로 와 그의 얼굴을 쓱 쳐다보았다.

"임 선생님, 지보다 더 노래를 잘하시네예. 한 번만 더 해주이소."

임종수는 나훈아의 말에 용기를 얻었다.

떠돌다 머무른 낯선 타향에
단 한 번 정을 준 그 사람을 홀로 두고서
혼자만 몸을 실은 열차는 외로워
눈감아도 떠오르는 차창에 어린 모습

임종수는 다시 1절을 불렀다. 그러자 나훈아는 "한 번만 더 해주이소"라고 말했다. 노래를 세 번 듣고 난 나훈아는 "제가 한번 따라 해보겠심니더"라며 노래를 따라 불렀다. 그리고 그 자리에서 악보에 사인을 했다. 녹음하겠다는 뜻이었다.

1971년 3월 9일. 나훈아가 이 노래를 녹음했다. 임종수가 그다음 날 레코드사를 찾아갔다. '차창에 어린 모습'이 타이틀곡으로 편집되었다는 소문이 파다했다. 사무실 직원들이 축하한다면 손을 내밀었다. 그러나 막상 5월에 음반이 나왔을 때 이 곡은 타이틀곡이 아닌 세 번째 곡으로 밀려나 있었다.

'엎친 데 덮친 일'이 일어났다. 가사가 처량해서 정부가 주도하는 의식개혁 운동에 맞지 않는다고 방송 불가 판정이 내려진 것이다. 이렇게 해서 이 노래는 방송 한 번 타지 못하고 사라지는 비운의 신세가 됐다.

임종수는 여전히 무명 작곡가로 남아있었다. 그렇게 세월이 흐르던 1971년 12월 말, 임종수는 오아시스레코드사에 들렀다가 우연히 다시 나훈아를 만난다. 그런데 나훈아가 뜻밖의 제안을 하게 된다.

"임 선생님, '차창에 어린 모습'이 너무 아깝심니더. 어차피 방송도 안 나갔으니 슬픈 가사를 떼고 건전한 가사로 고쳐주이소. 리듬도 트로트에서 고고로 바꿔주시고예. 고고로 바꾸면 경쾌하게 들리지 않겠어예."

집에 돌아온 임종수는 노랫말 수정을 놓고 고민에 고민을 거듭했다. 그 순간 이리 남성중학교 다닐 때 황등역에서 이리역까지 통학했던 기억이 섬광처럼 떠올랐다. 당시 그는 익산군 삼기면 형님 집에서 몇 개의 산등성이를 넘어 황등역으로 가 통학열차를 타야 했다. 기찻

우리 동네 유행가들

길 옆에 핀 코스모스를 보면서 고향의 어머니가 생각나 많이도 울었
던 기억이 났다. 일단 제목을 '고향역'으로 정하고 노랫말을 쓰고 곡
을 다듬었다.

1972년 2월 8일. 나훈아는 새롭게 고친 '고향역'을 취입한다. 그러
나 이번에도 타이틀곡이 아니어서 또다시 주목받지 못했다. 그러나
실망한 임종수에게 뜻밖의 행운이 찾아온다. 나훈아가 전속사를 지
구레코드사로 옮긴 것이다.

지구레코드사에서 신곡 '녹슬은 기찻길'을 발매하자, 위기를 느낀
오아시스레코드사는 맞불을 놓기 위해 묘수를 짜낸다. 나훈아의 앨
범 중 타이틀곡을 제외하고 알려지지 않은 노래 '베스트 10' 음반을
내놓는 것이었다. 이번에는 '고향역'이 타이틀곡이었다.

코스모스 피어있는 정든 고향역
이쁜이 곱분이 모두 나와 반겨주겠지
달려라 고향열차 설레는 가슴 안고
눈 감아도 떠오르는 그리운 나의 고향역

코스모스 반겨주는 정든 고향역
다정히 손잡고 고개마루 넘어서 갈 때
흰머리 날리면서 달려온 어머님을
얼싸안고 바라보았네 멀어진 나의 고향역

음반이 출시되자 전국에서 '코스모스 피어있는~' 노래가 흘러나왔다. '고향역'은 산업화로 고향을 떠나 도시로 이동한 출향인들의 마음을 뒤흔들며 빅히트를 기록했다.

나훈아의 '고향 시리즈' 노래로는 '고향역' 외에 '물레방아 도는데', '꿈속의 고향', '고향으로 가는 배', '고향 나루터', '고향의 그 사람', '머나먼 고향', '너와 나의 고향', '꿈에 본 어머니', '고향의 어머님' 등이 있다.

'고향역'의 작곡 및 작사가인 임종수는 오랫동안 KBS〈전국노래자랑〉의 딩동댕 심사위원으로 활동했다. 그는 '고향역' 외에도 이후 하수영의 '아내에게 바치는 노래', 태진아의 '옥경이', 조항조의 '남자라는 이유로' 등 히트곡을 작곡했다.

우리 동네 유행가들

익산시 황등면 황등역 앞에 세워진 나훈아의 '고향
역' 노래비. 이 노래는 작사가 임종수가 학창시절
황등역에서 이리역까지 통학했던 기억을 바탕으로
노랫말이 만들어졌다.

3·15의거, 김주열을 위한 진혼곡

1960년 4월 어느 날.

직물회사에 근무하면서 틈틈이 작사가로 활동 중이던 차경철은 부산시 서구 아미동에 위치한 도미도레코드사를 찾았다.

'빈대떡 신사'로 유명한 가수이자 도미도레코드사의 사장이던 한복남은 사무실에서 기타를 치고 있었다. 잠시 후 석간신문이 도착했다. 신문에는 김주열 열사의 운구가 마산에서 고향인 남원으로 향한다는 소식이 담겨있었다. 차경철의 말을 들어보자.

"그날 비가 좀 내렸지. 당시 내 나이가 25세였는데, 자유당 독재정권과 맞서 싸운 어린 학생의 죽음에 눈물이 나서 못 견디겠더라고. 그래서 한복남 선생님에게 노래를 만들자고 제안했어. 한 선생님이 가만히 내 얼굴을 쳐다보더니 그러자고 하더군. 감정이 복받쳐 올라서 가사와 곡이 그 자리에서 만들어졌지. 아마 10분 정도 걸렸을 거야."

차경철이 쓴 노랫말에 한복남이 바로 곡을 붙였다. 노래 시작 첫 머리에 총소리, 데모소리가 나오고 중간에 아리랑 노래가 흘러나오는 식으로 노래가 구성됐다. 이후 가수 손인호에 의해 음반 취입이 이루어졌다. 당시 손인호는 '한 많은 대동강', '비내리는 호남선'을 불러 히트시킨 유명가수였다.

'남원 땅에 잠들었네'의 1절 가사에는 김주열의 억울한 죽음과 독재정권의 부정선거에 분연히 맞서 싸워 이긴 마산 시민과 학도들의 투쟁이, 2절에는 장래의 성공을 위해 마산상고로 유학을 보냈는데 애처로운 주검이 되어 고향으로 돌아온 아들을 보며 목메어 우는 어머니의 한 맺힌 슬픔이 표현됐다.

원통하게 죽었구나 억울하게 죽었구나
몸부림 친 3·15는 그 누가 만들었나
마산 시민 흥분되어 총칼 앞에 싸울 적에
학도 겨레 장하도다 잊지 못할 김주열
무궁화꽃을 안고 남원 땅에 잠들었네

남원 땅을 떠날 적에 성공 빌던 어머니는
애처로운 주검 안고 목메어 슬피 울 때
삼천 겨레 흥분되어 자유민주 찾으려고
학도 겨레 장하도다 잊지 못할 김주열
무궁화꽃을 안고 남원 땅에 잠들었네

1960년 늦여름에 나온 이 노래는 음반이 나온 뒤 상당한 인기를 끌었다. 학생들이 술자리에서 이 노래를 많이 부르곤 했다. 그러나 이 노래의 생명은 오래 가지 못했다. 이듬해 5·16으로 박정희 정권이 들어서면서 방송금지 조치가 이루어진 것이다.

엎친 데 덮친 격이라고 했던가. 이 노래를 발매한 레코드사마저 부도가 나면서 '남원 땅에 잠들었네'는 서서히 잊혀져 갔다.

'남원 땅에 잠들었네' 노래 속 주인공인 김주열은 어떤 사람이었을까? 김주열은 1944년 10월 7일 전북 남원시 금지면에서 태어났다. 성격이 온순하여 공부와 일밖에 몰랐고 친구들이 싸움해도 참견할 줄 모르는 무던한 아이였다. 아버지 김재계는 천석꾼의 부농이었지만 병환이 깊어져 가세가 기울었다. 김주열은 기울어진 가세를 일으키겠다는 야무진 꿈을 안고 은행원이 되기 위해 마산상고에 지원했다. 마산상고 합격자 발표일은 원래 1960년 3월 14일이었다. 김주열은 형 김광렬과 함께 마산으로 향했고 공고한 발표일인 14일엔 이미 마산에 도착해 이모할머니 집에 머물고 있었다.

마침 이튿날인 3월 15일 전국적으로 부정선거가 치러졌다. 마산도 예외가 아니었다. 이날 형과 함께 시위에 나선 김주열은 경찰이 쏜 최루탄이 얼굴에 박힌 채 사망했다. 경찰은 그의 시신을 쇠사슬로 묶은 뒤 돌을 매달아 몰래 마산 앞바다에 수장했다. 가족들은 실종된 김주열을 찾기 위해 온갖 노력을 다했지만 쉽게 찾을 수 없었다.

김주열의 시신은 4월 11일 얼굴에 최루탄이 박힌 채 마산 중앙부두 앞 바다에 떠올랐다. 이 사진은 당시 부산일보 허종 기자가 찍어 특종으로 보도됐다. 이 사진과 보도는 AP통신을 통해 바로 전 세계에 알려졌다. 마산이 들끓었다. '김주열을 살려내라' '김주열을 살해한 범인을 처단하라'는 구호를 외치며 시민 3만여 명이 시위에 나섰다. 이 시위는 들불처럼 번져나가 마침내 서울에서 4·19혁명으로 폭발한다.

1960년 4월 11일 얼굴에 최루탄이 박힌 채 마산 중앙부두 앞바다에 떠오른 김주열 모습. 남인수의 '남원 땅에 잠들었네'는 김주열의 억울한 죽음과 어머니의 슬픔을 소재로 만든 노래다.

4·19혁명 뒤 민주당 정부가 들어서면서 가해자에 대한 처벌이 이루어지고 민주주의가 도래하는 듯했다. 그러나 이듬해 5·16 군사쿠데타로 김주열 열사와 3·15의거, 4·19혁명은 역사의 뒷전으로 밀려난다. 김주열의 가족들도 오랫동안 경찰의 감시에 시달렸다.

1990년대 이후 김주열 열사를 재조명하고 기리는 움직임이 시작된 게 유족에게 그나마 위로가 되었다.

1995년 김주열의 모교인 용마고(마산상고 후신)에서는 3·15의거 35년 만에 김주열에게 명예졸업장을 수여했다. 2008년에는 용마고 교정에 김주열 열사 흉상 및 조형물을 제막했다. 해마다 3월 14일에는 남원에서 김주열 열사 추모식이 열리고, 시신이 떠오른 4월 11일에는 마산에서 추모제가 열린다. 그리고 2010년 3월에 마침내 국무회의 의결에 따라 3·15의거는 국가기념일로 지정되었다.

필 때도 질 때도 동백꽃처럼⋯

가수 송창식이 묻는다. "선운사에 가신 적이 있나요?" 그리고 또 묻는다 "동백꽃을 보신 적이 있나요?"

봄날 어느 절 뒷마당에 뚝뚝 꺾여 떨어진 붉은 동백꽃. 생각만으로도 가슴이 저린다. 이러한 풍경의 중심에 선운사가 있고, 시인 미당 서정주와 가수 송창식이 있다.

송창식이 인천에서 중학교를 다닐 때 '문학의 밤' 강사로 온 미당을 처음 만났는데 그의 시에 큰 감명을 받았다. 이후 가수가 된 송창식은 서정주의 제자 문정희 시인을 앞세워 다시 미당의 집을 찾았다. 술이 몇 순배 돌고 난 뒤 미당은 시 한 편을 넌지시 건넸다. 노래 '푸르른 날'의 탄생 순간이다. '선운사' 역시 송창식과 서정주의 인연으로 만들어졌다.

선운사 골째기로
선운사 동백꽃을 보러 갔더니

동백꽃은 아직 일러 피지 안했고
막걸릿집 여자의 육자배기 가락에
작년 것만 상기도 남었습디다
그것도 목이 쉬어 남었습디다
　　- 서정주 〈선운사 동구〉

시 〈선운사 동구〉에는 아린 사연이 있다. 해방 전 어느 해, 서정주
는 선운사 질마재 동구 주막집에서 농주 한 동이를 다 비운다.

미당은 마흔 언저리의 주모가 불러주는 걸쭉한 육자배기 한 가락
을 안주 삼아 헛헛한 마음을 달랜 것이다. 세월이 흐른 뒤 미당은 선
운사에 다시 들러 주모를 찾았지만, 6·25 난리 통에 세상을 등겼다
는 풍문만 들었다. '선운사 동구'라는 시가 나오게 된 배경이다. 선운
사가 위치한 전북 고창은 서정주의 고향이다.

서정주의 〈선운사 동구〉에 마음을 뺏긴 송창식이 노래를 지어 헌
사하기로 한다. 1986년 송창식은 어느 날 방문했던 선운사 동백의
낙화를 보며 느꼈던 처연함을 노래에 담는다. 노랫말은 처량하고 쓸
쓸해서 매혹적이다.

선운사에 가신 적이 있나요
바람 불어 설운 날에 말이에요
동백꽃을 보신 적이 있나요
눈물처럼 후두둑 지는 꽃 말이에요

나를 두고 가시려는 님아

선운사 동백꽃 숲으로 와요

떨어지는 꽃송이가 내 맘처럼 하도 슬퍼서

당신은 그만 당신은 그만 못 떠나실 거예요

고창군 아산면 선운사에 활짝 핀 동백꽃 모습. 송창식이 부른 '선운사'는 선운사 동백꽃의 낙화를 보며 느꼈던 처연함을 담은 노래다.

선운사가 위치한 선운산(禪雲山)은 전북 고창군에 있는 산으로 '호남의 내금강'으로 불린다. 이 산은 조선 중종 때 간행된 『신증동국여지승람』에는 도솔산이라 기록되어 있다.

선운사는 577년 백제 위덕왕 때 검단 선사가 창건했다. 당시 이 근처에는 도적이 들끓었는데 검단 선사가 도적들을 교화하여 소금 굽는 일과 종이 만드는 일을 하게 하였다. 이후 도적들은 감사의 의미로 매년 선운사에 소금을 바쳤다고 한다. 그 후 폐사가 되어 석탑 1기만 남았는데 1354년 고려 공민왕 때 효정 선사가 중수하였다. 1472년 조선 성종 때 극유라는 승려가 성종의 숙부 덕원군에게 후원받아 대대적으로 중창했지만, 1597년 선조 때 정유재란으로 본당을 제외하고 모두 불타버렸다. 1613년 광해군 때 대웅전, 만세루, 영산전, 명부전 등을 재건했다.

선운사에는 대웅전과 금동지장보살좌상, 동불암지 마애여래좌상을 비롯해 7점의 보물이 있다. 동백나무 3,000여 그루가 자라는 '선운사 동백나무 숲'은 천연기념물 제184호로 지정되어 있다.

이중 선운사 동불암지 마애여래좌상의 전설이 특히 유명하다. 선운사의 부속 암자인 도솔암으로 가는 길에 본 마애불이 있고, 이 마애불의 배꼽 부분에 네모난 감실이 있다. 보통은 여기에 불경 등을 넣지만 전설에 따르면 선운사 마애불에는 검단 선사의 비결(秘訣)이 들어있다고 한다.

이 비결이 나오면 한양이 망한다는 소문이 주변에 떠돌았는데, 19세기 초 전라감사 이서구가 이를 비웃으며 안에 들어있는 것들을 꺼내려고 시도했다고 한다. 그런데 막상 꺼내려고 하니 마치 이를 막으려는 듯 벼락이 온 사방에 쳐서 위축되었으나, 그래도 강행하였고 결국 감실을 열어서 안에 있던 책을 폈다고 한다. 하지만 책의 첫 문장으로 '전라감사 이서구가 열어본다'라고 적혀있었고 이를 보고 기겁하여 다시 봉인하였다고 한다. 그 후 동학농민운동 때 동학 접주 손화중이 비결을 꺼내 갔다고 한다.

벚꽃은 흩날리는 순간이 황홀하고, 동백은 뚝뚝 떨어진 채 나뒹구는 모습이 아름답다. 어느 봄날, 옛사랑에 가슴이 저릴 때 선운사 동백꽃을 보러 가고 싶다.

대전·충남·충북을 배경으로 하는 대중가요 명곡들은 여러 지역에 고루 분포되어 있다. 충청권에서 가장 큰 도시인 '대전 부르스'의 대전, 백제의 수도였던 '꿈꾸는 백마강'의 부여, '서산 갯마을'의 서산, '만리포 사랑'의 태안 등이다. 이외에도 충청권을 대표하는 노래로는 박재홍의 '울고 넘는 박달재', 주병선의 '칠갑산', 조영남의 '내 고향 충청도', 송춘희의 '수덕사의 여승', 이동원·박인수의 '향수' 등이 있다.

PART 6

대전·충남·충북

대전
블루스

'대전발 0시 50분' 이별의 완행열차

1956년 어느 봄날.

최치수는 잰걸음으로 서울 종로5가 금호다방으로 향했다. 다방은 손님이 별로 없어 한적했다. 이때 작사가 손로원이 다방문을 밀며 들어왔다. 최치수는 손로원이 들어서기가 무섭게 카운터를 향해 소리를 질렀다.

"보이소, 여기 손 선생님께 커피 한 잔 퍼뜩 갖고 오이소."

당시 신신레코드사 영업부장으로 근무했던 최치수는 다방 아가씨들 사이에 '보이소 부장'으로 통했다. 그는 다방에서 커피 주문을 할 때마다 걸쭉한 경상도 사투리로 "보이소!" 하며 아가씨들을 불러 이런 별명을 갖게 되었다.

손로원이 커피를 몇 모금 마시자, 최치수는 불쑥 메모지를 내밀었다.

"내 딴에는 고심해서 써본 가사인데, 괜찮을지 우짤지… 여하간 한번 봐주시기나 하이소."

손로원이 메모지를 보자 맨 윗부분에 '대전발 영시 오십분'이라는 제목이 눈에 들어왔다. 손로원은 메모의 노랫말을 순식간에 읽어 내려갔다.

잘 있거라 나는 간다 이별의 말도 없이
떠나가는 새벽 열차 대전발 영시 오십분
세상은 잠이 들어 고요한 이 밤
나만이 소리치며 울 줄이야
아~ 붙잡아도 뿌리치는 목포행 완행열차

기적소리 슬피 우는 눈물의 플래트홈
무정하게 떠나가는 대전발 영시 오십분
영원히 변치 말자 맹세했건만
눈물로 헤어지는 쓰라린 심정
아~ 보슬비에 젖어 우는 목포행 완행열차

손로원은 메모지를 읽자마자 "가사가 아주 좋소. 이 가사로 노래 만들면 히트칠 것 같소"라며 칭찬을 아끼지 않았다.

'봄날은 간다', '물방아 도는 내력', '비 내리는 호남선' 등 빅히트곡의 노랫말을 쓴 당대의 유명 작사가인 손로원에게 합격점을 받은 최치수는 김부해에게 작곡을 의뢰했다. 최치수로부터 노랫말을 전달받은 김부해는 멜로디를 떠올리기 위해 일부러 밤 열차를 타보기도 했다.

안정애의 '대전 부르스'가 수록된 앨범 표지.
이 노래는 조용필이 재취입해 정규 1집 앨범
에 수록하면서 전 국민의 애창곡이 됐다.

김부해는 최치수와 의논해 '대전발 영시 오십분'이라는 제목을 '대전 부르스'로 바꾸었다. 블루스 리듬이 아니고는 도저히 '완행 밤열차'의 느낌을 표현할 수 없다고 판단했기 때문이다. 완성된 이 노래는 당시 '블루스의 여왕'으로 불렸던 가수 안정애의 애절한 목소리를 탔다. 노래는 발매 사흘 만에 대박이 났다. 서울과 지방 도매상에 음반 주문이 쇄도했다.

그럼, 정치수가 이 노래의 가사를 쓰게 된 배경을 한번 살펴보자.

레코드사 영업부장으로 일하던 최치수는 어느 날 목포에 일을 보러 갔다가 대전으로 돌아와 부산행 열차를 기다리고 있었다.

0시를 넘긴 시간, 소록소록 내리는 보슬비 소리는 한없이 그의 마음을 흔들었다. 불현듯 대전발 0시 50분 목포행 완행열차 플랫폼에서 인연의 마침표를 찍는 듯한 청춘남녀의 애끓는 이별 장면이 기억의 틈새를 밀고 들어왔다. 그는 그 자리에서 바로 노랫말을 썼다.

당시 서울에서 출발한 호남선 열차는 대전역에서 목포 방면으로 가려면 방향을 바꿔야 하기 때문에 기관차를 돌려 붙여야 했다. 그 시간이 약 10분가량 소요된 것으로 서울역에서 밤 8시 45분에 출발

우리 동네 유행가들

한 열차가 대전역에 다음날 0시 40분에 도착해 기관차를 뒤로 돌려 붙인 다음 다시 출발하는 시각이 바로 '0시 50분'이었다. 노랫말에 나오는 '대전발 0시 50분 목포행 완행열차'는 실제로 존재했던 열차였던 것이다.

이 노래는 이후 1980년 조용필이 재취입해 '창밖의 여자', '단발머리' 등이 들어있는 정규 1집 앨범에 수록하면서 전 국민의 애창곡이 됐다. 안정애가 부른 원곡은 제목이 '대전 부르스'였지만, 조용필이 리메이크 할 때는 규범 표기인 '대전 블루스'로 고쳤다.

조용필 외에 나훈아, 김수희, 심수봉, 김부자, 은방울자매, 문주란, 조미미, 이수미, 김지애, 임주리, 김연자, 김정호, 태진아, 장사익 등도 이 곡을 부른 음원이 남아있다.

박달재 전설 담은 '눈물의 석별'

'박달재'는 충북 제천시 봉양읍 원방리에서 백운면 평동리로 넘어가는 고개다. 이곳은 제천에서 충주로 가는 길목에 자리 잡은 교통의 요지로, 천혜의 자연환경과 주변의 역사성 때문에 관광 자원으로도 주목을 받고 있다.

'천둥산 박달재'라고 하지만, 실제 산 이름은 천둥산이 아니라 천등산이다. 이는 아마도 노랫말을 지을 때 현지인들이 익숙하게 부르는 명칭을 잘못 표기한 것으로 보인다. 그리고 박달재는 천등산에 있지 않다. 박달재는 구학산에서 남쪽으로 이어지는 시랑산 자락에 위치한다.

이 같은 오류는 박달재를 충주의 산척면에 있는 천등산 자락을 넘어가는 다릿재와 혼동한 것으로 보인다. 제천에서 충주 쪽으로 가려면 박달재와 다릿재를 차례로 넘어가야 했기 때문에 이 같은 혼란이 빚어졌을 것이다.

옛날 박달재에는 산적이 자주 출몰했다고 한다. 상인들이 고개를 넘을 때는 며칠씩 평동마을에 머물다가 사람이 많이 모이면 떼를 지어 넘어갔다고 한다. 정상에서 멀지 않은 곳에 있는 도덕암(道德岩)은 도적들이 머물던 소굴로서 본래 이름은 '도적암'이었다. 이후 도둑들이 잘못을 뉘우치고 회개를 한 곳이라고 해서 도덕암이라는 이름이 붙여졌다는 이야기가 전해진다.

1948년 어느 가을날.

반야월은 자신이 만든 '남대문악극단'을 이끌고 지방순회 공연을 다니던 중 박달재를 넘다가 그만 트럭이 멈췄다. 운전수와 조수가 트럭을 손보는 동안에 단원들은 차에서 내려 기다려야만 했다. 일행 중에는 당시 악극 배우 김진규, 이예춘, 허장강 등이 있었다.

공연단장이던 반야월 역시 무료한 시간을 보냈다. 그러던 중에 그는 한 곳을 응시한다. 산 중턱에서 젊은 부부가 이별하는 장면을 목격한 것이었다. 먼 길에 요기라도 하라고 낭군의 허리춤에 도토리묵을 싸서 달아주는 여인. 이 얼마나 아름다운 정경인가. 반야월은 이 광경을 떠올리며 숙소에서 노랫말을 지었다. 이 가사에 김교성이 가락을 붙여서 박재홍의 목소리를 타고 이 노래는 전국으로 퍼져나간다.

천둥산 박달재를 울고 넘는 우리 님아
물항라 저고리가 궂은비에 젖는구려
왕거미 집을 짓는 고개마다 굽이마다

울었소 소리쳤소 이 가슴이 터지도록

부엉이 우는 산골 나를 두고 가는 넘아
돌아올 기약이나 성황님께 빌고 가소
도토리묵을 싸서 허리춤에 달아주며
한사코 우는구나 박달재의 금봉이야

반야월이 목격한 장면에서 도토리묵을 싸주는 여인의 이름을 알 지는 못했을 것이다. 그런데 이 노래 2절에는 '박달재의 금봉이'라는

제천시 백운면 천등산에 세워진 박재홍의 '울고 넘는 박달재' 노래비. 이 노래의 작사가 반야월은 박달재에서 목격한 젊은 부부의 이별 장면을 소재로 노랫말을 썼다.

여인이 느닷없이 등장한다. '금봉'은 이광수의 소설 『그 여자의 일생』에 나오는 여주인공 이름이다. 한때 문학도였던 반야월이 그 장면을 보면서 『그 여자의 일생』의 여주인공 금봉을 떠올리지 않았을까 싶다.

가사에 나오는 박달재와 물항라 저고리 그리고 궂은비와 왕거미, 성황님 등의 어휘들은 토속적이면서도 무속적이다. 향토적 느낌이 물씬 나는 서정미는 소박하다 못해 질박하다.

이후 노랫말에 담긴 사랑 이야기는 조각으로 형상화되어 '박달재 조각공

　　　　　　　　　　　　　　　　우리 동네 유행가들

원'과 '박달재 목각공원'을 이루고 있다. 이야기의 주인공인 금봉이와 박달의 모습을 형상화한 큰 조각상 아래에는 박달재의 유래를 새겨 놓았다. 박달재의 사연을 새긴 조각상 옆에는 '울고 넘는 박달재'의 가사를 담은 노래비가 서 있다. 조각상 아래 새겨진 박달재의 유래는 다음과 같다.

박달이라는 선비가 과거를 보러 한양으로 가던 중 박달재 아랫마을에서 금봉이란 처녀와 만나게 되었다. 둘은 첫눈에 반하여 며칠을 즐겁게 보냈으나 박달은 결국 과거 때문에 떠나야만 했다. 그러고는 장원급제하여 당당히 맞이하러 오겠노라 약조하였다. 금봉은 여행길에 먹을 수 있도록 도토리묵을 만들어 주고 몇 년을 기도하며 기다렸으나 결국 박달은 돌아오지 않았다. 이유인즉, 박달은 한양에 무사히 당도하긴 하였으나 머릿속이 금봉에 대한 생각으로 가득 차 있었던 터라, 과거 시험까지 며칠의 나날을 금봉을 생각하며 시만 짓다가 낙방하고 만 것이었다.

금봉을 만나러 갈 낯이 없다고 생각한 박달은 한양에서 몇 년을 무위도식하다가 안 되겠다 싶어 금봉을 만나러 돌아갔다. 마을에 도착하니 장례식이 한창이었다. 알고 보니 기다림에 지쳐 식음을 전폐한 금봉이 사흘 전에 죽어버린 것이었다. 이에 박달은 엎드려 통곡하고 박달재를 오르다가 금봉의 환상을 보고 쫓아갔다. 금봉을 잡으려는 순간 그녀는 온데간데없고 박달은 천 길 낭떠러지로 떨어져 죽고 말았다.

사실 노랫말에 등장하는 금봉이가 전설 속 인물인지 확실치 않다. 오히려 노래가 전국적으로 히트하고 난 후, 가사에 나오는 금봉이를 주인공으로 새로운 전설이 만들어졌다는 설이 유력하다.

'박달재 전설의 형성과 울고 넘는 박달재'란 논문의 저자인 세명대 미디어문화학부 권순긍 교수는 "박달과 금봉이의 전설은 노래가 유행한 뒤 만들어진 이야기이다"라고 말한다. 권 교수는 "박달재를 매개로 '양반 선비를 사랑한 평민 처녀' 설화의 한 유형이 전승돼 오다가 반야월이 '울고 넘는 박달재'를 작사한 1946년 이후 노래가 유행하면서 거기에 맞춰 부대 설화로 전파되었다"라고 말한다.

결과적으로 전설이 노래의 배경이 된 것이 아니라, 노래가 설화를 만들어 낸 셈이다.

부여 낙화암을 노래한 유행가들

🎵 백마강
노래 허민, 작사 손로원, 작곡 한복남

1954년 발표된 곡으로 백제의 멸망과 낙화암에서 투신한 삼천궁녀의 절개를 담고 있다. 낙화암을 배경으로 한 노래 중에서 이인권의 '꿈꾸는 백마강'과 함께 가장 널리 알려져 있다. 부여 구드래공원에 '백마강' 노래비가 있다.

🎵 낙화삼천
노래 김정구, 작사 조명암, 작곡 김해송

1941년 오케레코드에서 발매한 노래. '꿈꾸는 백마강' 노랫말을 쓴 조명암이 작사했다. 이 노래는 일제 말기에 조선 청년들의 징병을 독려하기 위해 만든 영화 '그대와 나'의 삽입곡으로도 사용됐다. 1935년에 발표된 노벽화의 '낙화삼천'은 제목과 노래 내용은 같지만 전혀 다른 노래다.

🎵 그리운 낙화암
노래 박재홍, 작사 공사일, 작곡 형석기

1962년 수도레코드에서 발매한 노래. 백마강 나루터에서 백제의 멸망과 삼천궁녀의 비극을 회고하며, 역사적 현장인 낙화암을 찾아가고자 하는 내용을 담은 곡이다. 낙화암(落花巖)은 백제 멸망 때 궁녀들이 부소산 바위 위에 올라 스스로 강물에 몸을 던지는 장면을 마치 '꽃이 떨어지는 것처럼 보였다'라고 해서 지어진 이름이라고 한다.

삼천궁녀 비애 서린 낙화암의 꿈

백제의 수도였던 부여는 한때 경주와 함께 수학여행 단골 코스였다. 나도 중학교와 고등학교 시절 수학여행 때 모두 부여를 다녀온 바 있다.

흘러간 역사에 대한 상념을 떠올리는 부소산과 낙화암, 그리고 고란사. 그중 낙화암은 삼천궁녀가 뛰어내렸다는 스토리가 입혀지면서 '백제 멸망'의 상징적인 장소로 아련히 기억된다.

망해가는 백제에 궁녀가 무려 3,000명이라는 것부터가 사실이 아닐 가능성이 높지만, '궁녀 3,000명'은 향락에 빠진 백제 왕실의 타락을, '투신'은 백제 멸망 순간의 처연함을 극적으로 보여주는 장면이다.

허민의 '백마강', 신세영의 '백제의 밤' 등 백제의 멸망과 낙화암의 전설을 다룬 대중가요가 몇 곡 있지만, 그중 가장 유명한 노래는 '꿈꾸는 백마강'이다. 이 노래는 월북 작가인 조명암이 노랫말을 지었고 임근식이 멜로디를 입힌 후, 당시 '청진의 남인수'로 불리던 이인권의 목소리에 실었다.

'꿈꾸는 백마강'은 1940
년 발표되자마자 폭발적인
인기를 끌었다. 백제 멸망의
회한을 담은 가사 내용이 나
라를 잃은 우리 민족의 암울
한 현실을 잘 표현하였기 때
문이다. 노래가 대중에게 급

부여 낙화암을 배경으로 운항되는 백마강 유람선
모습. 이인권의 '꿈꾸는 백마강'은 백제의 멸망과 낙
화암의 슬픔을 애절하게 표현한 불후의 명곡이다.

속하게 퍼지자 조선총독부는 '백마강에서 울어나 보자'라는 가사의
내용을 '일본에 빼앗긴 조선의 한'을 노래하는 것으로 해석하여 발매
금지 조치를 내리고 노래조차 부르지 못하게 했다.

백마강 달밤에 물새가 울어
잊어버린 옛날이 애달프구나
저어라 사공아 일엽편주 두둥실
낙화암 그늘에 울어나 보자

고란사 종소리 사무치면은
구곡간장 올올이 찢어지는 듯
누구라 알리요 백마강 탄식을
깨어진 달빛만 옛날 같으리
노래 가사 1절에 나오는 백마강은 금강의 일부다. 금강 중에서 부

여(당시는 사비)를 지나는 중·하류 16㎞ 구간만 따로 떼어 백마강이라 부른다. 금강의 일부가 백마강이란 이름으로 불리게 된 것은 삼국시대 나·당 연합군과 백제가 마지막 전투를 벌일 때의 당나라 장수 소정방과 관련된 전설에서 비롯됐다.

소정방이 이끄는 당나라 군대가 백제 사비성을 치기 위해 금강으로 들어오자 갑자기 폭풍우가 몰아치고 안개가 자욱하게 끼어 당군은 더 이상 진격하지 못하고 우왕좌왕하고 있었다. 이때 어떤 노인이 나타나 날씨가 나빠진 것은 백제왕이 용으로 변신하여 조화를 부리기 때문이라며, 그 백제왕은 평소에 백마 고기를 즐겨 먹는다는 사실까지 알려주었다.

소정방은 노인의 말을 믿고 백마의 머리를 잘라 이를 미끼로 삼아 그 용을 낚아 죽였다. 그러자 자욱했던 안개가 걷히고 물결이 가라앉아 손쉽게 진격하여 사비성을 함락하였다. 소정방이 용을 낚았던 바위섬을 조룡대(釣龍臺)라 하고, 그 강을 '백마강(白馬江)'이라 부르게 되었다는 것이다.

백마강 이름 유래와 관련해서 다른 주장도 있다. 삼국사기 등을 보면 백제 멸망 이전에 이미 금강을 백강(白江)으로 표기한 기록이 있고, 역사적으로 마(馬)자가 '크다'는 뜻으로도 사용되었기 때문에 '백강 중에서 가장 큰 강'이라는 의미가 부여되면서 백강이 백마강으로 바뀌었다는 것이다.

2절에 나오는 고란사는 낙화암 옆에 위치한 자그마한 절이다. 언제 창건했는지는 불분명하다. 백제 멸망과 함께 불탔다가 이후에 한

번의 중창과 두 번의 중수를 거친 뒤에 1900년 은산면의 숭각사를 그대로 옮겨와 중건했다. 그러나 지금은 대부분의 전각이 사라졌고, 남은 건 1931년에 지은 법당과 종각뿐이다.

　얼마 전 행사 참석차 부여에 방문했다가 찾은 낙화암 모습은 그날의 슬픔을 묵묵히 견디며 여전히 그 자리에 버티고 서 있었다. 백마강 물결 역시 그때의 아픔을 간직한 채 유유히 흐르고 있었다.

똑딱선… 은모래… 해변의 푸른 꿈

지난여름 친구들과 충남 태안의 만리포(萬里浦)로 야유회를 다녀왔다. 해 질 녘 만리포해수욕장 모래밭에서 축구도 하고, 인근에 있는 천리포수목원에도 들렀다. 1만 6,000여 종의 꽃·나무들이 있는 천리포수목원은 1979년 미국인에서 한국인으로 귀화한 민병갈이 설립한 국내 최초의 민간수목원이다.

만리포는 비교적 수도권에서 가까운 거리라 사람들이 많이 찾는 곳이다. 태안은 바다 외에도 경치가 아름답고 유서 깊은 관광지들을 많이 찾아볼 수 있는데 만리포는 백화산, 안흥진성, 안면송림, 신두사구, 가의도, 몽산해변, 할미·할아비바위와 함께 '태안팔경'으로 불리고 있다.

여름 해변엔 낭만과 우정과 사랑의 꽃이 피어난다. 이런 분위기에 노래가 빠질 수 없다. 만리포 해변 풍경을 담은 '만리포 사랑'은 반야월이 노랫말을 쓰고, '찔레꽃'을 작곡한 김교성이 멜로디를 입혀 박경원의 목소리를 탔다. 음반은 1958년 발매됐다.

똑딱선 기적 소리 젊은 꿈을 싣고서
갈매기 노래하는 만리포라 내 사랑
그립고 안타까운 울던 밤아 안녕히
희망의 꽃구름도 둥실둥실 춤춘다

점찍은 작은 섬을 굽이굽이 돌아서
구십 리 뱃길 위에 은비늘이 곱구나
그대와 마주 앉아 불러보는 샹송
노 젓는 뱃사공도 벙실벙실 웃는다

노래의 배경이 된 만리포해수욕장은 태안군 소원면 모항리에 있는 해변이다. 1955년 7월 개장한 만리포해수욕장은 대천해수욕장, 변산해수욕장과 더불어 서해안 3대 해수욕장으로 꼽힌다. 요즘은 '만리포＋캘리포니아'의 뜻으로 '만리포니아(Malifonia)'라는 이름으로 불리고 있기도 하다. 미국 캘리포니아 해안처럼 '서핑하기 좋은 파도'가 밀려온다며 서퍼들이 붙인 별명이다.

만리포에서 3~4㎞ 간격을 두고 북쪽으로 천리포, 백리포, 십리포, 일리포가 이어진다. 이런 이름은 실제 백사장 길이는 아니고 일종의 '언어유희'다. 5개 해변을 실측해 보면 만리포 2.5㎞, 천리포 1㎞, 백리포 800m, 십리포 900m, 일리포 500m 정도이다. 10리가 4㎞이니 일리포 빼고는 '뻥튀기'를 해도 너무 한 것이다.

만리포의 옛 지명은 '만리장벌'이었다. 조선 세종 때 명나라 사신이 태안의 안흥항으로 오던 중 풍랑을 만났다. 결국 그들은 이웃한 막동(오늘의 천리포)에 닻을 내렸다. 이때 사신을 맞이하고 송별한 접반사는 이조판서와 우의정을 지낸 맹사성이다. 그는 주민들의 협조를 얻어 밭고개의 꽃게, 막동의 조기, 진여의 해삼·전복 등으로 사신들을 접대했다.

그들은 감동했고, 출항지도 어렵게 상륙했던 해변을 택했다. 이때 맹사성은 지금의 만리포 백사장에서 '수중만리 무사항해(水中萬里 無事航海)'라는 글귀를 쓴 깃발로 그들을 전송했다. 이후 이곳의 지명을 만리장벌로 부르다가 1955년 당시 태안군 소원면장이었던 박노익이 만리포로 바꿨다. 만리포해수욕장은 그해 7월 3일 개장했다.

'만리포 사랑' 가사에 나오는 똑딱선, 갈매기, 은비늘, 뱃사공 등이 해변의 감흥을 더해준다. 똑딱선은 발동기로 움직이는 작은 배다. 초기엔 디젤엔진이라 소리가 '똑딱'거린다고 해서 붙여진 이름이다. 그리고 노랫말에 수박빛 선글라스, 박쥐양산, 상송 등을 넣어 1950년대 당시로서는 이색적인 서구적 이미지를 한껏 더했다.

만리포해수욕장 해변엔 '만리포 사랑' 노래비가 있다. 1994년 8월 15일 해변 한 가운데에 세운 것인데 높이 220㎝, 너비 80㎝의 길쭉한 네모 돌비석이다. 노래비 받침돌엔 '만리포 사랑' 노랫말이 3절까지 새겨져 있다. 이 노래비 가까운 곳에 시각장애인 가수 이용복이 펜션과 카페를 운영하고 있다.

우리 동네 유행가들

지난 2007년 12월 태안반도에서 일어난 기름 유출 사고로 가장 큰 피해를 본 지역이 바로 만리포다. 당시 온 국민의 응원과 도움으로 '서해의 기적'이라 불리며 지금은 깨끗한 상태로 회복이 되었다. 이를 기념해 천리포에 '유류피해 극복 기념관'을 건립하고 관광객들에게 무료로 개방하고 있다. 120만 명이 넘는 자원봉사자들의 이름을 하나하나 적어놓은 것을 보고 있으면 가슴에 뜨거운 감동이 밀려온다.

태안군 소원면 만리포해수욕장에 위치한 박경원의 '만리포 사랑' 노래비. 노래비 받침돌엔 '만리포 사랑' 노랫말이 3절까지 새겨져 있다.

성악가와 대중가수의 콜라보 화음

가수 이동원은 1980년대에 고은의 〈가을편지〉, 양명문의 〈명태〉, 김성우의 〈물나라 수국〉, 정호승의 〈이별노래〉 등의 시에 멜로디를 붙인 노래를 불러 '시를 노래하는 가수'로 불렸다.

노랫말이 될 만한 시를 찾기 위해 늘 시집을 가까이했던 이동원은 정지용 시집을 읽다가 시 〈향수〉로 노래를 만들면 좋겠다고 생각했다. 그런데 이번엔 좀 다른 방식으로 노래를 부르고 싶었다. 테너 플라시도 도밍고와 팝가수 존 덴버가 함께 부른 'Perhaps Love'처럼 성악가와 듀엣을 해보고 싶었던 것이다. 이동원은 작곡가 김희갑을 찾아가 곡을 의뢰했고 8개월에 걸친 작업 끝에 노래가 탄생한다.

이어서 재즈 1세대 보컬리스트 겸 작곡가인 김준을 통해 테너 박인수를 소개받았다. 정지용의 시와 김희갑의 곡을 확인한 박인수는 바로 듀엣 제안을 수락한다. 당시만 해도 클래식과 대중가요의 크로스오버는 상당히 생소한 일이었다.

넓은 벌 동쪽 끝으로

옛이야기 지줄대는 실개천이 휘돌아 나가고

얼룩백이 황소가

해설피 금빛 게으른 울음을 우는 곳

그곳이 차마 꿈엔들 잊힐리야

질화로에 재가 식어지면

비인 밭에 밤바람 소리 말을 달리고

엷은 졸음에 겨운 늙으신 아버지가

짚베개를 돋아 고이시는 곳

그곳이 차마 꿈엔들 잊힐리야

이 노래의 가사가 된 시는 정지용이 1923년 일본에서 유학 생활을
할 때 고향을 그리워하며 썼다. 등단 전인 1927년『조선지광』65호에
처음으로 발표됐다.

'향수'는 현재 고등학교 1학년 국어 교과서에도 실려 있으며 우리
말의 풍부한 구사와 다양한 감각적 이미지로 고향에 대한 그리움을
잘 나타내고 있는 시이다. 도입부 '넓은 벌 동쪽 끝으로 옛이야기 지
줄대는 실개천이 휘돌아 나가고'로 묘사된 곳은 충북 옥천군 옥천읍
정지용 시인의 생가 앞 풍경이다.

1989년 '향수' 노래는 발매되자마자 대성공을 거두며 가요의 품격
을 한 단계 높였다는 호평을 받았다. 또한 박인수는 스타로 떠올라

각종 방송에 출연하는 등 유례없는 인기를 누리며 '국민 테너'로 자리매김했다.

그러나 박인수는 잃은 것도 많았다. 클래식계는 대중가요를 부른 박인수에 대해 불만이 컸다. '서울대 음대 교수가 이른바 딴따라랑 같이 음반을 냈다'라는 것이 이유였다. 그 여파로 박인수는 국내 최고 성악가 20명만이 될 수 있었던 국립오페라단 단원 재임용 과정에서 탈락했다. 국립오페라단 단원 중 15명이 투표를 실시하여 13대 2로 '박인수와 오페라 활동을 같이할 수 없다'라고 결의해, 국립극장 측에 통보를 한 것이다. '성악가로서 품위 손상'과 '지나친 상업성'이 이유였다.

그러나 당시 언론은 클래식계를 비판했고 여론도 그의 편에 섰다. 이 일로 국립오페라단의 단원제는 폐지됐다. 결국 '향수'는 국민적 사랑과 함께 한국 음악계에서 클래식과 대중가요의 벽을 허무는 계기가 됐다. 박인수의 말을 한번 들어보자.

"그런 생각이 클래식을 망하게 하는 겁니다. 클래식이 오늘날처럼 급속히 쇠퇴기에 진입할 이유가 없었습니다. 모차르트, 베토벤, 바흐 등이 만든 클래식 음악도 당대엔 대중음악이었습니다. 왕이나 제후들이 그들을 고용해서 연회장에서, 배 위에서 연주를 한 겁니다. 그것이 클래식 음악의 역사입니다. 대중음악을 깔보고, 단순하다고 치부하는 것이 클래식을 망하게 하는 길입니다. 멸망의 지름길은 교만입니다. 음악은 사람들이 듣고 즐거워하기 때문에 존재하는 겁니다. 장르에 따른 고귀함, 높낮음이 있을 수 없습니다."

테너 박인수는 2023년 2월 미국 로스앤젤레스에서 별세했다. '향수'를 같이 부른 가수 이동원도 2021년에 생을 마쳤다. 이제 그들이 남긴 노래만이 남아서 역사를 지키고 있다.

무대에서 함께 '향수'를 부르고 있는 가수 이동원(왼쪽)과 성악가 박인수. 이 노래는 정지용의 시에 김희갑이 멜로디를 입힌 곡으로 성악가와 대중가수가 듀엣으로 불러 큰 인기를 끌었다.

금지된 사랑 품은 비극의 강

가수 김국환 하면 가장 먼저 떠오르는 노래가 '타타타'이다.

그러나 '타타타'는 김국환이 맨 처음 부른 노래가 아니다. 가수 위일청이 어느 단막극에서 '바람이 부는 날은'이라는 제목으로 불렀고 그다음에 조용필이 불렀다. 조용필은 '타타타'의 마지막에 호탕하게 웃는 부분을 꺼렸다.

노래는 돌고 돌아 결국 김국환에게 가게 된다. 김국환은 1991년 '타타타' 앨범을 낸 후 노래 홍보를 위해 매일 라디오 방송국에 출근했다. 그러나 1년 가까이 별 반응이 없었다. 그러다가 이 노래가 당시 인기 절정의 MBC 주말드라마 '사랑이 뭐길래'에 소개되면서 완전 떴다. 노래 한 곡으로 오랜 무명 생활에 종지부를 찍은 것이다.

김국환은 이후 '우리도 접시를 깨뜨리자', '숙향아' 등의 히트곡을 내면서 활발하게 가수 활동을 이어 나갔다. 그러나 세월이 흐르면서 점차 대중들의 기억에서 잊혀간다. 부활을 위한 새로운 노래가 필요했다. 이 무렵 내놓은 노래가 바로 2015년 내놓은 '달래강'이다. 작곡·작사는 김동찬이다.

말이나 한번 해보지
사랑한다 사랑한다고
그토록 꼭꼭 숨기면
하늘인들 알 수 있겠나
날마다 그리워 흘린 눈물이
강이 돼도 말 못 한 미련한 사람아
바람도 물새도 서러워 울고 간다
달래강 애달픈 사랑

달래강(달천)은 속리산에
서 발원한 물길이 123㎞를
흘러와 충북 충주시 단월동
을 관통해 탄금대 합수머리
에서 남한강과 만난다. '동
국여지승람'에는 달래강을
달강이라 했는데 '수달이 많
은 강'이란 뜻이다. 이 강은
수질이 좋은 데다 산과 계

금기를 지키려던 남매의 슬픈 이야기를 담고 있는
충주의 '달래강'. 김국환의 '달래강'은 이런 달래강
전설을 소재로 만들어진 노래다.

곡이 많은 천혜의 자연환경을 갖추고 있어 맑은 물에만 산다는 수
달의 서식지로 적합했을 것이다.

또 물맛이 달아 '맛이 단 냇물'이라는 의미로 달천이라고도 부른다. 『용재총화』에 보면 고려 말 전국의 좋은 물에 대한 품평이 나오는데 '첫째는 충주의 달천수요, 두 번째는 한강의 우통수, 세 번째가 속리산의 삼파수다'라고 하여 달천의 물맛에 대해 기록하고 있다.

달래강이나 달천 지명과 관련해서는 여러 가지 이야기가 있다. 달천, 달천강, 달래강이란 이름은 전국 30여 곳에 산재하고 있고 달래강 설화 버전 또한 20여 개가 각기 다른 색깔로 윤색되어 있다.

한편 남매의 슬픈 이야기가 달래강의 명칭과 결부되어 전승되고 있기도 하다.

옛날에 어느 부부가 아들 하나, 딸 하나를 두고 살다가 세상을 떠났다. 남겨진 오누이는 함께 농사를 지어서 먹고살았다. 농사를 지으려면 강 저편 농지로 건너가야 했는데, 마침 여름철이라 소나기가 와서 강물이 불었다. 오누이가 옷이 젖지 않도록 옷을 벗은 채 강물을 건넜다.

앞서가는 누나를 보며 뒤에서 따라가던 남동생은 자기도 모르게 욕정이 일어났음을 깨닫고는 남매간에 그러한 감정을 느꼈다는 사실에 충격을 받는다. 누나에게 뒤따라오라 하고는 먼저 강을 건너간 동생은 죄의식을 이기지 못해 자책하면서 바위 위에 남근을 놓고 돌로 찧어서 자살했다. 뒤를 따라 강을 건너온 누나는 동생이 피를 흘리면서 죽어있는 것을 보자 애달프고 원통하여 "달래나 보지, 말이나 해보지, 왜 죽었느냐?"라며 울어서 '달래강'이 됐다는 것이다.

'달래강'이라는 제목의 노래는 김국환이 부른 곡 외에도 몇 곡이 더 있다. 대부분 김국환의 '달래강'보다 먼저 나온 노래들이다. 1965년에 발표된 이미자의 '달래강'이 원조 격이고, 김승덕의 '달래강'(1988), 권윤경의 '달래강'(1991), 박희정의 '달래강 소녀'(2007) 등이 있다.

명성황후의 원한 맺힌 피란길

명성황후.

한국 역사에 있어서 문제적 인물 중 한 명이다. 뮤지컬 〈명성황후〉와 KBS 드라마 〈명성황후〉는 그녀를 조선의 진정한 국모이자 한 시대를 호령한 여걸로 이미지화했다. 그러나 명성황후의 실체를 따져보면 뮤지컬이나 드라마 내용은 심하게 왜곡되었음을 금방 알 수 있다.

명성황후는 사이비 무당에게 '진령군'이라는 작호를 내리고, 샤머니즘에 심취해 수많은 국고를 탕진했다. 아들인 순종의 병을 고친다고 굿판을 벌여 금강산 1만 2,000봉에 쌀 한 섬과 돈 천 냥, 무명 한 필씩을 얹은 것도 명성황후다.

진령군은 본인을 '관우의 딸'이라고 자칭하면서 나랏돈으로 서울 북방인 명륜동에 관우 사당인 북관묘를 세우고 이를 본거지로 삼아 억만금을 벌어들였다. 진령군이 관복을 입고 다니며 실세 노릇을 하자 조정의 고위 관료들 몇몇은 무당인 진령군의 눈에 들기 위해 의남매를 맺거나 의붓아들이 되기를 자처했다고 한다.

국력이 쇠약해지고 국고가 파탄 나기 직전이었음에도 명성황후와 일부 여흥 민씨 일가는 사치를 멈추지 않았고 부정부패와 매관매직을 일삼았다. 결국 1882년 임오군란이 일어났다. 신식군대(별기군)와의 차별에 분노한 구식군대 군인들이 폭동을 일으킨 것이다. 당시 구식 군인들과 시위대의 주목표는 고종이 아닌 왕비 민씨와 민씨 외척들이었다. 명성황후는 신변이 위험해지자 궁궐을 탈출해 경기 광주(廣州)와 여주를 거쳐 충주 신흥마을로 피해 있다가 피란 50일 만에 환궁했다.

신흥마을 뒤편에 금방산이 있었다. 명성황후는 한양 소식이 궁금해 매일 산마루에 올라 한양 쪽을 바라보며 좋은 소식이 오기를 초조하게 기다렸다. 이런 연유로 이후 산 이름이 금방산에서 국망산(國望山)으로 바뀌었다.

이를 소재로 만든 대중가요가 '산아 산아 국망산아'이다. 이 노래는 일명 '명성황후'라는 제목으로 불리기도 한다. 이 노래는 국망산이 위치한 충주시 노은면 출신으로 충주시의회 의장을 역임한 류호담이 노랫말을 짓고, 한국향토음악인협회 총재인 백봉이 작곡했다. 노래는 이효정, 권윤경, 서주경, 양나미 등 여러 가수들이 불렀다.

> 임오군란 피란살이 야월삼경 깊은 밤에
> 찢어진 문틈으로 서울 하늘 바라보며
> 환궁할 날 기다리며 칠성님께 비는 마음

아느냐 모르느냐 국망산에 우는 새야
너마저 슬피 울면 명성황후 중전마마
그 마음을 어찌하라고

구중궁궐 돌아보며 삼백 리 길 떠나을 때
찢어지는 가슴 안고 북두칠성 바라보며
원한 맺힌 아픈 사연 인왕산에 비는 마음
아느냐 모르느냐 산아 산아 국망산아
그 마음 모른다면 마마마마 중전마마
그 아픔을 어떡하라고

　해발 769m의 국망산은 산세가 험난하다. 서쪽으로는 승대산과
원통산에, 동쪽으로는 보련산에, 남쪽으로는 하남산에 둘러싸여 있
다. 그러다 보니 과거에는 호랑이가 출몰하기도 했다고 한다.

　명성황후가 충주에서 머물렀던 곳은 국망산 앞 이시일의 집이었
다. 명성황후는 처음부터 이시일의 집에 가고자 충주를 찾은 것은 아
니었다. 명성황후는 충주목사였던 민응식의 집을 찾아 충주까지 내
려왔다. 그러나 조금 더 철저하게 몸을 숨길 필요가 있다고 판단하여
조금 더 깊숙이 있는 이시일의 집을 찾은 것이다. 당시 이시일은 초
가에 살면서 땔감을 팔아 홀어머니를 모시며 근근이 살아가던 총각
이었다. 그는 이러한 어려운 형편에도 불구하고 지극정성으로 명성
황후를 모셨다. 이시일은 명성황후가 환궁한 이후 그 공을 인정받아

음성군수가 되었다. 이후 이시일의 집을 허물고 새로운 건물을 지었음에도 불구하고 마을 사람들은 이 집터를 명성황후가 머물렀던 곳이라 하여 '대궐터'라고 불렀다.

충주시에서는 2008년 명성황후 피난 유허비를 세우고, 그곳에 '명성황후의 충주 피난 과정'과 '유허비 건립 경위'를 새겼다. 그중 '명성황후의 충주 피난 과정'에 국망산의 유래가 기록되어 있다. 그리고 2013년에는 명성

충주시 노은면에 위치한 '산아 산아 국망산아'(명성황후) 노래비. 임오군란 때 피신한 명성황후가 한양 소식이 궁금해 매일 산마루에 올라 한양 쪽을 바라보았다고 해서 산 이름이 금방산에서 국망산(國望山)으로 바뀌었다.

황후가 머물렀던 신흥마을에 '산아 산아 국망산아'(명성황후) 가사를 새긴 노래비가 섰다.

속세의 사랑 그리는 비구니의 눈물

여승(女僧) 하면 조지훈의 시 〈승무〉가 먼저 떠오른다.

"얇은 사 하이얀 고깔은, 고이 접어서 나빌레라 / 파르라니 깎은 머리, 박사 고깔에 감추오고 / 두 볼에 흐르는 빛이, 정작으로 고와서 서러워라…"

여승의 춤을 통해 세속의 희로애락을 불교적으로 승화시킨 명작이다.

승무는 처절한 춤이다. 너무 순결해서 마음 깊은 곳에서부터 오싹함이 차오른다. 속세의 번뇌를 잊는 젊은 비구니의 고운 자태를 고즈넉한 산사에서 감상하고 있는 듯한 착각이 들 정도다.

여승을 소재로 한 작품은 조지훈의 시 〈승무〉만 있는 것이 아니다. 노래로는 '수덕사의 여승'이 있다. 김문응 작사, 한동훈 작곡으로 가수 송춘희가 불러 1966년에 발표했다. 가사를 보면 이 노래는 속세에 두고 온 사랑을 잊지 못해 법당에서 흐느끼는 비구니의 애절한 사연을 담고 있다.

인적없는 수덕사에 밤은 깊은데

흐느끼는 여승의 외로운 그림자

속세에 두고 온 님 잊을 길 없어

법당에 촛불 켜고 홀로 울적에

아~ 수덕사의 쇠북이 운다

산길 백 리 수덕사에 밤은 깊은데

염불하는 여승의 외로운 그림자

속세에 맺은 사랑 잊을 길 없어

법당에 촛불 켜고 홀로 울적에

아~ 수덕사의 쇠북이 운다

노래 속의 여승은 어떤 인물일까? 일제강점기 여류 문인이었던 '김일엽'이 이 노래의 모티브가 됐다는 주장이 많다. 김일엽의 본명은 김원주. 일엽(一葉)이란 필명은 춘원 이광수가 지어준 것인데 출가 후에 법명이 되었다.

우리나라 초기 여성잡지의 하나인 『신여자』를 창간했으며 화가 나혜석, 소설가 박인덕 등과 함께 '정조는 움직이는 것'이라는 '신정조론'과 '자유연애론'을 펼쳐 보수 남성들의 공분을 샀다. 또 문학 활동을 하는 한편 동아일보 기자, 종교잡지 『불교』의 문화부장 등으로 활약하면서 여성의 자유와 성적 개방을 추구하는 운동을 주도했다. 여기에 '남편을 버린 이혼녀', '바람난 여자'라는 꼬리표까지 붙었다. 자신에게 '일엽' 필명을 지어준 춘원 이광수, 한때 몸담았던 동아일보의 동료 기자와도 연인 관계였다는 소문이 있었다.

예산군 덕산면에 소재한 수덕사에서 꽃 화분을 돌보고 있는 일엽 스님의 모습. 송춘희의 '수덕사의 여승'은 일제강점기 여류 문인이자 예술가였던 '김일엽' 스님이 모티브가 됐다는 주장이 많다.

김일엽은 1918년에 연희 전문(연세대 전신) 교수인 이노익과 결혼했으나 1921년 이혼했다. 이후 일본 최고의 가문에서 자란 은행 총재의 아들 '오다 세이조'를 만나 운명 같은 사랑에 빠지게 되지만 결국 집안의 반대로 결혼에 실패하게 된다. 그리고 1929년 대처승인 하윤실과 재혼했으나 4년 만에 이혼한다.

결국 사랑에 실패하고 인생의 덧없음을 겪은 김일엽은 모진 세파에 으스러진 심신을 종교적으로 승화시키기 위해 출가를 했다. 수덕사의 여승이 된 것이다. 김일엽은 비구니가 된 후 43년간 수도 생활을 마치고 1971년 수덕사에서 입적한다.

충남 예산군 덕산면에 위치한 수덕사는 경허, 만공, 혜암 스님으로 이어지는 도도한 선풍을 지녀온 곳이다. 충남 일대에 말사 50여 개를 두고 있으며, 조계종 6대 총림 중 하나인 덕숭총림으로 불교계에서 중요한 사찰이다.

총림(叢林)은 승려들의 참선 수행을 위한 선원, 경전 교육을 위한 강원, 계율 교육을 위한 율원 등을 모두 갖춘 사찰을 가리킨다. 현재 조계종에는 5개의 총림이 지정되어 있으며 수덕사를 제외한 나머지는 해인총림 해인사, 영축총림 통도사, 조계총림 송광사, 금정총림 범어사가 있다.

전해오는 바에 따르면 수덕사는 6세기 백제 위덕왕 때 건립되었다고 하는데, 이를 뒷받침하듯 경내에서 백제시대 와당들이 발견되기도 했다. 따라서 학계에서는 대체로 백제 후기에 창건되었으리라 추정한다. 이후 14세기 중엽 고려 공민왕 때 나옹이 수덕사를 중수했다고도 전하는데, 이 역시도 정확한 기록은 남은 것이 없다. 다만 대웅전은 고려 충렬왕 34년(1308년)에 건립되었음이 확실하다.

조선시대에 들어서 16세기에 편찬된 『동국여지승람』에 수덕사 관련 기록이 나온다. 조선 말에 들어서자 사세가 약해졌지만, 고종 2년(1865년)에 만공이 중창하여 사세가 크게 일어섰고 이후로 선종 유일의 근본 도량으로 남았다.

일제강점기인 1911년에는 조선총독부가 내린 사찰령으로 마곡사의 말사로 들어갔다. 광복 이후 1962년 수덕사는 마곡사의 말사에서 벗어나 제7교구 본사로 승격했다.

짭조름한 내음 배인 갯마을 풍경

우리나라 대중가요에는 해녀나 어부 등 바닷가 사람들의 삶과 애환을 담은 노래들이 많다.

황금심의 '삼다도 소식', 박양숙의 '어부의 노래', 최숙자의 '눈물의 연평도', 이미자의 '황포돛대', 박서진의 '아버지의 바다', 김목인의 '해녀와 바다', 한소현의 '해녀의 꿈' 등이다. 이들 노래 외 조미미가 부른 '서산 갯마을'도 어촌 마을 사람들의 정서를 잘 그려낸 명곡이다. 이 노래는 '바다가 육지라면'에 앞서 조미미라는 가수의 이름을 세상에 알린 첫 노래로 꼽을 수 있는 곡이다. 김운하가 노랫말을 썼고 김학송이 작곡했다.

'서산 갯마을'은 조미미보다 3년 먼저 이미자가 발표했다. 그러나 크게 주목받지 못했고, 1969년 조미미가 재취입해 크게 히트했다. 이후 은방울자매, 김부자, 나훈아 등도 이 노래를 리메이크해서 불렀다.

굴을 따랴 전복을 따랴 서산 갯마을

처녀들 부푼 가슴 꿈도 많은데
요즘의 풍랑은 왜 이다지 사나운고
사공들의 눈물이 마를 날이 없구나

눈이 오나 비가 오나 서산 갯마을
쪼름한 바닷바람 한도 많은데
요즘의 풍랑은 왜 이다지 사나운고
아낙네들 오지랖이 마를 날이 없구나

노래 소절마다 갯마을의 짭조름한 내음이 깊게 배어있다. 서해 바다의 풍랑에 흔들리는 어선이 눈에 선하고 굴과 전복을 따는 억척스러운 해녀들의 모습이 선연하다.

그런데 2절 마지막에 '아낙네들 오지랖'이라는 구절이 나오는데, 오지랖이라는 표현에 '오지랖이라고, 뭐지?' 할 수도 있을 것이다. 오지랖은 사전상 '웃옷이나 윗도리에 입는 겉옷의 앞자락'을 뜻하는 말이다. 그러니 이 노랫말의 오지랖은 그냥 '겉옷의 앞자락'이다.

우리가 흔히 쓰는 관용구 중 '오지랖이 넓다'라는 말이 있는데, 웃옷의 앞자락이 넓으면 안에 있는 다른 옷을 감싸버릴 수가 있는 것처럼 사람도 무슨 일이든 간에 앞장서서 간섭하고 참견하고 다니는 것을 비유한 것이다. 또 가사 중에 '쪼름한'이란 표현도 있는데, '짭조름하다'는 말을 줄인 것으로 보인다.

지금은 국내 최고의 굴 생산지로 경남 통영을 꼽는다. 그러나 자잘한 자연산 굴인 서해안 굴을 더 선호하는 사람들도 꽤 있다. 남해안 굴은 내내 바닷물 속에 잠겨 성장해 크기가 크지만, 서산 등 서해안 굴은 밀물 때는 잠겼다가 썰물 때는 공기 중에 노출되면서 자라 자잘하고 탱글탱글하다. 그러니 어리굴젓은 서해안 굴로 담가야 제맛이다.

서산(瑞山)은 충남 서북단에 있는 시로서 북동으로는 당진시, 남동으로는 예산군, 서로는 태안군, 남으로는 홍성군과 접해있다.

한강 하구인 인천에서 중국까지의 거리보다 서산에서 중국까지의 거리가 오히려 더 가깝기 때문에, 서산은 역사적으로 해상 요충지 중 하나였다. 따라서 선사시대 유물들이 많이 발굴됨은 물론이고, 마한이나 백제 시절 유물들도 많이 남아있다. 대표적으로 운산면 용현리 마애여래삼존상과 백제시대에서 조선시대까지 보원사가 있었던 절 터인 보원사지 등이 있다.

한양과 교류하기 불리한 지리적 여건 때문에 조선시대부터 유배지로 이름 높았을 정도로 발전이 없었으나, 2000년대 중후반부터 서산 테크노밸리와 여러 산업단지가 들어오면서 산업도시로서의 입지를 구축하고 있다.

2010년 6월 서산시 지곡면 왕산포구에 '서산 갯마을' 노래비가 섰다. 노래가 나온 지 41년 만이다. 왕산포구는 지금도 썰물로 바닷물이 빠져나가면 아낙네들이 갯벌에서 바지락, 칠게, 낙지 등을 잡는다. 서산 갯마을. 오늘도 바다의 삶이 살아 숨 쉰다.

서산시 지곡면 왕산포구에 세워진 '서산 갯마을' 노래비. 이 노래는 서산 갯마을 사람들의 삶과 애환을 담은 곡으로, 1969년 조미미가 불러 크게 히트했다.

강원도 노래들 중에는 도청 소재지인 데다 자연 풍광이 뛰어난 춘천을 배경으로 한 곡이 가장 많다. 김태희의 '소양강 처녀', 김현철의 '춘천 가는 기차', 나훈아의 '강촌에 살고 싶네' 등이 춘천을 대표하는 노래들이다. 춘천 이외에는 하덕규의 '한계령'(양양·인제), 배호의 '파도'(주문진), 바니걸스의 '달뜨는 경포대'(강릉) 등이 있다. 김민기의 '늙은 군인의 노래'도 인제군 원통리 군부대가 노래의 탄생지이다.

PART 7

강원

소양강
처녀

열여덟 딸기 같은 춘천 처녀의 순정

1980년대 내가 군 복무하던 시절, 우리 내무반(지금의 생활관)에 기대호라는 이름의 후임병이 있었다. 가끔 내무반에서 고참 병장의 전역 회식 등이 있을 때 돌아가면서 노래 한 곡씩을 불렀는데, 기 일병은 늘 '소양강 처녀'를 불렀다.

당시 군대에서는 군가 외에 '인천의 성냥공장 아가씨'나 '영자야 내 동생아~'로 시작하는 영자송 등 이른바 '싸가'를 많이 불렀다. 이런 노래는 회식 분위기를 살리는데 최고였기 때문인데, 혹 가곡이나 발라드풍의 노래를 부르면 고참들에게 '분위기 잡친다'라며 타박받던 시절이었다.

그런데 기 일병이 부르는 '소양강 처녀'는 묘하게도 '싸가' 못지않게 호응이 좋았다. 그 당시 이 노래를 많이 들어서인지 지금도 멜로디와 가사가 또렷하게 기억된다.

이 노래는 춘천 소양강 뱃사공의 딸 '윤기순'의 이야기를 담았다.

그녀의 아버지는 6·25전쟁 때 한쪽 다리를 다친 어부였다. 그는 소양강에서 물고기를 잡아 가족을 부양했다. 이런 아버지를 돕기 위해 맏딸 기순은 취직을 위해 경춘선 기차를 타고 서울로 상경한다.

1968년 우여곡절 끝에 그녀가 찾아간 곳은 서울 을지로에 위치한 '한국가요반세기가요작가 동지회'라는 사무실이었다. 윤기순은 그곳에서 심부름도 하고 전화도 받고 노래도 배운다. 그러던 어느 날 기순의 아버지는 딸을 도와주는 가요작가들에게 고향집에서 소양강 매운탕과 토종닭이라도 대접하려고 초대를 한다.

이때 초대된 이들이 반야월·김종환·월견초·고명기 등이다. 그들이 소양강 중도에서 천렵을 마치고 돌아올 무렵 갑자기 바람이 불고 소나기가 퍼붓는다. 돛단배는 흔들리고 기순은 반야월 앞에 풀썩 엎어진다. 모임의 회장이었던 반야월은 이때 느낀 감정을 옮겨 '소양강 처녀'의 가사를 완성하게 된다. 이 노랫말을 접하게 된 작곡가 이호는 본인이 작곡을 하겠다고 자청했고, 완성된 노래는 당시 가수 지망생이던 김태희의 목소리로 녹음하게 된다. 애초에는 노래 제목을 '춘천 처녀'로 하려고 했으나, 어감이 더 나은 '소양강 처녀'로 바꿨다.

해 저문 소양강에 황혼이 지면
외로운 갈대밭에 슬피 우는 두견새야
열여덟 딸기 같은 어린 내 순정
너마저 몰라주면 나는 나는 어쩌나
아~ 그리워서 애만 태우는 소양강 처녀

동백꽃 피고 지는 계절이 오면
돌아와 주신다고 맹세하고 떠나셨죠
이렇게 기다리다 멍든 가슴에
떠나고 안 오시면 나는 나는 어쩌나
아~ 그리워서 애만 태우는 소양강 처녀

노래의 주인공인 윤기순은 1970년대 음반을 발표하면서 가요계에 데뷔했으나 주목을 받지 못했다. 2007년 고향인 춘천으로 내려와 지금은 사북면 지암리에서 민박과 닭백숙 전문 음식점을 운영하고 있다.

이 노래의 모티브가 된 인물로는 윤기순 외 또 다른 사람이 있다. 바로 박경희다. 그녀는 춘천여고 3학년에 재학 중이던 1967년 작사가 반야월을 만났다.

당시 반야월은 소양 1교 인근 박경희의 아버지가 운영하는 '호수장여관'에 보름가량 머물며 창작 활동 중이었다. 이때 박경희가 쪽배의 노를 직접 저어 반야월을 소양강 상류 쪽의 작은 산인 고산에 데려다줬다. 이때 박경희는 거제도로 일자리를 구해 떠난 남자친구(현재의 남편)의 얘기를 들려줬다. 이에 반야월은 석양을 등지고 노를 젓던 여고생의 모습을 소재로 '소양강 처녀' 노랫말을 지었다는 사연이다.

박경희는 "반 선생이 '너의 사연을 노랫말로 썼으니 나중에 음반이 나오면 춘천으로 와 전해주겠다'라는 말을 남기고 떠나셨다"라고 말했다. 생전에 반야월도 '소양강 처녀'의 주인공을 특정 짓기보다는 윤기순, 박경희 등 당시 소양강에 살았던 모든 처녀가 주인공이라고 언급했었다.

어쨌거나 '소양강 처녀'는 발매하자마자 10만 장이 넘는 음반 판매를 기록하면서 대박이 났다. 김태희는 '소양강 처녀'의 히트로 1970년 TBC 방송가요대상 신인가수상을 수상했다. 이 노래는 그 후 오랫동안 젊은이들 사이에서 인기를 끌었으며, 1992년 한서경이 리메이크해 더욱 주목을 받았다.

소양강 처녀가 세상에 나왔을 때 가사를 놓고 말이 많았다. '두견새는 산새인데 물가에서 우는 새냐'라는 주장부터 '동백은 우리나라 남쪽의 따뜻한 해변에서 피는 꽃인데 어떻게 소양강에 동백꽃이 있느냐'라는 주장 등이다.

동백꽃 가사와 관련해 이 노래의 주인공 중 한 명인 박경희는 "자신의 남자친구가 쓴 '거제에는 동백꽃이 한창이다'라는 편지 내용이 모티브가 됐다"라고 했지만, 동백이 강원도에 없는 것만은 아니다. 동백꽃은 남녘에 서식하는 붉은 동백꽃을 주로 떠올리지만, 강원도에서는 '생강나무'의 꽃을 '동백꽃' 또는 '산동백'이라고 불렀다. 춘천출신 작가인 김유정의 소설 '동백꽃'도 바로 이 생강나무꽃이다.

과거 동백나무 열매에서 동백기름을 추출해 부인들이 머릿기름으로 썼는데 날씨가 추워서 동백나무가 자라지 않는 중부 이북 지방에서는 동백나무 대신 생강나무의 까만 열매로 기름을 짜서 머릿기름

춘천시 소양강 변에 설치한 김태희의 '소양강 처녀' 노래비. 이 노래의 가사는 반야월이 춘천서 만난 뱃사공 딸 윤기순과 여관집 딸 박경희와의 인연을 바탕으로 썼다고 알려져 있다.

으로 썼다. 그래서 생강나무를 '산동백나무', '개동백나무', '동박나무' 등으로 불렀고 덩달아 생강나무꽃도 '동백꽃'으로 불렀던 것이다.

현재 소양강에는 '소양강 처녀상'과 노래비가 자리하고 있다. 강원도 여행을 생각한다면 한 번쯤 춘천 소양강을 방문해 '소양강 처녀'에 얽힌 이야기에 빠져보는 것은 어떨까 한다.

우리 동네 유행가들

'○○ 아가씨' 제목의 유행가들 2

🎵 춘천 아가씨
노래 남정희, 작사 남국인, 작곡 백영호

1969년 지구레코드에서 발매한 노래로 소양강변에서 떠나간 연인을 그리워하며 남몰래 애태우는 춘천 아가씨의 순정을 그린 곡이다. 이 음반에는 역시 소양강을 배경으로 한 이미자의 '춘천댁 사공'도 함께 수록되어 있다.

🎵 강릉 아가씨
노래 이미자, 작사 이용일, 작곡 백영호

1966년 발표된 '백영호 작곡집'에 수록된 곡. 지금은 헤어진 강릉 아가씨를 그리는 내용을 담은 곡이다. MBC 라디오 드라마 '빨간 마후라'의 주제가인 김수연이 부른 같은 제목의 또 다른 '강릉 아가씨' 노래도 있다.

🎵 연포 아가씨
노래 하춘화, 작사 전우, 작곡 박춘석

1972년 지구레코드에서 발매한 노래. 연포는 태안군 태안읍에서 서쪽으로 약 12km 떨어져 있는 곳으로 1972년부터 고급 휴양지로 개발된 해수욕장이다.

🎵 제주 아가씨
노래 조미미, 작사·작곡 심형섭

1970년 발표된 '조미미 히트 앨범 제1집'에 수록된 곡. 멀리 떠나보낸 연인을 그리는 제주 처녀의 순정을 그린 노래다. 조미미는 이 노래 외에 '서귀포를 아시나요'라는 제주 배경 노래도 불렀다.

그 시절, 경춘선의 낭만과 추억

춘천은 자연과 문화, 축제, 맛, 역사가 어우러진 매력적인 도시다.

춘천은 늘 봄처럼 낭만적이다. 춘천의 춘(春)은 젊음과 낭만의 상
징이다. 그래서 춘천은 청춘이다.춘천은 멋도 있지만 맛도 있다. 춘
천 막국수와 닭갈비는 전주비빔밥, 충무김밥, 부산 돼지국밥, 안동
찜닭, 마산 아귀찜 등과 함께 전국적 인지도를 가진 대표적 지역 음
식이다. 그리고 춘천은 서울 등 수도권 사람들의 야유회, MT 장소
로도 인기가 높다. 과거 1970~1980년대 대학생들은 통기타를 둘러
메고 청량리역에서 출발하는 경춘선 무궁화호를 타고 가평 대성리나
춘천으로 MT를 많이 갔다.

1989년에 발표된 '춘천 가는 기차'는 추억과 낭만을 실었던 그 시
절의 열차를 떠올리게 한다. 서울에서 여행 가기 좋은 곳으로 여전히
인기가 높은 춘천에 갈 땐 지금도 이 노래를 떠올리는 사람들이 많을
것이다.

조금은 지쳐있었나 봐 쫓기는 듯한 내 생활

아무 계획도 없이 무작정 몸을 부대어보며

힘들게 올라탄 기차는 어딘고 하니 춘천행

지난 일이 생각나 차라리 혼자도 좋겠네

춘천 가는 기차는 나를 데리고 가네

오월의 내 사랑이 숨 쉬는 곳

지금은 눈이 내린 끝없는 철길 위에

초라한 내 모습만 이 길을 따라가네

그리운 사람

차창 가득 뽀얗게 서린 입김을 닦아내 보니

흘러가는 한강은 예나 지금이나 변함없고

그곳에 도착하게 되면 술 한잔 마시고 싶어

저녁때 돌아오는 내 취한 모습도 좋겠네

이 노래는 김현철이 1988년 5월 5일 재수생이던 시절 춘천행 무궁화호 열차에 탄 경험을 기반으로 하고 있다. 당시 서울의 청춘 남녀들은 춘천행 무궁화호를 타고 춘천으로 많이 놀러 갔다. 그런데 대부분 춘천까지 못 가고 중간에 내려 놀다가 돌아오는 경우가 많았다. 열차가 모든 역에 서는 바람에 시간이 너무 많이 걸리고 지루했기 때문이었다.

당시 청량리~춘천 간 열차의 운행 시간은 단선이라 교행을 해야 해서 대략 2시간 안팎이었다. 이후 전철이 복선으로 개통되면서 완행열차를 계승한 현재의 경춘선은 1시간 30분으로 소요 시간이 줄었고, 급행인 무궁화호를 계승한 ITX-청춘은 1시간 정도로 운행 시간이 대폭 줄었다.

'춘천 가는 기차'가 수록된 김현철 1집 앨범 표지. 이 노래는 김현철이 1988년 5월 5일 재수생이던 시절 춘천행 무궁화호 열차를 탄 경험을 바탕으로 만든 곡이다.

김현철도 예외는 아니었다. 그는 어느 인터뷰에서 "사실은 여자친구와 춘천까지 가지 않고 강촌역에서 내려 놀다가 돌아왔다"라고 밝혔다. 지금은 강촌역이 춘천에 속하지만 당시 강촌역은 도농통합 이전이어서 춘천시가 아니라 춘성군 지역이었다. 그는 "나는 거짓말을 한 것이 아니다. 춘천 가는 기차를 탔다는 것이지 가사 어디에도 춘천에 갔다는 말은 없다"라고 밝혔다. 음악평론가 박성서와의 인터뷰에서 밝힌 김현철의 말을 들어보자.

"그날은 1988년 5월 5일이었어요. 여자친구와 둘이서 청량리역에서 완행열차를 탔죠. 당시 재수생이어서 엄마한테 독서실에 간다고 말하고 나왔거든요. 그래서 빨리 놀고 학원 끝나는 시간까지는 돌아와야 했어요. 하지만 완행열차여서 기차는 정거장이 많았고 춘천을 목적으로 했지만 가도 가도 나오지 않는 춘천에 슬슬 짜증이 나기 시작했어요. 조금만 더 참으면 됐을 텐데 저하구 친구는 참지 못하고

우리 동네 유행가들

그 전에 강촌역에서 내렸고 그곳의 구곡폭포에 가서 놀았어요. 이후 저는 여자친구와 헤어지고 11월에 다시 혼자 그곳을 가게 되었는데요. 그때 생각이 떠올라 곡을 만들었어요."

춘천(春川)은 우수주, 광해주 등으로 불리다가 고려 태조 때 수도인 개경의 동쪽에 있는 도시라는 의미를 담아 '춘주(春州)'로 고쳐졌다. 봄 춘(春) 한자에 동쪽이란 의미도 들어있기 때문이다. 조선 태종 때 고을 주(州)가 들어가는 일부 지명에서 '주'를 '천'으로 바꿀 때 춘주 역시 포함되어 이때 '춘천'으로 바뀌었다. 인주(仁州)가 인천(仁川)으로, 포주(抱州)가 포천(抱川)으로 바뀐 것도 이때다.

춘천을 우리말로 '봄내'나 '봄고을'로 부르기도 하는데, 예로부터 내려온 순우리말식 표기로 알고 있는 사람이 많으나 이는 사실과 다르다. '봄내'나 '봄고을'은 오늘날 기준으로 한자를 가지고 역으로 뜻풀이를 한 것이다. '봄내'라는 말은 어감이 매우 좋은 편이어서 그런지 현재 춘천에서는 학교명, 극장명, 체육관 이름, 마라톤대회 명칭, 상호 등으로 널리 쓰이고 있다.

저 산은 내게 잊으라고 하는데…

휴가철 강원도 양양으로 가기 위해 한계령 가파른 고갯길을 지날 때면 늘 색다른 감흥이 일어난다. 좁은 산등성이 길을 타고 올라가면서 오만가지 상념에 잠기고, 안개 피어오르는 산 아래를 바라보며 삶의 처연함을 느낀다.

그리고 이곳을 지날 때면 떠오르는 노래가 있다. 양희은이 부른 '한계령'이다. 이 노래는 원래 '시인과 촌장'으로 데뷔한 하덕규가 작사·작곡한 것으로 돼 있었다. 그러나 작사자는 따로 있다. 바로 시인 정덕수다.

정덕수는 양양군 서면 오목골에서 태어나 오색국민학교(지금의 초등학교)를 졸업한다. 일찍 어머니를 여읜 정덕수는 서울로 상경해 청계천 봉제공장에서 일하다 고향으로 돌아온다. '온종일 서북주릉을 헤매며 걸어' 한계령을 오가던 그는 주머니에 볼펜과 편지지를 구겨 넣고 다니며 그때그때의 감정을 글로 써 내려갔다. 산을 타며 느낀 여러 상념들을 담은 열여덟 소년의 진솔한 회한이 담긴 시가 바로

〈한계령에서1〉이다.

1984년 서울의 한 음악다방에서 정덕수는 〈한계령에서1〉 시를 낭송했다. '시인과 촌장'의 하덕규는 미리 만든 곡에 붙일 노랫말을 찾던 중 때마침 정덕수의 시 낭송을 듣고 마음에 들어 그것을 메모했다. 그리고 정덕수의 시 일부분을 원작자 허가 없이 발췌해 곡조를 붙여 노래 '한계령'을 만들었다.

이 노래는 1984년 '시인과 촌장'의 하덕규가 처음 불렀고, 이듬해인 1985년 가수 양희은이 다시 부르면서 당대를 대표하는 대중가요가 됐다.

저 산은 내게 우지 마라 우지 마라 하고
발아래 젖은 계곡 첩첩산중
저 산은 내게 잊으라 잊어버리라 하고
내 가슴을 쓸어내리네
아~ 그러나 한 줄기 바람처럼 살다 갈 것을
이 산 저 산 눈물 구름 몰고 다니는
떠도는 바람처럼
저 산은 내게 내려가라 내려가라 하네
지친 내 어깨를 떠미네

노래가 나온 이후 오랫동안 정덕수는 '시인과 촌장'에 이어 양희은이 부른 노래의 가사가 자신의 시라는 사실을 몰랐다. 1988년 그는 설악산 대청봉에서 등산객들과 산장에 묵었다가 그때 여대생들이 부르는 '한계령' 노래를 들었는데, 노랫말이 자신이 쓴 시의 구절들과 너무 비슷했다.

이로써 시 〈한계령에서1〉을 쓰고 한참이 지난 뒤에야 자신의 시가 노래 가사로 만들어졌다는 사실을 알게 된 것이다. 하지만 당시는 저작권법이 제대로 정비되지도 않았고, 생계에 매달리다 보니 권리를 주장하지 못했다. 그러다 노래가 나온 지 23년 만인 2007년에 지인들의 도움으로 비로소 이 노래의 작사가로 인정받았다.

하덕규는 이 시에 감명받아 부분 발췌해 가사로 만들었음을 인정했고, 그동안의 저작권료를 보상하겠다고 했다. 하지만 정덕수는 "가사 저작권료는 사진을 찍을 카메라 한 대 값이면 충분하다"라고 했다고 한다. 지금은 한국음악저작권협회에 정덕수와 하덕규가 공동 작사가로 등재되어 있다.

한계령은 강원도 인제에서 양양으로 넘어가는 백두대간 고갯길이다. 언뜻 생각하면 '제한이 있다'는 뜻의 '한계(限界)'를 떠올리기 쉽지만, 한자를 풀면 '찰 한(寒)' 자와 '시내 계(溪)' 자를 사용한 '차가운 시냇물이 흐르는 고개'라는 뜻이다. 높이는 해발 1,004m에 이른다. 대청봉과 그 남쪽의 점봉산을 잇는 설악산 주 능선의 안부이며, 영동지방과 영서지방의 분수령을 이룬다.

과거에 양양군에 해당하는 산을 설악산이라 하고 인제군에 해당하는 산을 한계산이라 지칭했다. 이에 한계령은 한계산의 이름에서

우리 동네 유행가들

유래한 것이다.

한계령이라는 이름은 예전부터 있었으나 소동라령(所冬羅嶺)과 혼용되어 쓰이다가 1970년대에 제3군단이 당시 군단장이었던 김재규의 주도로 확장공사를 하면서 '한계령'이라는 이름이 정착되었다. 고갯마루에 공사 당시 죽은 장병들을 추모하는 위령비를 세웠는데, 위령비 세운 사람으로 당연히 군단장인 김재규의 이름도 있었으나 10·26 사건 이후 누군가가 이름을 지웠다고 한다. 정상에는 김수근이 설계한 것으로 유명한 한계령 휴게소가 있다.

고개 이름을 두고 인접한 두 지자체 간에 갈등도 있었다. 양양군은 '오색령'으로 복원하길 원했으나 인제군은 반대했다. '오색'은 양양군 서면 오색리, '한계'는 인제군 북면 한계리의 지명으로 쓰이기 때문이다. 이에 한계령을 관할하는 양양군은 한계령 휴게소에 '오색령'이라고 적힌 표지석을 설치했다.

양양군 서면에 위치한 한계령 휴게소 모습. 고개 이름을 두고 인접한 인제군은 '한계령'으로, 양양군은 '오색령'을 주장하면서 갈등을 빚고 있다. 이에 한계령을 관할하는 양양군은 한계령 휴게소에 '오색령'이라고 적힌 표지석을 설치했다.

비운의 임금님 유배지 '단종애사'

강원도 영월 청령포는 조선 단종의 유배지로 아픈 역사의 숨결을 품고 있는 곳이다. 단종은 12세의 어린 나이로 아버지 문종에 이어 왕위에 올랐으나 숙부인 수양대군에게 왕권을 빼앗겼다. 이후 상왕으로 있다가 사육신(박팽년, 성삼문, 하위지, 이개, 유성원, 유응부)의 단종 복위 움직임이 발각되면서 노산군으로 강등되어 머나먼 강원도 땅 청령포에 유배되었다.

단종의 영월행 유배길 곳곳에는 백성들이 구름처럼 몰려들어 온통 눈물바다가 됐다는 슬픈 이야기가 전해진다. 이런 내용은 영월 장릉에 꾸며진 단종기념관 등에 잘 전시되어 있다. 영월로의 압송 임무를 수행한 금부도사 왕방연이 이때의 심정을 남긴 시조가 아주 유명하다. 이 시조에서 그는 참혹한 권력의 희생양이 된 단종에 대한 애끓는 그리움과 서러움을 절절히 표현했다. 동시에 부도덕한 정치권력으로부터 어린 임금을 보호하지 못하는 자신의 무기력함을 애통해하는 회한도 내포하고 있다.

천만리 머나먼 길에 고운 님 여의옵고

내 마음 둘 데 없어 냇가에 앉았으니

저 물도 내 안 같아 울어 밤길 예놋다

이 시조에서 '여의옵고'와 '예놋다'의 뜻이 다소 생소하다. '여의다' 는 '죽어서 이별하다'는 뜻이 있고 '예놋다'는 '간다'는 뜻이다. '저 강 물도 내 마음 같아서 울면서 밤길을 흘러가는구나' 정도의 의미로 이 해하면 된다.

단종의 유배지인 청령포는 영월 읍내에서 조금 떨어진 곳이다. 동·서·북쪽은 남한강의 지류인 영월 서강이 삼면을 둘러싸고, 남쪽 은 가파른 절벽이어서 도주가 거의 불가능한 곳이다. 거기다가 조선 시대 청령포에는 호랑이를 비롯한 맹수들이 많이 살아서 외출도 편 하게 할 수 없었다고 한다.

청령포에 있었던 단종의 어소(御所)는 단종이 생전에 머물렀던 곳 이다. 단종은 이곳에서 글을 읽거나 휴식을 취하였으며 밤에 몰래 찾 아온 고을 아전인 엄흥도와 대화를 나누었던 공간이기도 했다. 엄흥 도는 매일 밤이 되면 청령포 강을 건너서 어소에 자주 들렀다. 엄흥 도는 단종이 죽을 때까지 말동무가 되어주면서 외로움을 달래주었던 것으로 전해진다.

그는 단종이 영면하게 되었을 때는 시신을 영월읍으로 옮겨 안장 했다. 엄흥도가 단종의 시신을 수습하여 몰래 묻을 때 자신의 노모를 위해 미리 준비해 두었던 관과 수의를 썼다고 한다. 매장을 마친 후

엄흥도는 그 길로 가족들과 함께 영월을 떠나 영영 자취를 감추었다고 한다.

청령포(淸泠浦)의 원래 이름은 청냉포(淸冷浦)였는데, 숙종 24년에 단종이 복위된 이후부터는 '청령포'가 되었다. 선왕이 계시던 곳에 냉(冷) 자 들어간 지명은 합당치 않다고 하여 '청령포'로 이름을 바꾸었다고 한다.

단종 유배와 관련해서 왕방연의 시조가 유명하지만, 단종의 유배지를 배경으로 그의 심정을 그린 대중가요 '두견새 우는 청령포'도 많이 알려져 있다. 이 노래는 1966년 이만진이 작사하고 한복남이 작곡해 심수경이 불렀다.

왕관을 벗어놓고 영월 땅이 웬 말이냐
두견새 벗을 삼아 슬픈 노래 부르며
한양 천 리 바라보며 원한으로 삼 년 세월
아~ 애달픈 어린 임금 장릉에 잠들었네

두견새 구슬프게 지저귀는 청령포야
치솟은 기암절벽 굽이치는 물결아
말해 다오 그 옛날의 단종대왕 귀양살이
아~ 오백 년 그 역사에 비각만 남아있네

1절의 '한양 천 리 바라보고 원한으로 삼 년 세월'은 팩트 오류다.

단종은 영월에서 3년이 아니라 3개월 보름 정도 머물다 죽었다.

이 노래를 듣다 보면 춘원 이광수가 1929년 쓴 소설 『단종애사』가 떠오른다. 동아일보에 연재되었던 이 역사소설은 영화로 만들어져 화제가 되기도 했다. 영화 〈단종애사〉는 1956년과 1963년 두 차례 만들어졌는데 두 편 모두 이광수 원작소설을 영화화한 것으로 내용은 대동소이하다.

1956년 영화 〈단종애사〉는 전창근

영월군 남면에 위치한 심수경의 '두견새 우는 청령포' 노래비. 청령포는 숙부인 수양대군에 의해 쫓겨난 단종의 유배지로 아픈 역사의 숨결을 품고 있는 곳이다.

감독이 연출했고 황해남, 엄앵란, 조미령, 이섭, 이민, 나애심, 윤일봉 등이 출연한 흑백영화로 국도극장에서 개봉했다. 1963년 영화 〈단종애사〉는 이규웅 감독이 메가폰을 잡고 김운하, 전계현, 이예춘, 이민자, 김석훈, 주증녀, 허장강, 황정순, 김동원, 구봉서, 복혜숙 등이 출연한 총천연색 영화로 국제극장에서 개봉했다. 영화 두 편 모두 설날 특집으로 개봉하여 10만여 관객이 들면서 흥행에 성공했다.

제주도는 육지에서 떨어진 섬이다 보니 대중가요 역시 독특한 소재의 노래들이 많다. 제주도의 특성을 담은 황금심의 '삼다도 소식', 물질문명 도피처로 제주도를 선택한 최성원의 '제주도의 푸른 밤', '가시리'를 제주 방언으로 재해석한 혜은이의 '감수광' 등이 그런 노래들이다. 1937년에 발표된 남인수의 '서귀포 칠십리' 이후 이미자의 '서귀포 바닷가', 조미미의 '서귀포를 아시나요' 등 서귀포를 배경으로 한 노래가 유독 많은 것도 눈길을 끈다.

PART 8

제주

제주도의
푸른 밤

그 별 아래, 도시의 삶을 치유하다

제주도 하면 가장 먼저 떠오르는 노래는 뭘까?

조금 연세가 있으신 분들은 '삼다도 소식', '서귀포를 아시나요', '감수광' 등을 떠올리겠지만, 상대적으로 젊은 세대는 단연 '제주도의 푸른 밤'을 떠올릴 것이다.

'제주도의 푸른 밤'은 1988년 발매된 최성원의 솔로 음반 '최성원 1 집'에 수록된 발라드곡이다. 제주도는 최성원이 한때 그가 속했던 그 룹 '들국화'의 해체로 힘들었을 때 마음의 위안을 얻기 위해 들른 곳 이다. 이때 그의 대표곡 '제주도의 푸른 밤'이 태어났다.

이 노래는 최성원이 제주도에 살고 있던 선배 음악인 김욱의 집에 서 한 달쯤 머물며 느낀 감정을 담아 만들었다. 김욱은 노사연의 '돌 고 돌아가는 길' '님 그림자', 이문세의 '파랑새' 등을 만든 유명 작곡 가다.

떠나요 둘이서 모든 것 훌훌 버리고

제주도 푸른 밤 그 별 아래

이제는 더 이상 얽매이긴 우리 싫어요

신문에 TV에 월급봉투에

아파트 담벼락보다는 바달 볼 수 있는 창문이 좋아요

낑깡밭 일구고 감귤도 우리 둘이 가꿔 봐요

정말로 그대가 외롭다고 느껴진다면

떠나요 제주도 푸른 밤 하늘 아래로

도시의 침묵보다는 바다의 속삭임이 좋아요

신혼부부 밀려와 똑같은 사진찍기 구경하며

정말로 그대가 재미없다 느껴진다면

떠나요 제주도 푸르매가 살고 있는 곳

1절 노랫말에 나오는 '낑깡'은 '금귤(金橘)'의 일본말이다. 일본서
들어온 작은 귤처럼 생긴 것으로 달고 시며 껍질째 먹을 수 있다.

2절 가사에는 '푸르매'가 나오는데, '푸르매가 뭐지?'라고 궁금해
하는 사람들도 많을 것이다. 상당수 인터넷 기사나 유튜브 노래 영상
의 가사에 '푸르메'로 표기되어 있는데, '푸르매'가 맞다.

'푸르매'는 최성원이 제주도에 갔을 때 머물렀던 집주인 작곡가 김
욱의 딸 이름이다. 최성원은 "푸르매 양이 내 아들과 동년배인데 서
울에 있는 아들과는 전혀 다른 삶을 살더라. 학교 갔다 온 뒤 제주도
바닷가에서 노닐고… 푸르매 양에겐 그게 전부더라. 이에 푸르매 양

과의 추억을 노래로 만들어 주기로 약속했다"라며 이 노래의 탄생 비화를 밝힌 적이 있다.

'제주도의 푸른 밤'은 성시경, 유리상자, 태연, 소유 등 여러 가수들이 리메이크해서 불렀다. 그중 2004년 성시경이 낸 음반이 제일 많이 알려져 있다. 청아한 목소리의 '제주소년' 오연준이 부른 버전도 인기가 높다.

'제주도의 푸른 밤'이 수록된 '최성원 1집' 앨범 뒷면. 이 노래는 최성원이 '들국화'의 해체로 힘들었을 때 마음의 위안을 얻기 위해 들른 제주도에서의 경험을 바탕으로 만든 곡이다.

이 노래를 만들고 부른 최성원은 '한국 포크 록의 전설'로 통한다. 록 밴드 들국화의 메인 작곡가이자 베이시스트로 활동했다. 최성원은 대학 재학 중이던 1980년에 이영재, 이승희(가수 이장희의 동생)와 프로젝트 음반 '이영재, 이승희, 최성원'에 참여하며 가수로 데뷔했다. 그는 가곡 '그리운 금강산'을 작곡한 아버지 최영섭으로부터 뛰어난 작곡 능력을 물려받아 들국화의 '그것만이 내 세상' '매일 그대와', 이덕진의 '내가 아는 한가지' 등 많은 히트곡들을 작곡했다.

1983년에 결성된 록 밴드 '들국화'에서는 전인권과 함께 밴드의 양대 축이었다. 들국화 시절 동갑인 전인권과는 정말 사이가 안 좋았다고 한다. 최성원과 전인권은 비틀스로 따지면 폴 매카트니와 존 레 넌이라고 할 만큼 애증의 관계였다고 한다. 실제로 최성원은 폴 매카 트니, 전인권은 존 레넌을 좋아했다. 음악 성향부터 사생활까지 완전 달라서 하루가 멀다 하고 싸웠다고 한다. 재미있는 것은 이들을 중재 해 주던 멤버가 드러머 주찬권이었는데, 이것도 비틀스의 링고 스타 역할과 판박이라고 할 수 있다.

최성원은 이후 음반 제작자 겸 프로듀서로도 활동하는데, 그가 발 굴한 가장 대표적 가수가 바로 이적과 김진표이다. 최성원은 '제주도 의 푸른 밤' 영향 때문인지 현재 제주도에 귀촌해 살고 있다.

전란 속에 피어난 제주의 서정

제주도는 예로부터 바람, 여자, 돌이 많다고 하여 '삼다도(三多島)'라는 별칭으로도 불렸다.

대한민국 최남단이라 태풍 피해가 많고 사방이 바닷가라 바람이 많이 분다. 4·3사건으로 수많은 남자들이 희생되고, 남자들이 고기 잡으러 바닷일 하다가 태풍 때문에 많이 죽으니 상대적으로 여자가 남자보다 많았다. 또 제주도 자체가 화산섬이라 현무암이 많아 농사가 힘들었다. 반대로 도둑, 거지, 대문이 없다고 해서 삼무도(三無島)라고도 불린다. 마을 사람들끼리 서로 돕고 살다 보니 도둑과 거지가 없었고, 도둑이 없으니 대문을 세울 필요가 없었다.

하지만 이제 '삼다도'는 과거의 표현으로만 남게 되었다. 바람은 여전하지만 고층빌딩에 가려 약해졌고, 돌은 콘크리트와 아스콘에 가려졌으며, 주민등록상 남자가 여자보다 더 많은 섬이 됐다. 삼다도가 아닌 것이다.

황금심의 '삼다도 소식'
은 이런 제주를 노래하고 있
다. 그러나 이 노래의 탄생
배경이 이채롭다. 이 노래
의 탄생지는 6·25전쟁 중이
던 1951년 제주 모슬포에서
창설된 육군 제1훈련소다.
1951년 1월부터 1956년 4월
까지 50만 명의 장병이 이

제주도 서귀포시 대정읍에 세워진 황금심의 '삼다도 소식' 노래비. 이 노래는 6·25전쟁 당시 제주 모슬포에 위치한 육군 제1훈련소의 예하 부대인 '군예대'에서 작곡가 박시춘과 작사가 유호 콤비가 합작으로 만든 곡이다.

곳에서 훈련을 받았다. 당시 주둔 병력은 7만여 명으로, 숙영지는 안덕·화순·서귀포·상예동 등이었다.

육군 제1훈련소의 예하 부대로 '군예대'가 있었는데 작곡가 박시춘, 극작가 겸 영화감독 김화랑, 극작가 겸 작사가 유호, 가수 남인수·황금심·신카나리아·금사향·고화성, 배우 황해, 코미디언 구봉서 등 연예인들이 동참했다. 이들 중 극작가 김화랑과 가수 신카나리아는 부부 사이인데, 부부가 함께 군예대에 참여한 것이다. 이들은 연예 활동을 통해 장병들의 사기 진작에 크게 기여했다.

이 무렵 '군예대' 대장(隊長)으로 근무하고 있었던 작곡가 박시춘은 제주도의 서정을 담은 유호의 노랫말에 곡을 붙여 1952년 '삼다도 소식'이라는 제목으로 전장에 띄웠다. 노래는 가수 황금심의 목소리를 타고 전 병영으로 퍼졌다.

가사의 내용이 전쟁이나 군대와는 전혀 관련이 없지만 처음엔 군인들을 위한 진중가요로 선을 보인 것이다.

　　삼다도라 제주에는 돌멩이도 흔한데
　　발부리에 걷어채는 사랑은 없다더냐
　　달빛이 새어드는 연자방앗간
　　밤새워 들려오는 콧노래가 서럽구나
　　음음~ 콧노래 서럽구나

　　삼다도라 제주에는 아가씨도 많은데
　　바닷물에 씻은 살결 옥같이 귀엽구나
　　미역을 따오리까 소라를 딸까
　　비바리 하소연이 물결 속에 꺼져간다
　　음음~ 물결에 꺼져가네

'삼다도 소식'을 부른 가수 황금심의 본명은 황금동이다. 그녀는 18세인 1936년에 '알뜰한 당신'을 발표하며 가수로 데뷔했다.

'알뜰한 당신'이 히트하자 집안에서는 난리가 났다. 황금심은 딸의 가수 활동을 반대하는 아버지에 의해 머리를 깎이고 집에 구금된다. 그러나 황금심은 단식까지 하면서 고집을 꺾지 않는다. 이를 보다 못한 어머니의 간청으로 아버지도 결국은 허락을 하면서 가수의 길을 계속 걷게 된 그녀는 본명 황금동과 오케레코드 취입 때의 황금자 대신 작사가 이부풍이 지어준 '황금심'으로 빅터레코드사 전속가수의 길을 걷게 된다.

황금심은 해방 이후에도 '삼다도 소식', '뽕 따러 가세', '장희빈' 등을 히트시키며 인기가수의 입지를 굳힌다.

황금심의 남편은 황금심 못지않게 한국 가요사의 한 페이지를 장식한 고복수다. '짝사랑', '타향살이' 등의 노래를 히트시키며 한 시대를 풍미했다. 고복수와 황금심은 연예계에서 스캔들 없이 살아온 원앙부부였다. 황금심의 남편에 대한 내조는 극진했다.

황금심은 남편이 세상을 뜬 후 혼자의 몸으로 3남 2녀의 자식들을 훌륭히 키워냈다. 한때 세 아들이 아버지와 어머니의 뜻을 이어받아 '일출봉'이라는 형제그룹을 만들어 활동하였으며, 그중 '남자의 길'을 부른 장남 고영준은 아직도 가수 2세로서 왕성한 활동을 펼치고 있다.

나눔 실천한 거상 김만덕의 삶

내가 국민학교(지금의 초등학교) 다니던 1970년대 중후반 무렵, 고향인 시골 마을에서 흑백TV는 몇 안 되는 오락거리 중 하나였다. 그러나 한 동네에 TV가 있는 집은 고작 한두 집에 불과했다. 따라서 어른이건 아이들이건 TV를 보기 위해 이웃집으로 마실을 갔다.

김일 선수가 나오는 프로레슬링 경기나 이른바 '박스컵' 축구 경기가 있는 날은 마루에 TV를 내놓고 온 동네 사람들이 둘러앉아 TV를 보는 건 그리 낯선 풍경이 아니었다. 연속극도 인기가 남달랐는데 당시 봤던 드라마 중에는 KBS에서 방송한 〈전우〉와 MBC에서 방송한 〈거상 임상옥〉, 〈정화〉가 특히 기억에 남는다.

그중 1977년 방송된 〈정화(情火)〉는 제주 거상 김만덕의 파란만장한 삶을 그린 일일연속극으로 김만덕 역을 맡은 고두심을 비롯해 김무생, 김영애, 김상순, 오미연, 한인수, 김용림, 박규채, 김애경 등 당대 연기파 배우들이 총출동한 대작이다.

이 드라마의 주제가는 이미자가 불렀다. 당시 최고 인기가수였던 이미자는 영화와 드라마 주제가를 거의 독식하고 있었다. 이미자는 영화 주제가로는 '동백아가씨'를 시작으로 '섬마을 선생님', '기러기 아빠', '흑산도 아가씨', '황혼의 블루스', '울어라 열풍아', '그리움은 가슴마다', '서울이여 안녕' 등을 불렀다. 인기 TV 드라마 주제가도 대부분 이미자의 차지였다. '아씨'(1970년), '여로'(1972년), '임금님의 첫사랑'(1975년) 등은 이미자가 부른 대표적 연속극 주제가이다.

이복윤이 작곡해 이미자가 부른 주제가 '정화'는 드라마가 끝난 후인 1978년 지구레코드에서 발매한 '이미자의 조국의 흙' LP 음반 뒷면의 두 번째 곡으로 수록됐다. 이 노래의 작사가에 대해서는 혼선이 좀 있다. 앨범에는 이 드라마의 작가이자 배우 반효정의 남편인 이상현이 작사한 것으로 되어있지만, 현재 음악저작권협회에는 '신봉승 작사'로 등재되어 있다. 〈조선왕조 오백년〉 드라마 작가로 유명한 신봉승은 이상현의 선배 작가이다.

한라산 허리에 감도는 구름은
가신 님 그리는 비바리 한 있네
가면 가고 말면 말지
다시 오마 기약 마오
이어도 사나 이어도 사나
이승에서 맺은 인연 저승엔들 볼 리 있어
이어도 사나 이어도 사나

서귀포 나루에 뱃고동 소리는

떠난 님 부르는 비바리 원 있네

내 한숨은 바람 되고

내 눈물은 구름 되어

이어도 사나 이어도 사나

산을 넘고 물을 건너 님 계신 데 내려주소

이어도 사나 이어도 사나

제주시 건입동 모충사에 있는 김만덕의 묘. 김만덕은 제주에 흉년이 들자 자신의 전 재산으로 육지의 곡식 500섬을 구매하여 백성들을 구휼한 여성 사업가다.

이 노래의 주인공인 김만덕은 조선 후기 제주도의 여성 사업가다. 기생 출신으로 객주 일을 통해 본토와 제주도 사이의 물자 유통에 수완을 발휘해 대부호가 되었다. 이 과정에서 다른 객주들의 시기심 때문에 부정축재로 허위 신고를 당해 투옥되었다가 지역 주민들의 상소로 풀려나는 등 고초를 겪기도 했다.

1795년 흉년이 들자 자신의 전 재산으로 육지의 곡식 500섬을 구매하여 백성들을 구휼했다. 이 소식은 제주목사였던 유사모에 의해 한양의 조정에도 전해졌다.

당시 왕이었던 정조가 제주목사를 통해 김만덕의 소원을 물으니

우리 동네 유행가들

"한양에 한번 가서 왕이 계신 곳을 바라보고 이내 금강산에 들어가 1만 2,000봉을 구경한다면 죽어도 여한이 없겠습니다"라고 대답했다. 그래서 정조는 그녀를 불러 명예 관직인 내의원 '행수의녀'에 봉하고 직접 만났으며 금강산 유람을 하고 싶다는 청도 받아들였다.

김만덕은 금강산 유람을 마친 뒤에는 다시 제주도로 돌아가 객주 일을 계속했다. 결혼은 하지 않았지만, 조카인 김성집의 장남 김시채를 양손자로 들여 키웠다. 1812년 고향 제주도에서 74세의 나이로 세상을 떠났고, 유언으로 양손자의 기본 생활비를 제외한 모든 재산을 제주도의 빈민들에게 기부했다.

'가시리'를 제주 방언으로 재해석

감수광.

'가십니까'라는 뜻의 제주 방언이다. 금방 만나 헤어질 때도 '감수광'이고 다른 방향으로 가는 오랜만에 만난 이에게도 인사는 '감수광'이다. 그런데 이 노래가 고려가요 '가시리'를 제주 방언으로 재해석한 곡이라는 사실을 아는 사람은 그리 많지 않다.

이 노래 후렴 부분의 '감수광'은 떠나는 님을 보내기 싫은 '처절한 이별'을 담고 있다. '감수광 감수광 난 어떡할렝 감수광 설룽 사람 보낸 시엥 가거들랑 혼저 옵서예'를 직역하면 '가십니까, 가십니까, 난 어떻게 하라고 가십니까? 서러운 사람 보내오니 가시거든 빨리 돌아오세요'이다. 이는 '가시리'의 가사와 일치한다.

1975년 길옥윤 작사·작곡의 '당신은 모르실 거야'로 데뷔한 혜은이는 1977년 '당신만을 사랑해'로 제1회 서울가요제 대상을 받으면서 주가가 상승했다. 이어서 MBC 10대가수가요제 최고인기가수상, KBS 인기가수청백전 최고인기가수상, TBC 방송가요대상 여자가수

우리 동네 유행가들

상 등 상이란 상은 모두 휩쓸게 된다.

이에 고무된 길옥윤은 제주 출신의 혜은이에게 고향 노래를 만들어 주기 위해 제주에 여러 차례 다녀가게 되고 그래서 나온 곡이 1977년 12월에 발표한 '감수광'이다.

바람 부는 제주에는 돌도 많지만
인정 많고 마음씨 고운 아가씨도 많지요
감수광 감수광 나 어떵할렝 감수광
설룽 사람 보낸 시엥 가거들랑 혼조 옵서예

겨울 오는 한라산에 눈이 덮여도
당신하고 나 사이에는 봄이 한창이라오
감수광 감수광 나 어떵할렝 감수광
설룽 사람 보낸 시엥 가거들랑 혼조 옵서예

이 노래에 관한 재미있는 이야기도 많다. 길옥윤은 노랫말 중에 제주도 사투리를 담기는 해야겠는데 도저히 익히기 어려워 먼저 표준말로 노랫말을 쓴 다음 관광안내원이나 호텔 종사자들에게 물어 사투리로 옮겨 적었다.

그러나 바르게 옮겨 적은 것인지 아닌지 몰라 애를 먹었음은 물론이다. 그래서 이 노래 원본 가사에 제주 사투리를 잘못 표기한 부분이 많다. 제주 방언이 틀렸다는 지적에 혜은이는 '어떵할렝'은 '어떵

허렌'으로, '설릉 사람'은 '설룬 사람'으로, '보낸시엥'은 '보냄시메'로, '혼조옵서예'는 '혼저옵서예'로 직접 고쳐 불렀다. 이 고쳐 부르기에는 사투리를 완벽히 구사하는 제주 출신 배우 고두심이 일조했다는 이야기도 있다.

'감수광'은 북한 김정일이 즐겨 부르는 남한 노래 중 하나로도 잘 알려져 있다. 지난 2002년 4월 임동원 청와대 외교·안보·통일특보는 북한을 방문하고 돌아온 뒤 제주평화포럼에 참석해 "김정일 위원장이 제주도민들이 북한으로 감귤을 보내준 데 대해 무척 감사하게 생각하고 있으며 우리 노래 가운데 특히 '감수광'을 좋아한다고 하더라"라고 전한 바 있다. 그래서인지 2003년 10월 제주에서 열린 민족통일평화체육축전 때 북측 민속예술공연단은 우리 측에 '감수광' 악보와 테이프를 보내달라고 주문하기도 했었다.

혜은이가 제주 출신이긴 하지만 제주에서 그리 오래 살지는 않았다. 1954년생인 혜은이는 일곱 살 때 대전으로 이주했다. 대전 이사 후 대전 선화국민학교(지금의 초등학교), 호수돈여중을 거쳐 호수돈여고를 졸업한다.

'감수광'이 제주를 대표하는 노래로 자리매김하면서, 2014년 제주 올레길에 '감수광' 노래비가 세워졌다. 노래비가 세워진 곳은 제주올레 17코스 종착점이자 18코스 출발점인 제주시 산지천 분수광장이다. 이곳은 혜은이의 생가터 근처이다.

제주시 산지천 분수광장에 설치된 혜은이의 '감수
광' 노래비. 노래비에는 노래 가사가 적혀있으며, 뮤
직센서가 장착되어 있어서 올레길 여행객들이 지날
때 저절로 노래가 흘러나온다.

참고문헌

단행본

권경률.   『가요로 읽는 한국사: 시대의 노래, 역사가 되다』, 행성B, 2025.

김동률.   『인생, 한 곡: 김동률 교수의 음악 여행 에세이』, 알에이치코리아, 2015.

김선영.   『배호평전』, 소담출판사, 2005.

김영철.   『한국 가요 사회사: 한국근현대사와 한국대중가요』, 문학바탕, 2021.

김장실.   『트롯의 부활: 가요로 쓴 한국 현대사』, 조갑제닷컴, 2021.

김훈.   『밥벌이의 지겨움: 김훈 世說, 두 번째』, 생각의나무, 2003.

남재우 등.『아라가야의 산성』, 선인, 2018.

박찬호.   『한국 가요사 1, 2』, 미지북스, 2009.

박해상.   『역사in가요: 박해상의 노래이야기』, FM엔터테인먼트, 2023.

반야월.   『나의 삶, 나의 노래』, 선, 2001.

손목인.   『손목인 가요 인생: 대한민국 1세대 가요 작곡가 1913~1999 탄생 100주년
          기념 출판』, 초이스북, 2014.

신병주.   『서울의 자서전: 조선의 눈으로 걷다』, 글항아리, 2024.

신현준·최지선.『한국 팝의 고고학 1980: 욕망의 장소』, 을유문화사, 2022.

심재영·이지환.『한국의 노래비: 세월에 얽힌 우리의 노래를 찾아가다』, 나무향, 2018.

오애리·구정은.『성냥과 버섯구름: 우리가 몰랐던 일상의 세계사』, 학고재, 2022.

유동완.   『노랫말아 이야기 마중 가자: 대중가요 스토리텔링 그 첫 번째 이야기』, 휴
          앤스토리, 2022.

유차영.   『곡예사의 첫사랑: 미스·미스터트롯 팬덤히트 100곡』, 행복에너지, 2020.

유차영.   『대중가요 임진왜란: 임진왜란 발발 430년, 이순신 탄생 477년 유행가가
          품은 임진왜란을 해설하다』, 행복에너지, 2022.

유차영.   『유행가가 품은 역사: 한국 대중가요 100년』, 농민신문사, 2019.

이경호,　『대중가요 유성기 음반 가이드북』, 안나푸르나, 2018.

이동순,　『한국 근대가수 열전』, 소명출판, 2022.

이상용,　『창동야화: 이상용의 연극인생 50년 에세이집. 2』, 극단 마산, 2020.

이영미,　『광화문 연가: 그때 그 시절… 노래와 함께 걷는 서울의 추억 서울의 풍경
들』, 위즈덤하우스, 2008.

이영미,　『서울의 대중가요』, 서울역사편찬원, 2022.

이영미,　『한국대중가요사』, 민속원, 2006.

이영훈,　『그 노래는 왜 금지곡이 되었을까: 한 시대를 풍미했던 금지곡의 항변』, 휴
앤스토리, 2021.

이영훈,　『유행가는 역사다: 노래로 읽는 한국현대사』, 휴앤스토리, 2018.

이철재,　『노래에 새긴 끝없는 이야기: 누구나 기억 속에 넣어둔 노래가 있다』, 이랑,
2023.

임진모,　『오랜 시간 멋진 유행가 3·6·5: 시대와 유행을 만든 노래들』, Score(스코
어), 2022.

장유정,　『트로트가 무어냐고 물으신다면: 웃음과 눈물로 우리를 위로한 노래의 역
사』, 따비, 2021.

정두수,　『노래 따라 삼천리: 남인수에서 조용필까지』, 미래를소유한사람들, 2013.

조휴정,　『고마워요 유행가: 유행가에 담긴 착하고 다정했던 우리들의 추억』, 계란후
라이 북스, 2017.

주현미,　『추억으로 가는 당신』, 쌤앤파커스, 2020.

한성우,　『노래의 언어: 유행가에서 길어 올린 우리말의 인문학』, 어크로스, 2018.

홍경석,　『가요를 보면 인생을 안다: 그 시절 가요엔 어떤 사연이 담겼을까』, 개미,
2024.

논문

권순긍,　「'박달재 전설'의 형성과 '울고 넘는 박달재'」, 『고전문학연구』, 2014년.

김양섭,　「해방 전후기 인천 성냥제조업의 변화」, 『인천학연구』 제22호, 2015년.

나각순,　「서울지명의 변천과 특징」, 「향토서울」 제72권, 2008년.

나경수,　「남매혼설화의 신화론적 검토」, 「한국언어문학」 26권, 1988년.

박경수,　「구비문학과 문예창작 – 현대시에서의 민요 아리랑과 논개 이야기의 수용을 중심으로」, 「구비문학연구」 제23호, 2006년.

윤청우,　「함안 아라가야 고분의 봉토분 유형과 수장집단에 대한 연구」, 「영남고고학」 제99호, 2024년.

이종주,　「무학대사 한양 정도(定都) 설화의 의미와 서울의 상징성 – 왕십리 기원담. '서울 학터'담, '석왕사 해몽담'을 중심으로」, 「실천민속학연구」 제35호, 2020년.

장유정,　「20세기 전반기 기생 소재 대중가요의 노랫말 분석」, 「한국문화」 35호, 2005년.

정기간행물

강원식,　「서울 탱고: 김상희 '울산 큰애기'」, 서울신문, 2004년 7월 8일자.

김동규,　「아무튼, 주말: 대폿집 애창곡, '오동동 타령'의 '오동추'는 누구일까?」, 조선일보, 2022년 12월 10일자.

김병길,　「'소양강 처녀'와 '울산 큰애기'」, 울산매일, 2017년 4월 19일자.

김영주,　「혜은이의 '감수광'」, 서울신문, 2004년 7월 22일자.

김예슬,　「최성원이 밝힌 '제주도의 푸른 밤' 탄생 비화(사람이 좋다)」, 스포츠투데이, 2015년 11월 7일자.

김용구,　「눈물의 연평도… 작가의 상상력과 역사적 사실」, 경기신문, 2024년 8월 18일자.

김윤덕,　「아무튼, 주말: 한계령」, 조선일보, 2022년 3월 26일자.

김주철,　「충주 노은에 '명성황후 노래비' 건립」, 충북일보, 2013년 12월 2일자.

노응근,　'먹고 살아가는데 道가 무슨 상관 있나요: 嶺湖成市… 하동·화개장터」, 경향신문, 1987년 10월 27일자.

노주석,　「외로운 사나이가 찾아간 삼각지… 눈물의 비표 새긴 애창곡 되다」, 서울신문, 2019년 6월 12일자.

박경일, 「'삼천궁녀' 낙화암엔 애수의 노래… '서동 설화' 궁남지선 연꽃의 초대」, 문화일보, 2024년 7월 11일자.

박성건, 「그 노래 그 사연: 김트리오 '연안부두', 인천 프로야구팀 우승 이끈 응원가」, 농민신문, 2022년 11월 28일자.

박성건, 「그 노래 그 사연: 김흥국의 '호랑나비', "앗싸"… 폭발적 반응 일으키다」, 농민신문, 2022년 12월 27일자.

박성건, 「그 노래 그 사연: 벚꽃으로 시름 잊는 '영등포의 밤'」, 농민신문, 2024년 4월 1일자.

박성건, 「그 노래 그 사연: 우울했던 1979년, 한국인의 마음 달래」, 농민신문, 2023년 12월 11일자.

박성건, 「그 노래 그 사연: 이동원·박인수의 향수, 무소의 뿔처럼 혼자서 가라」, 농민신문, 2023년 3월 20일자.

박은성, 「45년 만에 춘천 찾은 '소양강 처녀'」, 한국일보, 2015년 4월 9일자.

오광수, 「노래의 탄생: 송창식 '선운사'」, 경향신문, 2020년 3월 30일자.

왕성상, 「기록으로 본 노랫말 속의 직업들」, 『기록인(IN)』, 2013년 가을호(제24호).

유선준, 「이민부 교수의 지리로그: 함안의 추억, 1960년대 경남을 보다」, 파이낸셜뉴스, 2024년 6월 3일자.

유차영, 「그 노래 그 사연: 박경원의 '만리포 사랑' 황막한 시절, 노래는 희망의 깃발이 되고」, 농민신문, 2018년 5월 16일자.

유차영, 「그 노래 그 사연: 박재홍의 '울고 넘는 박달재'」, 농민신문, 2017년 6월 7일자.

유차영, 「그 노래 그 사연: 최숙자 '눈물의 연평도'… 풍랑 속 사라진 어부들의 애달픈 사연」, 농민신문, 2018년 9월 12일자.

유차영, 「그 노래 그 사연: 패티김 '서울의 찬가' 시원한 가창력으로 희망 전하다」, 농민신문, 2020년 4월 29일자.

이광식, 「'목포의 눈물' 노래비, 가사 틀렸다」, 서울신문, 2016년 11월 16일자.

이광훈, 「여적: 신라의 달밤」, 경향신문, 2001년 7월 21일자.

이기환, 「가야연맹의 '큰형님'이 따로 있었나… 1인자 꿈꾸는 아라가야」, 경향신문, 2021년 11월 23일자.

이동순.　「가수 은방울 자매를 배출한 부산」, 국제신문, 2022년 4월 3일자.

이동순.　「'미사의 노래'와 가수 이인권의 삶」, 영남일보, 2008년 1월 24일자.

이문일.　「썰물밀물: '인천 성냥공장'의 역사」, 인천일보, 2023년 8월 17일자.

이상순.　「바람처럼 다시 돌아온 '한계령' 시인 정덕수」, 기호일보, 2024년 7월 12일자.

이승기.　「'오동동 타령' 바로 알기」, 경남도민일보, 2022년 12월 20일자.

이영미.　「이영미의 맛있는 노래: 서산 갯마을」, 농민신문, 2011년 11월 28일자.

이영미.　「이영미의 맛있는 노래: 울릉도 트위스트」, 농민신문, 2011년 10월 17일자.

이영빈.　「아무튼, 주말: 낙동파 對 낙서파… 종로엔 두 개의 '어르신 낙원' 있다」, 조선일보, 2019년 1월 12일자.

이우석.　「이번 역은 가을도 봄이 되는 '청춘역'입니다… 내리실 문은 낭만 오른쪽, 힐링 왼쪽입니다」, 서울신문, 2021년 11월 18일자.

이준영.　「밀물썰물: 울산 큰애기」, 부산일보, 2020년 5월 3일자.

이춘호.　「3천5백곡의 노래시를 쓰다… 살아있는 전설의 작사가 정두수」, 영남일보, 2013년 11월 22일자.

임영주.　「오동동 타령과 마산 오동동」, 경남일보, 2022년 8월 3일자.

임진모.　「노래, 그곳을 가다: 이난영 '목포의 눈물'의 목포」, 경향신문, 2005년 2월 17일자.

전봉관.　「아무튼, 주말: 신라의 달밤, 럭키 서울… 현대사 희로애락을 노래한 국민 가수」, 조선일보, 2025년 5월 24일자.

정두수.　「가요 따라 삼천리: 하늘나라 간 남편 기다리는 새댁의 哀歌… '땡! 땡! 땡!' 마지막 전차의 추억 아련히」, 문화일보, 2013년 5월 15일자.

정두수.　「가요 따라 삼천리: 학병으로 끌려갔다 돌아오지 못한 삼촌 '물레방아 도는' 고향 얼마나 그리웠을까」, 문화일보, 2013년 4월 24일자.

정치영.　「반세기, 기록의 기억: 삼각지 로터리」, 경향신문, 2024년 4월 25일자.

정태관.　「가수 이난영과 '목포의 눈물'」, 한겨레, 2019년 10월 19일자.

정혜연.　「어떻게 지내십니까: 테너 박인수 백석대 석좌교수」, 월간조선, 2010년 2월호.

조향래.　「대중가요의 아리랑: 신민요의 부활 '오동동 타령'」, 아시아투데이, 2023년

4월 16일자.

조향래, 「세풍: 신라의 달밤」, 매일신문, 2019년 9월 10일자.

최고야, 「홍대 앞을 왜 '잔다리'라고 부르는 걸까?」, 동아일보, 2020년 11월 10일자.

최도철, 「선운사 동백」, 전남일보, 2021년 3월 15일자.

최두섭, 「사랑해선 안 될 사랑. 오누이의 애닮은 사연 담은 '달래강'의 전설 음반으로 출시」, 전북연합신문, 2015년 12월 10일자.

최모란, 「'사이다' 원조는 인천, 사이다의 ★은 언제부터 생겼을까」, 중앙일보, 2020년 7월 25일자.

최영재, 「국민가요 '소양강 처녀' 실제 주인공은 2명」, 강원일보, 2015년 4월 10일자.

황금천, 「인천 상징 대중가요는 '연안부두'」, 동아일보, 2016년 10월 27일자.

인터넷 자료

강대호, 「탑골공원과 '종삼'… 노인들의 해방구? 은신처?」, 오피니언뉴스, 2024년 1월 28일.

강종구, 「'인천 앞바다에 사이다가 떴어도~'… 왜 인천일까」, 연합뉴스, 2017년 10월 6일.

고룡이의 꿈, 〈오동동 타령〉과 마산 노래들', 티스토리, 2020년 7월 31일.

김두호, 〈향수〉의 이동원. 낮은 소리로 삶과 노래를 지키던 사람', 인터뷰365, 2008년 2월 24일.

김은식, '야구장의 30년 합창. 연안부두 떠나는 배야', SK와이번스 홈페이지, 2009년.

김장실, '마감에 쫓기다 레코드사 골방에서 탄생한 국민 애창곡', 조갑제닷컴, 2021년 4월 25일.

까시, 〈인천의 성냥공장 아가씨〉', 네이버 카페, 2009년 3월 3일.

꼬두매, '1952년 발매 〈삼다도 소식〉에 얽힌 사연', 네이버 블로그, 2022년.

남용우, '옛 인천의 향수를 찾아서: 인천의 성냥공장 아가씨', 중앙신문 사이트, 2023년 7월 19일.

박광희, '조기·명태는 다 어디로 갔나', 농촌여성신문, 2023년 6월 26일.

박성희,   '마포종점에 멈춰 선 추억의 전차', 여성신문 사이트, 2021년 7월 11일.

비트겐,   '오디오 녹화: 김트리오 〈연안부두〉', 네이버 카페, 2024년.

서동관,   '한국 랩의 원조 노래들', 네이버 블로그, 2010년 10월 25일.

싱싱국악배달부, '총각과 처녀의 속마음을 담아낸 신민요 〈갑돌이와 갑순이〉', 티스토리, 2023년 4월 5일.

오석륜,   '강화에서 연산군과 철종의 삶을 생각하다', 글로벌경제신문, 2024년 5월 28일.

왕성상,   '깨어진 남녀사랑 약속 노래한 빅히트곡 〈안동역에서〉', 여성소비자신문, 2021년 2월 4일.

왕성상,   '서해안 만리포해수욕장 배경으로 만들어진 대중가요 〈만리포 사랑〉', 여성소비자신문, 2023년 7월 10일.

왕성상,   '서울로 돈 벌러 간 남편 애찬가, 〈울산 큰애기〉', 여성소비자신문, 2024년 8월 19일.

왕성상,   '왕성상의 노래비 이야기 – 〈삼다도 소식〉', 시니어스타임즈, 2020년 7월 23일.

왕성상,   '일제강점기 우리 민족의 한, 저항 담긴 빅히트가요 〈목포의 눈물〉', 여성소비자신문, 2023년 7월 21일.

왕성상,   〈제주도의 푸른 밤〉, 여성소비자신문, 2020년 6월 26일

왕성상,   '항구에서의 만남과 이별 노래한 대중가요 〈연안부두〉', 여성소비자신문, 2022년 7월 10일.

윤재홍,   〈영암 아리랑〉과 〈낭주골 처녀〉, 영암신문, 2020년 2월 17일.

음악의 오솔길, 〈갑돌이와 갑순이〉 가사, 사연, 김세레나', 티스토리, 2021년 8월 23일.

이동순,   〈낙화유수〉와 김영환의 생애', 백세시대, 2015년 10월 16일.

이동현,   '마포 삼개 나루의 위치적 특성', 네이버 블로그, 2023년 11월 15일.

이승우,   '뮤직 내비게이션: 강남 개발과 젊음의 초상⋯ 〈제3한강교〉', 연합뉴스, 2022년 1월 18일.

이영훈,   '5월 광주, 〈바윗돌〉과 〈바위섬〉⋯ '오월의 노래', 더칼럼니스트, 2024년 5월 17일.

이준희, '이승만 2인자 질책한 노래 〈세불십년〉 음반 찾아', 오마이뉴스, 2023년 4월 17일.

이준희, '55년 전 여수의 노래, 〈여수야화〉', 오마이뉴스, 2003년 6월 19일.

임진모, '이영훈 인터뷰', IZM, 2008년 3월.

장유정, '인천의 노래, 대중가요 속 인천의 추억을 더듬다', 인천시립박물관 블로그, 2021년 6월 25일.

조영섭, '침묵의 도살자 백인철, 너무 늦었던 세계 챔프', 더칼럼니스트, 2022년 1월 21일.

조용연, '대중가요의 골목길(19) − 수원·용인', 자전거생활, 2020년 9월 29일.

조용연, '대중가요의 골목길(29) − 충북 충주, 우국충정이 부딪힌 중원의 역사, 남한강', 자전거생활, 2021년 7월 28일.

차도연, '국민애창곡 속 등장하는 〈마포종점〉', 서울시 홈페이지, 2021년 6월 3일.

착한 산적, '설악산, 한계령 이야기', 네이버 블로그, 2020년 6월 30일.

첫발자욱, '가요(3040)/〈신라의 달밤〉 − 현인', 네이버 블로그, 2019년 6월 22일.

최용수, '마포 한강공원이 들려주는 삼개나루 이야기', 서울시 홈페이지, 2024년 4월 15일.

치악산, '〈울고 넘는 박달재〉 참 사연도 많아', 네이버 블로그, 2024년 6월 3일.

황진우, 「천등산에는 박달재와 금봉이가 없다」, 단비뉴스, 2018년 10월 27일.

bumsochoi, '소양강처녀', 네이버 블로그, 2022년 9월 8일.

manolgul, '가시리와 〈감수광〉(1977년)', 네이버 블로그, 2022년 4월 3일.

META4, '영화 와이키키 브라더스 − Wind Cries Mary와 〈서울야곡〉', 네이버 블로그, 2021년.

SE Kim, '인천 성냥공장 아가씨는 위대했다!', 네이버 블로그, 2022년 1월 11일.

기타 자료

MBC 〈휴먼다큐 사람이 좋다〉최성원의 푸른 꿈(2015년 11월 7일 방송)

MBC 드라마 〈정화〉(1977년 1월 31일~8월 27일 방영)

TBC 드라마 〈서울야곡〉(1977년 6월 17일~10월 14일 방영)

TV조선 〈인생다큐 마이웨이〉주현미 편(2018년 4월 19일 방송)

tvN 드라마 〈응답하라 1988〉(2015년 11월 6일~2016년 1월 16일 방영)

HLKA 라디오 드라마 〈강화도련님〉(1963년 1월 3일~2월 7일 방송)

민족문제연구소&식민지역사박물관, '대중가요의 역사 – 가왕열전 3편 현인', 유튜브,
　　　　https://www.youtube.com/watch?v=Srgyv4lD6vk

민족문제연구소&식민지역사박물관, '대중가요 작사의 쌍두마차 박영호와 조명암: 식
　　　　민지 대중가요 시리즈 4편', 유튜브, https://www.youtube.com/watch?v
　　　　=klMv VUF4GWY

영화 〈갑돌이와 갑순이〉(1972년)

영화 〈강화도령〉(1963년)

영화 〈낙화유수〉(1927년)

영화 〈단종애사〉(1956년)

영화 〈말죽거리 잔혹사〉(2004년)

영화 〈맨발의 청춘〉(1964년)

영화 〈신라의 달밤〉(2001년)

영화 〈와이키키 브라더스〉(2001년)

영화 〈왕십리〉(1976년)

영화 〈제3한강교〉(1979년)

영화 〈죽여주는 여자〉(2016년)

영화 〈철종과 복녀〉(1963년)

영화 〈흑산도 아가씨〉(1969년)

유튜브 '예비역 병장(동그레)', youtube.com/channel/UClUCGLjmSq6q1llGnUC_lrw

유튜브 '주현미TV', www.youtube.com/@jootv.official

동국여지승람(東國輿地勝覽)

병자록(丙子錄)

어우야담(於于野譚)

연경재전집(研經齋全集)

영남야언(嶺南野言)

용재총화(慵齋叢話)

일휴당실기(日休堂實記)

함주지(咸州誌)

가요앨범 리뷰

네이버 지식백과

나무위키

위키백과

두산백과

우리 동네 유행가들

초판 1쇄 인쇄   2025년 11월 11일
초판 1쇄 발행   2025년 11월 17일
지은이   이영훈

펴낸이   김양수
책임편집   이정은
교정교열   연유나

펴낸곳   휴앤스토리

출판등록   제2016-000014

주소   경기도 고양시 일산서구 중앙로 1456 서현프라자 604호

전화   031) 906-5006

팩스   031) 906-5079

홈페이지   www.booksam.kr

이메일   okbook1234@naver.com

블로그   blog.naver.com/okbook1234

페이스북   facebook.com/booksam.kr

인스타그램   @okbook_

ISBN   979-11-93857-26-7(03670)